Anton Graf Bossi Fedrigotti: **Col di Lana**

Anton Graf Bossi Fedrigotti

Col di Lana

*Kalvarienberg dreier Heere,
nacherzählt nach kriegsgeschichtlichen Unterlagen
und persönlichen Aufzeichnungen*

Das vorliegende Werk »Col di Lana« umfaßt 164 Seiten, 83 Fotos auf Bilderdruck, 3 faksim. Dokumente, 4 Kartenskizzen, 3 Zeichnungen, 2 Notensignale im Text, 2 Kartenskizzen im Vorsatz, Truppen-Verzeichnis, Zeittafel, Quellen-Nachweis, Inhalts- und Bildverzeichnis.

Copyright 1979 by Schild-Verlag GmbH – 8000 München 60
ISBN 3-88014-069-3
Gesamtherstellung: Rudolf Eimannsberger vorm. Paul Müller – Buchdruckerei – 8000 München 2

Inhaltsverzeichnis

Verzeichnis der Abbildungen

A. Im Text.

B. Auf besonderen Bilderdruck-Seiten.

Seite I: Kaiser Franz Joseph I. nimmt während der Jahrhundertfeier den Vorbeimarsch der Tiroler Schützenkompanien ab. / Feldmesse auf dem Berg Isel, Kaiser Franz Joseph I. im Gebet. – 1909.

Seiten II: Kaiserjäger, Landesschützen und Standschützen beim Vorbeimarsch / Schützenkompanie Ritten mit Fahne – 1913.

Seite III: Grenzschutzkompanie des Landes (Kaiser-)schützen-Regiments III vor dem Abtransport – 1914 / Einweihung der Gedenktafel für die 1810 erschossenen Freiheitskämpfer – 1909.

Seite IV: Leutnant v. Tschurtschenthaler mit seinem Zug Kaiserjäger – 1912 / Besichtigung von Truppenteilen des Deutschen Alpenkorps durch Generalleutnant Krafft v. Dellmensingen – 1915.

Seite V: Kaiserjäger in Feuerstellung / Der Col di Lana vom Cordevole-Tal.

Seite VI: Rumpler-Taube beim Aufstieg / Tiroler Bäuerinnen / Major Prinz Heinrich von Bayern zeichnet Stand- und Kaiserschützen aus / Offiziere der bayer. Feldfliegerabteilung im Quartier – 1915.

Seite VII: Sperrfort La Corte nach Beschießung / Oberleutnant v. Tschurtschenthaler mit Reitpferd / Absturz von Leutnant März – 1915.

Seite VIII: Alarmleiter / Der älteste und der jüngste Standschütze / Standschützen-Fahnen in Corvara / 30,5 cm-Mörser in Stellung.

Seite IX: Unter Führung bayr. Jägeroffiziere defilieren Standschützen / Gemeinsamer Feldgottesdienst preußischer Jäger und Tiroler Standschützen – 1915.

Seite X: Stellung auf dem Siefsattel / Batterie Corte auf Cherz.

Seite XI: Italienische Alpini beim Hindernisbau / Fort Tre Sassi nach Beschießung / Teile eines italienischen Bersaglieri-Regiments.

Seite XII: Kaiserjäger-Posten auf der Kanzelstellung / Eingang zur großen Kaverne / Soldatengräber beim Lager Alpenrose / Standschützenmajor Franz Kostner mit seinem Stabe.

Seite XIII: Vorderste Infanteriestellung auf dem Col di Lana / Soldatengräber am Col di Rode / Oblt. v. Tschurtschenthaler mit seinen Unteroffizieren / Eingang zum Unterstand, vor dem Kaiserjägerhauptmann Frhr. v. Minutillo fiel.

Seite XIV: Ausblick durch Kavernenausgang / Das in Trümmer geschossene Sperrfort La Corte.

Seite XV: Unterstände u. Seilbahnstation am Rückhang des Col di Lana / Kaiserschützen / Standschützenmajor Franz Kostner.

Seite XVI: Panorama-Aufname vom gesamten Kampfgebiet um den Col die Lana.

Oben: Kaiser Franz Joseph I. nimmt in der Uniform eines Oberst-Inhabers der Tiroler Kaiserjäger während der Jahrhundertfeier zur Erhebung von 1809 den Vorbeimarsch der Tiroler Schützenkompanien ab. – Innsbruck, September 1909.

Unten: Feldmesse auf dem Bergisel anläßlich der gleichen Feier. – Kaiser Franz Joseph I. im Gebet.

I

Kaiserjäger, Landes (Kaiser-) schützen und Standschützen symbolisierten im wesentlichen die Tiroler Landesverteidigung.

Oben: Das 2. Regiment der Tiroler Kaiserjäger, das II. Regiment der Tiroler Landesschützen (später Kaiserschützen) und die Standschützenkompanie Bozen in Tracht beim Vorbeimarsch – Bozen, 1913.

Unten: Schützenkompanie Ritten bei Bozen mit ihrer Fahne. – 1913.

II

Oben: Die aus Reservisten bestehende Grenzschutzkompanie des III. Bataillons des Landes (Kaiser-) schützen-Regiments III vor dem Abtransport. – Toblach, 1914.

Unten: Salve der Schützenkompanie Abfaltersbach bei Einweihung der Gedenktafel für die 1810 von den Franzosen erschossenen Freiheitskämpfer, links Standschützenkompanie Toblach. – Toblach, 1909.

Oben: Der Zug einer Kaiserjägerkompanie des damaligen Leutnants und späteren Kommandanten des Col di Lana, Oblt. v. Tschurtschenthaler, während einer Übung. – Mai 1912.

Unten: Besichtigung von Truppenteilen des Deutschen Alpenkorps durch Generalleutnant Krafft v. Dellmensingen auf dem Walther von der Vogelweide-Platz in Bozen, Mai 1915. – Im Vordergrund links der k. u. k. Verbindungsoffizier Major Pfersmann v. Eichthal, der spätere erfolgreiche Musiker und Schriftsteller.

Col di Lana
Wahrzeichen einer Landschaft und ihrer Geschichte.

Col di Lana, Blutberg, Calvario del Cadore! – Kaum einer unter den Tausenden, die alljährlich, während der Fahrt über die Dolomitenstraße, angesichts der Gletscherfelder der Marmolata, die Kamera zücken, hat einen Blick für die kahlen Gipfel über dem langgezogenen Bergrücken, um deren Sockel sich die Asphaltstraße zwischen Arabba und Andraz entlangwindet. Bieten doch die Türme, Zacken und Kämme im Südwesten, Süden und Osten des Cordevoletales weitaus lohnendere Motive. Gran Vernel und Marmoleda als in blau schimmerndes Eis gebettete Wahrzeichen Ladiniens im Hintergrund, davor Saß di Mezdì, Padon mit Laste, im Südosten Proré mit Civetta und Pelmo dahinter. Und weiter die gegen Norden zu laufenden Ketten von Gusella, Nuvolau und Averau, bis herüber zu den Felstürmen der Tofanen und den Abstürzen an Lagazuoi und Hexenstein, dem Sasso di Stria. Ein Reich bizarr geformter Felsgebilde, vielfach an zu Stein gewordene Zyklopen erinnernd, da oder dort vielleicht unheimlich wirkend, doch wieder von grandioser Schönheit, die Auge und Herz begeistern und der Phantasie Erscheinungen anbieten, die hier, im Sagenreich der ›Bleichen Berge‹ in vielen Erzählungen ihren Niederschlag finden.

Mitten unter ihnen – der Col di Lana, der Blutberg! Von der Natur wie ein Sperriegel über dem Bett des Cordevole- und Andrazbaches hingestellt, schiebt sich sein Massiv als steilaufragende Schanze gegen Südosten vor. Seine beiden stumpf gewordenen Gipfel beherrschen noch immer das Alm- und Waldgebiet zu Füßen des Settsaß und der Castelloabstürze bis hin zu den Straßenkehren am Falzaregopaß. Im Westen überschauen sie die Täler und Mulden um Contrin und Cherz. Mit ihren Trabanten Monte Síef und Col di Rode stellen sie sich schützend vor die weitausladenden Matten im Blickfeld der Pralongià, die sich vom Incisasattel als Somju- und Pemajüwiesen ausdehnen.

Auch hier wiederum, auf dem herrlichen Pistengelände im Umkreis des berühmten Skikarussels von Corvara, bevölkern während der weißen Jahreszeit viele Tausend die Landschaft. Ein Paradies der Skiläufer, ein Treffpunkt der Jugend, eine von der Natur selbst ausgestattete Arena von olympischen Ausmaßen. Und abends in den Hütten, den Berggasthöfen, in den Bars und Aprèsskirooms der großen Hotels Tanz, Flirt und Fröhlichkeit bis gegen Morgen. Niemand mehr, der davon weiß, daß vor sechzig und etwas mehr Jahren hier ein ladinisches Bergdorf seine bescheidenen Bauernhöfe gegen die lawinensicheren Hänge drückte, während im einzigen ›Hotel‹ des Ortes allabendlich die Lichter schlagartig ausgingen. Wo nicht das fröhliche Lärmen der jugendlichen Hotelgäste auf die Dorfstraße herausklang, sondern das Stampfen und Schreiten vieler Bergschuhe von der Gasse her zu den im Dunkel liegenden Gebäuden hereindrang. Ein Schlürfen und Treten auf dem hartgefrorenen Boden, ab und zu unterbrochen von halblauten Rufen oder begleitet vom Getrappel vieler Hufe. Über denen irgendwo im Dunkel schwere Lasten ächzten und knarrten.

Eine nur als Silhouetten erkennbare Kette vermummter menschlicher Gestalten und hochbepackter Tragtiere, die sich allmählich in Richtung des nach dem Incisasattel führenden Steiges entfernten, Zielen zustrebend, aus deren Bereichen ein dumpfes Grollen und Dröhnen herüberklang.

So unglaubwürdig es vielleicht klingt! Plötzlich erinnert man sich wieder! Nicht daß die Frage inmitten einer Schlange Wartender am Startplatz eines Skiliftes auftaucht oder, im Sommer, vom Tisch eines Aussichtsplatzes am Rande blühender Bergwiesen. Nein, die, die da fragen und erinnert sein wollen, steigen selber zu den Bergkämmen auf oder stoppen während einer Abfahrt ganz plötzlich und suchen nach noch erkennbaren Zeugen der Geschehnisse, von denen sie gehört haben. Es ist wie ein Mythos, der nach vielen Jahren um das einstige Kriegsgebiet der Dolomiten auflebt. Und die, die dieser Mythos in seinen Bann schlägt, sind in der Mehrzahl junge, bergbegeisterte Menschen. Bergsteiger und ihre Begleiterinnen, die gewiß kein Interesse für die Auswüchse des Kriegshandwerkes erfüllt. Sie wollen vielmehr etwas von der seelischen, wie physischen Belastung derer in Erfahrung bringen, die sich in diesen Höhen den Einwirkungen des Kriegsgeschehens ausgesetzt sahen. Wobei sie auch die Kühnheit der Anlagen und die halsbrecherische, in der Regel alpinistisch einmalige Leistung der sich gegenüber gelegenen, einstigen Kämpfer beeindruckt. Es ist, als lauschten sie den Stimmen der Saligen, die ihnen aus eingestürzten Schützengräben, aus Kavernen, Stollen und in einen Felskranz verborgenen Feldwachlucken entgegentönen. Immer dann, wenn der Bergwind mit seinem leise klagenden Ton über die vergessenen Kampfstätten hinstreicht. Als lüfteten sie den Schleier über den Geschehnissen der Vergangenheit, führen diese Stimmen den Bergwanderer in die Szenerie jener Jahre zurück. Eine Szenerie, aus der auch die Gestalten der Zeit mit hervortreten. Von deren Tapferkeit, Opfern und Tod die einsamen Stellungen noch heute Zeugnis ablegen. Die aber auch zur Ehrfurcht verpflichten. Zur Ehrfurcht vor dem Vermächtnis einer Generation, für die die Dolomitenfront nicht nur zu einem im Fels und Eis erstarrten Massengrab wurde, sondern die über den zertrümmerten Überresten eroberter wie verlorener Bastionen des Hochgebirgskrieges zu einer verbindenden Bergkameradschaft zurückgefunden hat!

Auch dem Col di Lana kommt durchaus die Bezeichnung einer solchen Bastion zu. Sowohl in der Deutung als militärisches Verteidigungswerk, wie angesichts seiner bereits geschilderten Lage als von der Natur hingesetzter Sperrblock über dem Cordevoletal. Ehe jedoch seine Bedeutung als strategischer Schlüsselpunkt für die Kampfführung zweier aufeinander prallender Gegner zur Erläuterung gelangt, möge ein kurzer Rückblick dazu dienen, sich die politischen wie militärischen Ereignisse wieder zu vergegenwärtigen, die dazu führten, daß eines der schönsten Gebiete der Alpen, die Fassaner, Buchensteiner, Ampezzaner und Sextner Dolomiten, zum Kriegsgebiet wurden.

Italien, bis zu diesem Zeitpunkt Verbündeter des Deutschen Reiches und Österreich-Ungarns, hatte den Bündnisvertrag am 4. Mai 1915 aufgekündigt. Schon am 26. April des gleichen Jahres war es in London an die Seite der Entente, Englands,

Frankreichs, Rußlands und Serbiens, getreten. Dabei hatte es sich zur Kriegserklärung an den bisherigen Bundesgenossen, die Donaumonarchie, verpflichtet. Als Gründe seiner Haltung hatte es die Nichteinhaltung ihm von Österreich-Ungarn gegebener Zusagen im Bereiche der Balkanpolitik beider Länder angegeben. Die Empörung über den Abfall des Bundesgenossen schlug unter allen Völkern der Habsburger Monarchie hohe Wellen. In Österreich-Ungarn waren es, nicht nur die deutschsprachigen Bewohner in den Kronländern der Donau und der Alpen, in Böhmen und Mähren, welche die Haltung des savoyschen Königreiches als Treubruch empfanden, sondern auch Magyaren und Südslawen lehnten dieses Vorgehen ab. Vor allem die Südslawen waren es, die aus Sorge um die Zukunft ihrer slowenischen wie kroatischen Landsleute im Bereich des Isonzo, um Triest und Dalmatien, ihre Entschlossenheit bekundeten, jedem italienischen Aggressionsversuch entgegenzutreten. Und selbst die Tschechen, von der Stimmung ihrer slawischen Brüder beeinflußt, erklärten sich zur Verteidigung der österreichischen Südgrenze bereit. Die größte Sorge freilich verdichtete sich um Tirol und das ebenfalls an Italien angrenzende Kärntner Gebiet. Die Regierung in Rom hatte in dem als ›Londoner Vertrag‹ in die Geschichte eingegangenen Abkommen mit der Entente die Abtretung mehrerer, dem Haus Habsburg historisch zugewachsener Gebiete gefordert. Diese Forderungen bildeten die Voraussetzung für eine Teilnahme Italiens an den Kampfhandlungen gegen die Donaumonarchie. Es handelte sich dabei um das Trentino, das anschließende Tirol bis zum Brenner und bis an die Quellen der Drau, den Kärntner Raum um Tarvis, das einstige Hoheitsgebiet der Tiroler und Görzer Grafen längs des Isonzo und dessen Hinterland ostwärts von Görz und Gradiska, dazu die freie Stadt Triest, Istrien, das ungarische Fiume und Dalmatien.

Im Trentino, wie im Bereich von Triest lebten tausende von Italienern. Beide Gebiete gehörten seit der Verkündigung des italienischen Einigungsgedankens, seit den Kämpfen und Kriegen des ›Risorgimento‹ zu den von den italienischen Patrioten geforderten ›Terre redente‹, der zu ›erlösenden‹ Erde. Aber was weiter nördlich an der Etsch, am Eisack und drüben im Pustertal lag, war seit dem Untergang der Langobarden, seit dem achten Jahrhundert, ein von Bajuwaren, also Bayern, und von später unter der Herrschaft der Karolinger hinzugewanderten Franken besiedeltes Land. Ein Land, dessen Zugehörigkeit zum deutschen Sprachraum nicht nur durch die politische Anbindung an diesen gekennzeichnet war. Nicht minder starke Bande kultureller Natur hatten seit den bayrischen und schwäbischen Klostergründungen zwischen Etsch, Eisack und Drau ein enges Verhältnis zu den Geisteszentren des römisch-deutschen Reiches geschaffen. Aus dem Südtiroler Raum waren aber auch bedeutsame Impulse kultureller wie politischer Natur nach dem Norden ausgestrahlt worden. Ob diese nun aus dem Bereich der schönen Künste, wie des Gesanges oder der Literatur und Wissenschaft stammten, noch heute bezeugen die Fresken im Prokuluskirchlein von Naturns mit ihren ältesten, auf deutschem Boden bekannten Wandgemälden, wie die Ruinen von Schloß Obermontani im Vinschgau, in dessen einstiger Bibliothek die berühmte ›Berliner‹ Handschrift des Nibelungenliedes aufbewahrt wurde, von den wechselseitigen Beziehungen des frühen Mittelalters zwischen dem Norden und dem deutschen Südalpenraum. Zu ihnen gesellen sich neben vielen anderen Kunstwerken die Fresken der Tristan- und Gralssage im Runkelsteiner Schloß bei Bozen, nicht anders, als man ihnen im Kreuzgang von Brixen begegnet oder am Flügelaltar von St. Leonhard in Laatsch. Die Werke Michael Pachers oder Paul Trogers zählen noch immer zu den wertvollsten Schöpfungen aus der Südtiroler Werkstatt der Spätgotik und des Barock, nicht anders als das deutsche Lied des Mittelalters durch Leutold von Säben und Oswald von Wolkenstein Eingang in zahlreichen Burgen und Herbergen fand. Hier stand Walther von der Vogelweide's Heimat, unweit der Domstadt, in welcher der große Humanist Nikolaus Cusanus mit dem Krummstab regierte. Geschichtlich gesehen, trägt das Land seinen Namen vom Stammsitz der Tiroler Grafen, der treuen Waffengefährten der Staufer, über Meran. Die Stadt selbst war lange Zeit die Hauptstadt des Landes. Bis Maximilian, der letzte Ritter, die Herrschaft antrat. Er war es, der Tirol als ein Land bezeichnete, das zwar einen rauhen Kittel umgehängt habe, unter dessen Schutz man sich jedoch gar wohl zu wärmen vermöge. Karl V. hatte hier vor einem Moritz von Sachsen Zuflucht gesucht und auch der Bauernrebell Michael Gaismayr war von Brixen aus aufgebrochen, um den Gedanken von den Rechten eines einigen und freien niederen Standes in die deutschen Lande zu tragen. Fast dreihundert Jahre später erhoben hunderttausende von Deutschen Andreas Hofer und seine Gefährten zu Symbolgestalten eines dem Vaterland verbundenen Freiheitsgedankens. Aber auch die zwischen Rosengarten und Ampezzo beheimatete ladinische Bevölkerung, Nachkommen der vorgermanischen rätoromanischen Siedler im ›Land im Gebirge‹, hatten sich niemals anders als Tiroler gefühlt. Dieses ganze Gebiet, das heutige Südtirol, das die Täler und Mittelgebirgsterrassen zwischen Ortler, Mendel, dem Reich König Laurins, dem Sella-Schloß, der Marmolata bis zum Monte Cristallo und den Drei Zinnen umschloß, und in das man jetzt auch die Kämme der Tauern, der Zillertaler, der Stubaier und Ötztaler Ferner mit einbezog, beanspruchte plötzlich ein von einem Nachbarvolk besiedelter junger Staat. Ein Königreich, dem es selber bisher noch nicht gelungen war, aus der trennenden Mentalität und einer historisch bedingt gewesenen Gegensätzlichkeit der Menschen zwischen seinem Norden, der Mitte und dem Süden die fest gefügte Geschlossenheit einer Nation zusammenzuschweißen.

Tirol war nach einer langjährigen Herrschaft der Bischöfe von Trient, Brixen und Chur seit 1254 zu einem großen Teil von den Tiroler Grafen geeinigt, und 1363 von der letzten Herzogin und Schwiegertochter Ludwigs des Bayern, Margareta Maultasch, an das Haus Habsburg abgetreten worden. Maximilian I. erhob es dann zu einer ›Gefürsteten Grafschaft‹ und gab ihm gleichzeitig die erste einheitliche Verwaltung. Diese, auf landständischer Grundlage geschaffene Ordnung sah auch eine, dem überlieferten Grundsatz des Waffenrechtes angeglichene Wehrgesetzgebung vor. Es war das berühmte Landlibell von 1511. Nach seinen Artikeln wurde jeder wehrfähige Tiroler zwischen dem 16. und 50. Lebensjahr verpflichtet, sich der Landesverteidigung zur Verfügung zu stellen. Die Stammannschaft für diese Aufgebote bildeten die sogenannten ›Zuzüge‹. Diese wurden in vier Aufrufen aufgeboten. Versammlungsorte waren die Gerichtsbezirke jedes Tales, die ›Gestellung‹ hatte auf Feuerzeichen hin und Glockengeläut zu erfolgen. Nach den Schweizer Kriegen, mit ihren für die Tiroler Zuzüge sehr empfindlichen Verlusten, erfuhr die Maximilianische Wehrordnung verschiedene Verbesserungen und Änderungen. Mit dem Aufkommen stehender Heere nach dem Vorbild des Schöpfers der Habsburgischen Streitmacht, Albrecht von Wallenstein, lag die Aufgabe der ›Zuzüge‹ in der Unterstützung der ›zur Landesdefension‹ eingesetzten kaiserlichen Truppen. Während der Feldzüge Prinz Eugens gegen Ludwig XIV. und Max Emanuel von Bayern, erkämpften die Tiroler Landesaufgebote ihre ersten Erfolge unter dem Landecker Pfleger Martin Sterzinger. Kennzeichnend für die Haltung, aber auch für das Selbstbewußtsein der Verfechter des bisherigen Systems, war die beharrliche Ablehnung der Tirolischen Stände, sich den Bestimmungen der unter Maria Theresia eingeführten Konskription unterzuordnen. Nur ein aus Angeworbenen errichtetes ›Tiroler Land- und Feldregiment‹ wurde aufgestellt. Grundlage der Landesverteidigung blieben weiterhin die Volksaufgebote. Die Stärke der in Kriegszeiten aufzubietenden Mannschaft belief sich, je nach Bedarf, auf 5000 bis 20 000 Mann. Die Stellung derselben sollte nach dem Steuerfuße geschehen. Die Ausziehenden waren in Kompanien zu 120 Mann, jede mit ihrem Hauptmann, Oberleutnant, Feldkaplan, Unterleutnant und Fähnrich zu gliedern. Jede Kompanie hatte sich ihre Offiziere selbst zu wählen und sie bloß zur Bestätigung anzuzeigen; nur die Ernennung der Ober- und Unterkommandanten behielt sich die Landschaft vor und erbat für die Ernannten die landesfürstlichen Patente oder Vollmachten[1]).

Diese Zuzüge waren es dann wieder, die während der Franzosenkriege zwischen 1796 und 1809 die Hauptlast der kriegerischen Auseinandersetzungen, zum Teil an den Landesgrenzen, und während der Erhebung unter der Führung Andreas Hofers, zuletzt ganz auf sich gestellt, zu tragen hatten. Die Schlachten von Spinges 1797, die Bergiselschlachten, von denen die zweite nur mit geringer, die dritte gänzlich ohne Unterstützung von Seiten regulären Militärs geschlagen wurden, gaben Zeugnis von der Kampfkraft dieser ›Bauernmilizen‹. Ihr Vorrecht, sich die Offiziere aus den eigenen Reihen zu wählen, hat sich während ihrer späteren Einsätze als Landesverteidiger durchaus bewährt. Es sollten nicht zuletzt die Angehörigen des Deutschen Alpenkorps sein, die im Verlauf der Hochgebirgskämpfe des Ersten Weltkrieges die angeborenen Führereigenschaften dieser ›Kommandanten‹ schätzen und achten lernten.

In das Jahr 1813 fällt dann die Feuertaufe der Tiroler Kaiserjäger. Damals hießen sie allerdings noch ›Fenner-Jäger‹. Es war eine Truppe, die aus den Mannschaften des früheren ›Tiroler Jägerregiments Nr. 64‹ aufgestellt worden war und zu dessen Führung der verdiente Feldmarschalleutnant Freiherr Fenner von Fenneberg berufen wurde. Im Herbst 1813 schlug das Fennerjäger-Korps die Franzosen an der Mühlbacher Klause im unteren Pustertal. Zwei Jahre später verfügte Kaiser Franz

I., daß das Fennerjäger-Korps mit dem 1. Januar 1816 in das ›Tiroler Jägerregiment Kaiser‹ umgenannt werden sollte. Sein Oberst-Inhaber war von nun ab der Kaiser selbst. Neben dieser nunmehr regulären, nur aus Tirolern und Vorarlbergern rekrutierten Truppe bestanden weiterhin die Aufgebote der in den Zuzügen ›einrollierten‹ Landesschützen. Ihre Aufgabe bestand nach wie vor darin, in Zeiten der Bedrohung des Landes, an der Seite der regulären Truppen an die Grenzen zu eilen und diese zu verteidigen. In keinem Staat ist die Gestalt des ›Landesverteidigers‹ ein derart im Volksbewußtsein verwurzelter Begriff wie in Tirol. So sehen wir diese Landesverteidiger 1848/49, 1859 und 1866 als voll für den Einsatz bestimmte Kampfeinheiten in den Kriegen Radetzkys, während des Feldzuges gegen Napoleon III. und im Verlauf des Krieges gegen das mit Preußen verbündete Italien Viktor Emanuels II. Zu den Elitetruppen der Armee zählten in all jenen Jahren die Kaiserjäger. In einem Regiment von 16 Bataillonen formiert, standen sie während dieser Feldzüge im Brennpunkt der Schlachten. Im Jahr 1864 erhielten aber auch die Aufgebote der Landesschützen eine neue, den Erfordernissen der veränderten Kriegführung angepaßte Organisation. Ein geändertes ›Statut‹ bestimmte ihre Gliederung in, stets noch aufgebotene aber ›organisierte‹ Landesschützenkompanien, aus Freiwilligen formierte Scharfschützeneinheiten und den aus den älteren und jüngsten Jahrgängen bestehenden Landsturm. Bis dann, 1868, die Einführung der Allgemeinen Wehrpflicht ein völlig verändertes Verteidigungssystem für Tirol in Anwendung brachte. Mit dem Jahr 1870 schlug dann auch die Geburtsstunde der aktiv dienenden Landes- und späteren Kaiserschützen. Unter dieser Bezeichnung wurden eigene Gebirgsregimenter formiert. Vorerst allerdings blieben sie im Verbande von 10 regulären Landesschützenbataillonen. In ihnen ›diente‹ von nun ab der Tiroler und Vorarlberger genauso wie bei den Kaiserjägern oder der Gebirgsartillerie. Erst später machte es der Mangel an Ersatz notwendig, daß auch aus dem Bereiche des übergeordneten Korps, Salzburger und Oberösterreicher zur Abdienung ihrer Wehrpflicht zu den Landesschützen einberufen wurden. Im Verlauf der folgenden Jahrzehnte folgten dann noch mehrere Umgliederungen. So stellte man 1893 drei Landesschützenregimenter, kurze Zeit darauf wieder nur zwei, und dann 1909 endgültig drei Regimenter in Trient, Bozen und Innichen auf. Seit dem Jahr 1906 erhielten ihre Angehörigen eine für den Hochgebirgskrieg angelegte Spezialausbildung.

Auch die Kaiserjäger erfuhren 1895 eine Neugliederung. Aus dem ›Großen‹ mit 16 Bataillonen wurden vier Regimenter gebildet. Nachdem sie sich während des bosnischen Feldzuges 1878 erneut bewährt hatten, verblieben ihre Stammtruppenteile in Tiroler und Vorarlberger Garnisonen, ihre Bataillone hingegen wurden zeitweise auch in andere Kronländer der Monarchie, nach Wien und in das neubesetzte Bosnien und die Herzegowina verlegt.

Ein besonders ›eigenständisches‹ Korps der Tiroler und Vorarlberger Landesverteidiger bildeten aber die Standschützen. Sie zu erwähnen, ist deshalb unumgänglich, weil in beinahe jedem Bericht über die Kampfhandlungen an der Tiroler Front des Ersten Weltkrieges, der Einsatz dieser Standschützen hervorgehoben wird. Im Sinne der Landesverteidigungsordnung für Tirol aus dem Jahr 1913 war nämlich das System des Freiwilligenwesens neu und straffer organisiert worden. Auf den Schieß-stand zu gehen und sich dort als treffsicherer Schütze zu präsentieren, gehörte von altersher zu den festverwurzelten Bräuchen des Tiroler Volkes. Wer nun dem Orts-schützenverband beitrat, wurde in die Stammrollen des Schießstandes ›einrolliert‹. Nach den neuen Bestimmungen zählte jedoch ein ›einrollierter‹ Schütze im Falle ei-nes feindlichen Angriffes auf Tirol zu einer ›landsturmpflichtigen Körperschaft‹. Diese landsturmpflichtige Körperschaft konnte als militärische Formation dann aufgeboten werden, wenn vorher die mit Aktiven und Reservisten aufgefüllten Heerestruppenteile, wie jene der Landwehr und des einberufenen Landsturms be-reits zum Kriegseinsatz abgegangen waren. Von ihren Versammlungsorten, den Schießständen, her, hießen diese einrollierten freiwilligen Schützen ›Standschüt-zen‹. Somit war der 1915 aufgebotene Standschütze an sich kein Freiwilliger, son-dern ein zur Verteidigung der Heimat aufgerufener Angehöriger einer Standschüt-zen-Einheit. Was sich dann, während des Winters von 1914 auf 1915 und in den darauffolgenden Wochen ereignete, sollte Monate später, nach Beginn der Kampf-handlungen mit Italien, den Kommandierenden General des Deutschen Alpen-korps, Generalleutnant Krafft von Dellmensingen, zu den historischen Worten ver-anlassen: »Ich beuge mich vor der Größe des Tiroler Volkes!«

Denn, je eindeutiger ein Kriegseintritt Italiens sich am politischen Horizont abzu-zeichnen begann, was eine Bedrohung der Grenzen Tirols zur Folge haben mußte, desto zahlreicher wurden die – freiwilligen Meldungen alter, ganz alter und sehr junger Männer in den Dörfern und Städten, die ihre ›Einrollierung‹ in die Stamm-rollen der Schießstände forderten. Das, während bereits Tausende ihrer Landsleute als Kaiserjäger, Landesschützen und Landstürmer auf den Schlachtfeldern Galizi-ens, Polens und Serbiens verblutet waren! Das ›Landl‹ war in Gefahr, es galt die Grenzen zu schützen. Hier wollte keiner zurückstehen, ganz gleichgültig, ob er nach den Bestimmungen der Assentierungsbehörden als ›tauglich‹, ›bedingt tauglich‹ oder ›untauglich‹ galt. Wie in den Zeiten früherer Aufgebote und Zuzüge warteten die noch Daheimgebliebenen auf den Aufruf sich zu stellen, nach den Gerichtsor-ten zu eilen, dort ihre Offiziere zu wählen und – Waffen zu empfangen. Waffen, mit denen sehr viele unter ihnen, die eigenen Gemeindegrenzen zu verteidigen gedach-ten. Fielen diese doch vielfach mit der Staatsgrenze zusammen. Auch in den Tälern des Siedlungsgebietes der Ladiner, zwischen der Marmolata, der Sella, und den von Geheimnissen umwitterten Zacken der Fanis, erhob sich wie eine zur Abwehr hoch-gereckte Faust, das Gadertal und die darin befindlichen Dorfgemeinden schützend, der Col di Lana!

---

¹) vgl. Josef Thaler: Geschichte Tirols. I. S. 323

Seine k. und k. Apostolische Majestät haben das nachstehende Allerhöchste Handschreiben und Manifest allergnädigst zu erlassen geruht:

Lieber Graf Stürgkh!

Ich beauftrage Sie, das angeschlossene Manifest an Meine Völker zur allgemeinen Verlautbarung zu bringen.

Wien, den 23. Mai 1915

Franz Joseph m. p.

Stürgkh m. p.

An Meine Völker!

Der König von Italien hat Mir den Krieg erklärt. Ein Treubruch, dessengleichen die Geschichte nicht kennt, ist vom Königreich Italien an seinen beiden Verbündeten begangen worden.

Nach einem Bündnis von mehr als 30jähriger Dauer, während dessen es seinen territorialen Besitz mehren und sich zu ungeahnter Blüte entfalten konnte, hat Uns Italien in der Stunde der Gefahr verlassen und ist mit fliegenden Fahnen in das Lager Unserer Feinde übergegangen.

Wir haben Italien nicht bedroht, sein Ansehen nicht geschmälert, seine Ehre und seine Interessen nicht angetastet. Wir haben Unseren Bündnispflichten stets getreu entsprochen und ihm Unseren Schirm gewährt, als es ins Feld zog. Wir haben mehr gethan: Als Italien seine begehrlichen Blicke über unsere Grenzen sendete, waren Wir, um das Bundesverhältnis und den Frieden zu erhalten, zu großen und schmerzlichen Opfern entschlossen, zu Opfern, die unserem väterlichen Herzen besonders nahe giengen.

Aber Italiens Begehrlichkeit, das den Moment nützen zu sollen glaubte, war nicht zu stillen. Und so muß sich das Schicksal vollziehen.

Dem mächtigen Feinde im Norden haben in 10monatlichem gigantischem Ringen und in treuester Waffenbrüderschaft mit den Heeren Meines Erlauchten Verbündeten Meine Armeen siegreich standgehalten.

Der neue heimtückische Feind im Süden ist ihnen kein neuer Gegner.

Die großen Erinnerungen an Novara, Mortara, Custozza und Lissa, die den Stolz meiner Jugend bilden, und der Geist Radetzkys, Erzherzog Albrechts und Tegetthoffs, der in Meiner Land- und Seemacht fortlebt, bürgen Mir dafür, daß Wir auch gegen Süden hin die Grenze der Monarchie erfolgreich verteidigen werden.

Ich grüße Meine kampfbewährten, siegerprobten Truppen, Ich vertraue auf sie und ihre Führer!

Ich vertraue auf Meine Völker, deren beispiellosem Opfermute Mein innigster väterlicher Dank gebührt.

Den Allmächtigen bitte Ich, daß Er Unsere Fahnen segne und Unsere gerechte Sache in seine gnädige Obhut nehme.

Wien, am 23. Mai 1915.

Franz Joseph m. p.

Stürgkh m. p.

16

Rechts: Kaiserjäger in Feuerstellung.

Linke Seite: Manifest Kaiser Franz Josephs I. nach der Kriegserklärung Italiens.

Unten: Der Col di Lana vom Cordevole – Tal mit Pieve di Livinallongo. Ansicht des italienischen Angriffs-
geländes von Pian di Gisha (ganz rechts.)

Links: Bayr. Rumpler-Taube steigt vom Feldflughafen Toblach zur 1. Feindaufklärung auf.

Mitte, rechts: Tiroler Bäuerinnen aus St. Leonhard. – 1915.

Unten: Offiziere der bayr. Feldfliegerabteilung 9 im Quartier der Herbstenburg in Toblach. – Juli 1915.

Rechts: Sperrfort La Corte nach erster Beschießung.

Mitte: Oberleutnant Anton v. Tschurtschenthaler mit seinem Reitpferd im Lager Alpenrose.

Linke Seite, links: Major Prinz Heinrich von Bayern, K. H., (gef. 8.11.1916 bei Monte Sate/Rumänien), Bataillonskommandeur im K. B. Inf. Leib-Rgt., zeichnet Stand- und Kaiserschützen der Gendarmerie-Assistenz aus. – 1915.

Unten: Tödlicher Absturz von Leutnant März, Kgl. Bayer. Feldfliegerabt. 9, in Toblach. – 1915.

Rechts: Alarmleiter

Unten, rechts:
30,5 cm – Mörser
in Stellung.

Oben, links: Der älteste und der jüngste Standschütze (Großvater und Enkel) im gleichen Bataillon.

Unten, links: Standschützen-Fahnen in Corvara. Im Vordergrund Standschützen des Bataillons Enneberg.

Um die Schwelle Ladiniens . . .

Am 23. Mai 1915 überreicht der italienische Botschafter in Wien der Regierung seines bisherigen Bundesgenossen die Kriegserklärung Italiens. Bereits tagszuvor hat das italienische Comando Supremo der gesamten bewaffneten Macht des Königreiches den Befehl erteilt, um Mitternacht des 23. auf den 24. Mai die Feindseligkeiten zu eröffnen. Italien tritt zu dieser Stunde mit vier Armeen und den zusätzlich mobilisierten Reserven zum Angriff gegen eine nur schüttern besetzte österreichische Grenze zwischen Monfalcone und dem Ortlermassiv an. Zu diesem Zeitpunkt stehen längs dieser Grenze auf österreichischer Seite insgesamt nur 128 Bataillone von zumeist ›milizartiger Verfassung‹[1]. Zu ihrer Verstärkung rollen weitere 94 Bataillone heran. Ein großer Teil dieser Bataillone besteht aus in Eile verladenen Mannschaften von Marscheinheiten, die bisher als Ersatz für die gegen Rußland eingesetzten Feldregimenter vorgesehen waren. Die Ausbildung dieser Truppen ist noch lange nicht beendet, trotzdem müssen sie Hals über Kopf in den Kampf. Einen gewissen Ausgleich bietet allerdings die Stimmung der Mannschaften. Ganz im Sinne des vom greisen Kaiser Franz Josef erlassenen Manifestes ›An meine Völker!‹ ist die Truppe bereit, ›im Geiste der Vorfahren‹ den Anschlag auf die Grenzen des Vaterlandes abzuwehren. Wie die Südslawen und Deutschen, ja sogar die Tschechen, sehen auch die Magyaren im Verhalten der römischen Regierung eine Heimtücke. Bedeutet doch der Eintritt Italiens in den Krieg gerade zu dem Zeitpunkt, an dem der ungarische Boden im Zuge der großen Offensive der deutschen und österreichischen Heere, von der unmittelbaren Gefahr eines russischen Einbruches befreit werden soll, eine von den Russen dringend geforderderte Entlastung. Vor allem aber bleibt Tirol durch seine geographische Lage einem umfassenden italienischen Zugriff ausgesetzt. Springt doch seine südlichste Spitze wie ein Keil gegen die italienische Tiefebene vor. Vom Etschdurchbruch verläuft die Grenze in zwei langgezogenen Schenkeln des vorspringenden tirolischen Dreiecks gegen Nordwesten und Nordosten. Da vorerst von österreichischer Seite kein Angriff in das oberitalienische Tiefland droht, wird es der neue Gegner sein, der den vorgeschobenen Keil umklammern und außerdem seine Divisionen vor allem gegen die lange nordostwärts verlaufende Flanke der Verteidiger ansetzen wird. Will Italien seinen Hauptstoß im Raum des Isonzo gegen das Laibacher Becken und Triest richten, so muß es gleichzeitig versuchen, die strategisch wichtige Bahnverbindung zwischen Südtirol und Kärnten durch das Pustertal zu unterbrechen. Südlich von Toblach beträgt die Entfernung zwischen der Staatsgrenze und dem Toblacher Feld nur 12 Kilometer. Brechen die Italiener dort ein, unterbinden sie die gesamte Versorgungsbasis der zwischen Kärnten und dem Fassatal stehenden Österreicher. Als weiteres Einfallstor bietet sich in diesem Raum der Kreuzbergpaß vor dem Sextental an. Die dritte neuralgische Stelle für die Österreicher bildet der Zugang zum Gadertal zwischen

---

[1]) vgl. Österreich-Ungarns letzter Krieg, Bd. II. S. 508

dem Valparola- und Campolungopaß. Ein erfolgreicher Vorstoß in dieser Richtung kann zu einer tödlichen Gefahr für den Raum südlich Bruneck, aber auch für das Grödnertal werden. Neben diesen strategisch durchaus erreichbaren Zielen werden die Italiener, schon aus politischen Gründen, einen wuchtigen Angriff gegen Trient vorführen. Darum erwartet man auf österreichischer Seite, daß der Gegner die Gunst des Augenblicks nützen, und mit seinen eben erst mobil gemachten und frisch ausgerüsteten Truppen gegen die am meisten gefährdeten Punkte der österreichischen Grenze vorgehen wird. In der Erkenntnis der eigenen, völlig unzureichenden Kräfte, hat sich auch der neu ernannte Befehlshaber der Südwestfront, Erzherzog Eugen, an das k.u.k. Armeeoberkommando in Teschen gewandt und um Überlassung der in Galizien und Polen kämpfenden Regimenter des ›Edelweiß-Korps‹, Tiroler, Vorarlberger, Salzburger und Oberösterreicher, sowie anderer zuverlässiger Verbände zur Sicherung der Kärntner und Isonzofront gebeten. Doch sieht man sich im österreichisch-ungarischen Hauptquartier noch nicht in der Lage, die gewünschten Truppen nach Süden zu entsenden. Trotz des Sieges von Gorlice-Tarnow und dem sich in der Folge entwickelnden Rückzug der Russen, ist an der galizisch-polnischen Front noch keine Entscheidung gefallen. Noch setzen sich die russischen Heere entschlossen zur Wehr, und ehe sich ihre Vernichtung nicht abzeichnet, kann die Front keine Truppen entbehren. So gipfelt die Antwort des k.u.k. Hauptquartiers an den Erzherzog in den historisch gewordenen Sätzen:

›Tirol ist‹, so lautet die Anweisung, ›mit den dort befindlichen Truppen, auf's äußerste zu verteidigen. Dem über Kärnten, Küstenland, Krain einbrechende Feind ist unter möglichst geringem eigenen Gebietsverlust das Vordringen zu verwehren und in späterer Folge zu trachten, ihm einen möglichst ausgiebigen Schlag zu versetzen.‹[2]

›Mit den dort befindlichen Truppen!‹ – Das sind in Tirol 39 Standschützenbataillone, davon ein Viertel von der Stärke eines Halbbataillons, 27½ aus Marsch- und Landsturmformationen gebildete Infanteriebataillone, 8 Detachements Landesschützen, 22 mobile Batterien mit insgesamt 75 Geschützen und eine verstärkte Reiterschwadron. Was bedeutet, daß auf einen Frontkilometer 110 Gewehre entfallen. Bei der nicht mobilen, also der Festungsartillerie, summiert sich die Zahl auf 560 Rohre.[3] Die Gesamtstärke der aufgebotenen Standschützen beläuft sich auf 735 Offiziere und 18 651 Schützen mit ihren Dienstgraden.[4] Das österreichische Generalstabswerk führt eine Stärke von 50 000 Landesverteidigern an. Dem 190 000 italienische Gewehre, ohne Heeresreserven, der 1. und 4. italienischen Armee gegenübergestellt werden. Seit dem 19. Mai nun befinden sich zunächst die Standschützen auf dem Marsch nach der Grenze. Diese wird seit dem vergangenen Herbst von den Besatzungen der Sperrforts und der Festungsgarnison von Trient

---

[2] vgl. Österreich-Ungarns letzter Krieg: Bd. II. S. 509
[3] vgl. Österreich-Ungarns letzter Krieg: Bd. II. S. 514
[4] vgl. Dr.A.v. Möhrl: Die Standschützen im Weltkrieg, S. 24

gesichert. In den Sperren Mitterberg und Haidegg gegenüber dem Kreuzbergpaß, Landro zu Füßen des die Straße nach Toblach schützenden Monte Piano, Tre Sassi am Valparola- und La Corte mit Ruaz vor dem Campolungopaß liegen Landesschützen. Es sind Abteilungen mit einer Spezialausbildung für den Hochgebirgskrieg, die von den Feldregimentern in Tirol zurückgelassen worden waren. Neben ihnen befinden sich Gendarmen und Zollwachbeamte mit ihren sogenannten ›Assistenzen‹, Trupps von 20–30 ortskundigen Landstürmern, im Grenzeinsatz. Seit dem September des Vierzehnerjahres hat man auch zwei ungarische Regimenter nach Südtirol verlegt. Es sind Reservemannschaften der Regimenter 29 und 37, meistens ältere Leute serbischer und rumänischer Nationalität, mit deren Zuverlässigkeit nicht unbedingt zu rechnen ist.

Im Verband dieser kleinen Streitmacht fällt den Landesverteidigern des ›Rayons V‹, Bruneck, eine besonders wichtige Aufgabe zu. Sie haben die drei Einfallstore am Kreuzberg, bei Landro und zwischen Valparola und Campolungo zu schützen. Im letzteren Abschnitt erhebt sich, in seiner Funktion als natürlicher Sperriegel bereits geschildert, der Col di Lana. Wie die Buckel zweier Riesenschildkröten nehmen sich zu seinen Füßen die Panzerkuppeln der beiden Sperrforts Ruaz und La Corte aus. An denen das weiße Band der Dolomitenstraße vorbeiläuft. Beim Brunecker ›Rayonskommando‹ hatte sich am 1. Mai der ›Postwirt‹ von Corvara, Franz Kostner, als gewählter ›Major‹ des Standschützenbataillons ›Enneberg‹ gemeldet. Kostner war damals schon ein in Bergsteigerkreisen bekannter Mann. Als armer Hirtenbub und Bauernknecht aufgewachsen, hatte er später bei den Kaiserjägern gedient. In der Nachrichtenschule, in die man ihn schickte, erwarb er sich, dank der vorbildlichen Ausbildung bei den ›Kaiserlichen‹, Kenntnisse, die ihm Jahre später besonders zugute kommen sollten.[5] Nach dem Militärdienst in die Heimat zurückgekehrt, verschrieb er sich dem Bergführer-Beruf. Als solcher nahm er während der Jahre 1902, 1903 und 1906 an den Expeditionen Professor Merzbachers in den Gebirgsketten des Himalaja und des Prinzen Arnulf von Bayern im Gebiet des östlichen Tienschan teil. Was ihm Aufsehen erregende Anerkennungen einbrachte. Später hatte er sich in seinem Heimatort zum Besitzer des Postgasthofes emporgearbeitet. Trotzdem blieb er den Bergen treu. So begleitete er während der nachfolgenden Jahre namhafte Hochalpinisten auf deren Touren in fast allen Regionen der Alpen. Er gehörte auch zu den Teilnehmern des ersten Bergführerskikurses oberhalb Innsbrucks, wobei er sich beim Abfahrtsrennen den Siegerpreis holte. Kostner ist es also, der als Major die Führung des Standschützenbataillons ›Enneberg‹ übernimmt. Der Name dieses Bataillons, ist wie jener der Kaiserjäger und Landesschützen, die dort eingesetzt werden, unvergeßlich mit der Erinnerung an die Kämpfe um den Col die Lana verbunden. Über die Zusammensetzung und Haltung dieser ›milizartigen Truppe‹ sagt Kostner selbst: ›Man übergab mir in Bruneck die Zusammenstellung

---

[5] vgl. Franz Kostners Leben für seine Dolomitenheimat: S. 11

der vier Kompanien, die mein Baon[6]) bildeten. Die 1. Kompanie bestand aus Leuten der Stadt Bruneck und Umgebung, die der 2. und 3. Kompanie aus Männern des Gadertales, die 4. Kompanie stellten jene aus Buchenstein, Colle Santa Lucia und Cortina. Meine Vorgesetzten hatten Bedenken wegen der Zuverlässigkeit der 4. Kompanie und ich hatte, offen gestanden, selbst wenig Lust, auch das Kommando über diese zu übernehmen. Mir waren die Leute aus Cortina und Colle wenig bekannt, die Buchensteiner dagegen waren erwiesenermaßen gute österreichische Patrioten. Es war vorauszusehen, daß viele Familien von Angehörigen der 4. Kompanie hinter der feindlichen Linie bleiben würden. Überhaupt keine Bedenken bestanden natürlich gegen meine Gadertaler und die Brunecker, die alle als gute Tiroler bezeichnet werden konnten. Der Grundbuchstand meines Baons betrug 1031 Mann.[7])‹ (Nach anderen Angaben 950 Gewehre. Der Verf.)

Diese Standschützen Franz Kostners besetzen am 20. Mai, drei Tage vor der Kriegserklärung Italiens, den Abschnitt von der Sellagruppe bis Travenanzes. Stellungen im Sinne einer gut angelegten Verteidigungslinie finden sich aber noch nirgends vor. ›Anfangs wurden nur wenig tiefe Gräben ausgehoben, mit dem Holz, der auf den Bergwiesen verstreuten Heuhütten ging man daran, Unterstände zu bauen.‹[8]) Nur längs des Siefsattels sind bereits einige Schützengräben angelegt. Während sich die ›Enneberger‹ daran machen, ein untereinander verbundenes Stellungssystem anzulegen, rücken noch andere Einheiten in ihren Abschnitt. Es sind aus dem Oberinntal herangeführte Standschützen des Bataillons ›Silz‹ und Teile des Tiroler Landsturmbataillons 165, vorwiegend Pustertaler. Außer diesen liegen unten im Cordevoletal noch 130 Mann an Gendarmen, Finanzwachleute und deren Assistenzen.

Der Hinweis Franz Kostners auf die ›Familien, die hinter den Linien bleiben würden‹, hat seine guten Gründe. Zwar haben die Standschützen während ihres Anmarsches bereits mehrmals Gruppen flüchtender Bewohner der Siedlungen am Cordevole- und Andrazerbach angetroffen, die weiter ins Pustertal ziehen, aber es sind noch immer Angehörige der 4. Standschützenkompanie Kostners in ihren Höfen ›drüben‹ geblieben. Hier im Bereich des Col di Lana bleiben die Ortschaften Andraz, Pieve di Livinalongo mit den Fraktionen Castello und Franza, Salesei, Ornella und Soraruz vor der Front ›ausgesetzt.‹ Die vielen vorspringenden Bereiche im Grenzverlauf haben das Landesverteidigungskommando zur Aufgabe bestimmter Gebiete veranlaßt. Dadurch wird eine wesentliche Verkürzung der 450 Kilometer langen Grenze um eine Länge von rund 100 Kilometern erreicht. Diese Rückverlegung der Abwehr in die ›Linie der permanenten Befestigungen und des langgestreckten Kammes der Fassaner Alpen‹, ermöglicht es, daß aus Südtirol eine große Festung geschaffen wird. Diese ist im Süden teilweise zwar auf Angriffsmöglichkei-

---

[6]) ›Baon‹, in der österr.-ungar. Armee gebräuchliche Abkürzung für Bataillon.
[7]) vgl. Franz Kostners Leben für seine Dolomitenheimat: S. 11
[8]) vgl. Franz Kostners Leben für seine Dolomitenheimat: S. 52

ten eingerichtet, weist aber dem festen Platz Trient lediglich die Rolle des Kernwerkes zu.‹[9])

Es wird aber der gleiche Kostner sein, der eines Tages sein Urteil oder besser, seine Befürchtungen über die Zuverlässigkeit der Schützen aus jenen ›ausgesetzten‹ Ortschaften abändern wird. So wird er feststellen, wie Männer neben ihm genau die Vorgänge in ›ihrem Hoamtal‹ von der Stellung aus beobachten, ohne daran zu denken, ihre Posten zu verlassen. Er wird erleben, daß der Leutnant Sotill der ›unsicheren‹ 4. Kompanie tagelang hinter den feindlichen Linien die Bewegungen der Italiener beobachten, heimlich sein Haus aufsuchen, und dann mit wichtigen Nachrichten zu seinen Tiroler Landsleuten zurückkehren wird. Ein Schulbub, dem die Alpini in Andraz die Eltern fortgeschleppt haben, hält sich erst verborgen und taucht dann eines Tages vor den Stützpunkten am Col di Lana auf. »Die ›Wallischen‹«, sagt er, hätten ihm die »Eltern durch!« Er habe sich versteckt, um eine Gelegenheit wahrzunehmen, zu den »Insrigen« durchzubrennen.[10])

Unterdessen mühen sich die Landesverteidiger, aus dem felsigen Boden ein Grabensystem aufzubrechen. Die österreichische ›Front‹ verläuft nunmehr von den Felszonen des Tofana-Stocks herüber zum Kleinen Lagazuoi, von dort hinab nach Tre Sassi und wieder hinauf an den Abstürzen des Sasso di Stria. Gräben im Sinne von Schützengräben können fast nirgends angelegt werden. So dienen aufgeschichtete Steine, Felsblöcke, deren Abstand zu den nächsten man mit Sandsäcken abdichtet, und da und dort ein nur bis an die Knie reichendes ›Grabenstück‹ als Dekkung. Die Hauptkampflinie zieht sich dann weiter gegen Westen, läuft über die ›Edelweiß‹-Kuppe zum Kamm des Monte Castello und steigt von hier aus gegen den Settsaß auf. Von diesem Felsturm zieht sie wieder abwärts über den Sief-Sattel bis an den Westhang des gleichnamigen Berges. Auf den beiden Gipfeln des Col di Lana, der westliche 2463 m, der östliche 2453 m, verbleibt die bereits seit den ersten Wochen des Jahres 1915 dort eingerichtete Artilleriebeobachterstelle des Leutnants Ingenieur Rath. Bedeutung kommt auch den beiden, gegen Nord- und Südosten auslaufenden Rücken des Col di Lana zu. Der erstere findet oberhalb der Fraktion Castello sein Ende, der andere reicht bis zu den Häusern von Franza. Ein Felsabbruch, der Agairücken, fällt aus dem Gipfelbereich gegen Südosten zu, ab. Auch er hat einen Nebenausläufer, der in Richtung Salesei zieht. Von besonderer Bedeutung ist für die Verteidiger der Ausbau der ›Infanterie‹ – Stellung auf der Geländestufe über dem ›Pian di Gitscha‹ Zwischen dieser Infanteriestellung und den Gipfeln wird die ›Felsenwache‹ angelegt. Als einzige Verbindung nach rückwärts, läuft vom Westgipfel des Col di Lana ein Steig längs des Kammes zum Siefsattel. Am Süd-Westhang, unterhalb des Sattels, entsteht die Col di Rode-Stellung. Sie ist untereinander durch 7 Feldwachposten verbunden. Ein Eckpfeiler am Westhang ist

---

[9]) vgl. Österreich-Ungarns letzter Krieg, Bd. II. S. 513
[10]) vgl. A.v. Mörl: Die Standschützen im Weltkrieg, S. 233.

die Roth-Schanze, Zuletzt steigt die österreichische Linie gegen das Cordevoletal ab, lehnt sich an die Sperren La Corte und Ruaz und folgt dem Abhang des Cherz-plateaus. Sie überquert den Cordevolebach und führt wieder steil aufwärts auf den 2222 m hohen Pizsaß zu und weiter zum Kamm und Paß von Padon.

Am Abend des 23. Mai wird den beim Stellungsbau beschäftigten Standschützen und Landstürmern die Kriegserklärung Italiens bekanntgegeben. Von Stunde zu Stunde wächst die Spannung. Als gegen Morgen das erste Frühlicht die silbern schimmernden Firne der Marmolata in ein erstes, zaghaftes Rosa taucht, spähen hunderte von Augen hinunter zum Cordevolebach und hinüber zu den Waldhängen am Laste und Foppa, ob sich dort etwas Verdächtiges erkennen läßt. Doch der Bach unten in der Schlucht rauscht und poltert friedlich wie immer und über die Schnee-wächten am Padon treibt der Frühwind auch heute wieder glitzernde Gruzfahnen hoch. Aus den Schornsteinen zweier Gehöfte in Ornella, ja sogar auch in Salesei, steigt Rauch auf. Nicht anders. als in den Tagen, an welchen die Bäuerin dort die Frühsuppe für die Kinder abkocht, die nach Pieve zur Schule müssen. Wer weiß, vielleicht sind es die eigenen Männer von der Gendarmerie- und Finanzassistenz, die sich dort unten wärmen, ehe sie zum gewohnten ›Patrullgang‹ aufbrechen? Oder sie befinden sich bereits in Deckung und warten, ob sich auf der von Caprile herauf-führenden Straße etwas rührt. Der Kommandant der Sperren La Corte und Ruaz, Oberleutnant Prokop, trifft weiter Vorkehrungen, um die Geschütze im Falle eines schweren Beschusses, in weiter rückwärts gelegene, bereits ins Auge gefaßte Stel-lungen zu verlegen. Achtundvierzig Stunden vergehen, und kein Feind wird sicht-bar. Da entschließt sich Prokop zuletzt, dem Kommandanten der Sperre Buchen-stein, Landeschützenoberleutnant Zeyer, zusammen mit einigen seiner Leute, eine gewaltsame Erkundung durchführen zu lassen. Während die Gruppe sich auf den Weg macht, verfolgen die Posten oben in den Stellungen gespannt, ob die Patrouille von irgend eine Seite Feuer empfängt. Doch nichts dergleichen geschieht. Unterdes-sen steigt drüben, hinter der Civetta die Sonne auf und spannt lange, gleißende Bän-der über die Schneefelder und Kämme zwischen Porè und Monte Migogn. Sie be-leuchten auch die Serpentinen zwischen den Bäumen an der Straße unterhalb Sale-sei, ohne daß sich dort irgendeine Bewegung feststellen läßt. Da, – plötzlich, Schüs-se! Erst einzeln, dann sogar Salven! Sind Zeyers, und seines Zugsführers Fankhau-ser Leute in eine Falle geraten? Es klingt beinahe so, als würde weiter rückwärts, be-reits auf italienischem Boden, bei Caprile geschossen? Das Gewehrfeuer knattert unterdessen weiter. Es steigert sich, läßt wieder nach, flackert noch einmal heftiger auf und erstirbt endlich. Jetzt tritt wieder völlige Stille ein. Es ist das erste Mal, daß von den Wänden des Migogn, über den Abstürzen des Porè und oberhalb der Höfe von Colle Santa Lucia, das Echo todbringender Schüsse zurückhallt. Dieses alljähr-lich von tausenden begeisterten Touristen besuchte, und auch – besungene Corde-voletal wird über Nacht zum Schauplatz des Krieges!

Erst mit Einbruch der Dämmerung kehren Oberleutnant Zeyer und sein Zugsführer Fankhauser, ein Brunecker, mit ihren Schützen zurück. Was sie berichten, klingt kaum glaubhaft. Der Erkundungstrupp hätte sich tatsächlich bis Caprile unbemerkt vorgepirscht. Der Ort wäre voll belegt gewesen, im Dorfe hätte gerade eine Alpinikompanie kampiert.[11]) Auf diese Feststellung hin, habe Oberleutnant Zeyer sich sofort zum Angriff entschlossen. Der Überfall wäre geglückt, der Gegner sei völlig überrascht worden und habe empfindliche Verluste erlitten. Die eigene Patrouille habe ohne jeden Ausfall den Rückmarsch antreten können. Nach den gemachten Beobachtungen habe die überfallene italienische Kompanie die Spitze einer größeren Heeresabeilung gebildet. Noch aufschlußreichere Angaben bringt Stunden später der Leutnant Sotill von der 4. Standschützenkompanie. Er ist es, der meldet, daß von Alleghe herauf dichte Marschkolonnen gegen Caprile heranzögen. Was darauf hindeute, daß der Gegner vorerst noch jenseits der Grenze starke Kräfte versammle.

Diese Kundschafterbeobachtungen im Bereich eines begrenzten Frontabschnittes stimmen tatsächlich mit den Planungen der italienischen Heeresleitung überein. Für den Angriff auf das Pustertal hat der italienische Generalstab das I. und IX. Korps aus Turin und Rom in Marsch gesetzt. Ziel der Bereitstellung und des aus ihr zu entwickelnden Angriffes sind die bereits angesprochenen strategisch wichtigen Punkte, Sexten, Toblach und das Gadertal. Beide Korps gehören zur 4. italienischen Armee. Ihr Befehlshaber ist Generalleutnant Nava. Nach der am 22. Mai befohlenen Mobilmachung erfolgt die Versammlung der Streitkräfte nur langsam und schwerfällig. Einschränkend wirkte sich ein vom Comando Supremo ausgegebener Befehl aus, nach dessen Wortlaut ›nach Beginn der Feindseligkeiten Angriffe auf österreichisches Gebiet nur dann unternommen werden dürften, wenn verläßlich ausreichend Truppen zur Stelle wären!‹[12]) Was erkennen ließ, daß die italienische Seite über die tatsächliche Schwäche der österreichischen Verteidiger nicht im Bilde war. Eine Feststellung, die angesichts der sprichwörtlichen Erfolge des italienischen Spionagedienstes bis heute unerklärlich erscheint. Befürchtete doch der italienische Oberbefehlshaber Cadorna tatsächlich einen überraschenden Angriff der k.u.k. Truppen auf die noch nicht schlagbereiten Italiener.[13])

Immerhin werden die beiden Kommandierenden des Turiner und römischen Korps angewiesen, wichtige, jenseits der Grenze gelegene Punkte als Basen für künftige Angriffsoperationen in Besitz zu nehmen. Im Sinne dieser Weisung bewegt sich das IX. Korps mit der 17. und 18. Infanteriedivision, dem 3. Bersagliregiment, Alpini und der zum Korps gehörenden Artillerie auf Buchenstein zu. Im Gegensatz zu dem langsamen Aufmarsch nützen die Tiroler Landesverteidiger die ›Gunst des Augenblicks‹ besser. Ihr neuer Landesverteidigungskommandant, Generaloberst Viktor von Dankl, sorgt für die entsprechende Initiative. Dankl, Sieger von Krasnik im Rußlandfeldzug, war in den Jahren vor dem Kriege Korpskommandant in Inns-

---

[11]) nach einer anderen Darstellung handelte es sich um Bersaglieri.
[12]) vgl. Österreich-Ungarns letzter Krieg. Bd. II. S. 510, 11, 15, 16.
[13]) vgl. Österreich-Ungarns letzter Krieg. Bd. II. S. 510, 11, 15, 16.

bruck und verfügt daher über die erforderlichen Erfahrungen und Kenntnisse und trifft daher auch die entsprechenden Maßnahmen. Kommandant des Rayons V. Bruneck, ist Generalmajor Bankowsky. Er wird, nach seiner Verwundung, den Rayon erst an einen deutschen Divisionär, später an den Feldmarschalleutnant Ludwig von Goiginger abgeben. Die Brigade, der der Col die Lanaabschnitt untersteht, führt Oberst von Sparber. Den Unterabschnitt Col di Lana selbst, mit der Bezeichnung 9a, befehligt der Landsturmmajor Busch vom Tiroler Bataillon 165. Die Hauptsorge aller dieser Verantwortlichen gilt vorerst dem Ausbau der Stellungen. Der Col di Lana ist durch seine exponierte Lage von drei Seiten feindlichen Angriffen, vor allem aber als Ziel für die Artillerie des Gegners, ausgesetzt. Die Anlage von Kavernen, als geschützten Versammlungsräumen für die Mannschaften, stößt auf kaum überwindbare Schwierigkeiten. Nur unmittelbar hinter und unterhalb der Gipfelstellung erlaubt ein schmaler Felsstreifen den Ansatzpunkt für Bohrungen in das Gestein. ›Es mangelt aber auch vor allem an Trägerabteilungen und Tragtieren. Was zur Folge hat, daß es unendlicher Anforderungen an die Besatzung des Col di Lana und Col die Rode bedarf, um Baumaterial, vor allem Bretter und Balken in die bald 2500 m hohen Stellungen zu schaffen. ›Auch die Verbindungen zu den Gipfeln selbst, wie zur Infanteriestellung verursachen den Kommandanten Busch und Kostner beträchtliche Sorgen. Gerade Kostner ist es, der nicht müde wird, darauf hinzuweisen, daß das Schicksal der Col di Lanabesatzung an einem ›Faden‹, lies' Steig, hängt. Vom Siefsattel weg mündet er in einem Saumweg und endet bei einigen, im Aufbau befindlichen Baracken oberhalb der Contrinschlucht, dem Lager ›Alpenrose‹. Von da weg breitet sich ein Sumpfgebiet aus, über das dann später bayrische Jäger einen Knüppeldamm legen werden. Er wird als ›Jägersteig‹ in die Geschichte der Col di Lanakämpfe eingehen. Dieser Steig zwischen Premajur und dem Incisasattel liegt im Schußbereich feindlicher Batterien. Schon bald, nachdem von dort die Ziele eingerichtet sein werden, wird es für Ablösungen und Versorgungsstaffeln einen Wettlauf mit dem Tode bedeuten, wenn sie zu den Stellungen aufsteigen, oder von dort zurückkehren. Genauso wie der einzige, in Feindsicht gelegene Saumweg am Südhang des Blutberges zur Infanteriestellung bei jeder Ablösung und bei jedem Alarm Opfer fordern wird.[14])

Da bringen in den allerletzten Maitagen die Munitions- und Essensträger eine überraschende Nachricht für die Männer des Col di Lana. Draußen in Bruneck wird – deutsches Militär ausgeladen! Bayern sollen es sein, für den Gebirgskrieg geeignete Soldaten aus dem Allgäu, aus Oberbayern und Franken. Einige Tage später sind sie schon in Corvara. Das ereignet sich am nämlichen Tage, an dem auch gegenüber vom Col di Lana, auf dem Padonpaß, heftig geschossen wird. Eine Alpinieinheit will dort den Übergang zwischen den Kämmen und der Spitze des 2500 m hohen Gipfels besetzen. Doch ein Trupp dort vorgeschobener Landstürmer und der Artilleriebeobachter der Sperre La Corte, lassen die Alpini ›nit aufi‹. Sie scheuchen sie zurück

---

[14]) vgl. auch V. Schemfil: Col di Lana, S. 26

und räumen den Paß erst, als ihnen dieses vom Kommandanten der Sperre befohlen wird. Während ›von drüben‹ noch das Echo der Schüsse herüberhallt, tauchen die ersten deutschen Offiziere am Col di Lana auf. Und schlagen die Hände über den Köpfen zusammen. Das nennt sich ›Stellung‹, das sollen Stützpunkte sein? Ihnen, die an die Schützengrabensysteme und Nachschubwege der Westfront gewöhnt sind, muß erst begreiflich gemacht werden, daß es hier heroben bedeutend leichter ist, Enzianwurzeln aus dem Boden zu ziehen, als mit Spaten und Pickeln einen Graben auszuheben. Dennoch, der Versuch, eine bessere Stellung anzulegen, muß gemacht werden. Major Bauernschmitt, der als einer der Ersten die Lage heroben studiert, erteilt die notwendigen Anordnungen. Er ist es auch, der während der folgenden Tage in seiner ruhigen, taktvollen Art seine Offiziere und Männer über die Einrichtung der ›Standschützen‹ unterrichtet, denen die Jäger des für den Col di Lanaabschnitt bestimmten Bataillons begegnen. Für die sind es nämlich etwas seltsame Gestalten in hechtgrauen Blusen, mit grauen Bärten oder Milchgesichtern dazwischen, die ihren Begriffen vom Auftreten eines Soldaten widersprechen. Einmal reden sie in einer Sprache, die wie ein Kauderwelsch klingt und dann sagen sie zu ihren Offizieren »Du«. Sie teilen den Tabak mit jenen aus ihren Schweinsbeuteln und erklären sogar, Wein wäre ihnen lieber als Bier. Auch ist ihre Ausrüstung zu kritisieren. Schön, die Gewehre muß man gelten lassen. Das sind nämlich deutsche ›Mauser‹ Modell 88. Aber dann allein schon die Patronentaschen! Und die Seitengewehre, die blank und ohne Holzgriff in den Laschen der ›Überschwünge‹, wie sie das Koppel nennen, baumeln. Die Patronentaschen sind aus Blech, über die eine Lederschlaufe gespannt ist, die wiederum am Koppel hängt. Dieses Koppel besteht aus Segeltuchstoff. Wenn der naß wird, zieht sich der Gurt zusammen wie ein Kapuzinerstrick. Was während des Laufens und Springens, – und solches soll im Kampf manchmal notwendig sein, – die mit Munition gefüllten Patronentaschen klappern läßt, als schüttle jemand einen Eimer mit Kieselsteinen. Befragt, warum denn die Bajonette nicht mit einem Holzgriff versehen seien, antworten die Männer lakonisch, sie »hattn nix anders kriagt«. Außerdem raste das »Banganett« auch so »am Lattnlauf« ein. »Lattn«, das ist bei den Tirolern nämlich die gleiche ›Braut des Soldaten‹, die die Preußen als »Knarre« bezeichnen. Wie auch die »Menasch« die warme Verpflegung bedeutet. Und der »Bimbs«, das ist das Konmißbrot. Das bei den Österreichern überhaupt nicht eßbar ist, kollern beim Schneiden desselben doch ganze Klumpen nicht ausgebackenen Maismehls heraus. Was zur Folge hat, daß gerade während der Tage ihrer Ankunft, der ›Major‹ dieser »Mander«, seines Zeichens Gastwirt in Corvara, seine Leute in das Niemandsland schickt, um dort aus verlassenen Bauerngehöften Gerste zum Ausbacken des Brotes zu »organisieren«. Schon am Tage nach der Geländeerkundung durch die deutschen Offiziere trifft im Lager ›Alpenrose‹ die schwere deutsche Haubitzbatterie Nr. 101 ein. Standschützen und Kanoniere schaffen sie im ›Handzug‹ auf den Hang des Monte Sief. Die Batterie richtet sich dort zum genau richtigen Zeitpunkt ein. Denn seit vierundzwanzig Stunden brüllen die ersten Geschütze der jenseits des Cordevoletales aufgefahrenen italienischen Batterien auf. Das geschieht beinahe schlagartig, als wollten ihre Kanoniere vermelden, daß ›sie nunmehr‹ heroben den Ton angeben werden. Was ihnen die deutsche Haubitzbatterie nicht ganz abnimmt. Schon ihr ›Einschießen‹ zeigt deutlich, daß auch ihre Richtkanoniere zu zielen verstehen. Der ›Ruf‹ dieser Batterie wird noch lange nach ihrem Abzug als ›Alpenrosenbatterie‹ an der Dolomitenfront fortleben, ja sogar nach dem Krieg werden manche alte Landesverteidiger noch von ihren ›Schüssen‹ erzählen. Der erste Tag der Beschießung durch die italienische Artillerie fordert aber auch unter den Standschützen ein erstes Opfer. Der Schütze Wöhrer der Brunecker Kompanie fällt. Und mehrere andere Schützen müssen verwundet zurück.

Über Nacht hat der Krieg im Buchensteiner Bereich das Antlitz des Tales verwandelt. In Pieve, in Andraz, Salesei und Corte stehen Häuser in Flammen. Pieve selbst ist bereits ein Ruinenort, denn die Fortbesatzungen haben, wie im Höhlensteintal die Hotelsiedlung Landro, dem ›Ausschuß‹ freigelegt, und die Häuser gesprengt. Aber auch innerhalb der Siedlungen knallen immer häufiger Schüsse. Einige Tage nach dem geglückten Überfall auf Caprile fallen in Salesei ein Alpinioffizier und 20 Mann in die Hände der Österreicher. Doch auch sie müssen jetzt immer häufiger Tote begraben. Fünf Mann, darunter Artilleristen der Fortbesatzungen, werden beim gleichen Unternehmen verwundet, drei Gefallene zurückgeschafft. Am 4. Juni geraten in Andraz Italiener und Tiroler erneut aneinander. Bei dem Gefecht fällt ein italienischer Generalstabshauptmann, Graf Bourbon. Der Kommandant der Österreicher, der Gendarmeriewachtmeister Dolwit, nimmt dem toten Capitano Papiere ab, die wichtige Aufschlüsse über die nächsten Absichten des Gegners vermitteln. Als er sich in der Stellung zurückmeldet, empfängt ihn ein neues Gesicht in einer ihm bisher nur aus Abbildungen bekannt gewordenen Uniform. Es ist dies der Oberleutnant von Hock, der Führer der 1. Kompanie des 2. bayrischen Jägerbataillons. Kommandeur dieses Bataillons ist der bereits genannte Major Bauernschmitt. Neben Oberleutnant von Hock führt Leutnant Schneider, die zweite, am Col di Lana eingesetzte Bayerneinheit, die vierte Jägerkompanie an. Nun sind sie also ›heroben‹, die »Boarn«, man ›werd ja sechn, wia als sie's anfangn, auf zwoatausend Metern Krieg zu führn‹, – denken die Standschützen und schauen dabei zu, wie sie's ›anfangen.‹ Sie fangen auch an! Mit dem Stellungsbau nämlich! Die steckt, auch nach Ansicht des bayerischen Leutnants Helferich noch in den ersten Anfängen.[15]) Bestünden doch die wichtigsten Stützpunkte immer nur ›aus einem kleinen Graben.‹ ›Die Felsenwache‹ habe überhaupt keine Besatzung. Als erstes richtet er längs der Infanteriestellung einen verstärkten Postendienst ein. Doppelposten bei Nacht und drei während des Tages versehen von nun ab den Dienst. Am Col di Rode werden ebenfalls die Sicherungen verstärkt. Auch vor die Gehöfte von Agai, oberhalb der Dolomitenstraße schiebt dieser Zugführer der 4. Bayernkompanie eine Postenstellung vor. Die Einteilung der Mannschaft erfolgt nach einer Art ›Einschubsystem‹.

---

[15]) vgl. V. Schemfil: Col di Lana, S. 17,

So liegen in der Folge eine Halbkompanie Bayern zusammen mit einer Halbkompanie Standschützen und einer Abteilung Landstürmer. Die Besatzung am Col di Lana und Col di Rode besteht aus insgesamt 170 Mann mit 2 Maschinengewehren. Bald zeigt sich, daß nicht nur die Pustertaler, sondern auch die Ladiner Standschützen, wie die Tiroler Landstürmer, trefflich mit den Bayern auskommen. Die Jäger des bayerischen Bataillons gehören zu einer in allen Kriegen bewährten Einheit der bayerischen Armee. Ihre Vorfahren haben überdies als 4. leichtes bayrisches Infanteriebataillon gegen die Aufgebote Andreas Hofers gekämpft. Schon nach den ersten Schüssen, die mit denen ›drüben‹ gewechselt werden, kommen die ›Boarn‹ darauf, daß die alten Landstürmer und braven Standschützen wohl von außerordentlich festem Willen und gutem Geist beseelt waren, ihnen aber die Erfahrungen des Kampfes fehlten, die zur Überwindung der nervenzermürbenden Eindrücke des neuzeitlichen Krieges notwendig waren. Durch das Beispiel der kriegserfahrenen Soldaten angefeuert, bewährten sie sich später hervorragend:[16]) Die Bergler ihrerseits wiederum müssen feststellen, wie die ›Deitschn‹ sehr rasch mit den Schwierigkeiten des Geländes und der Art, sich seiner im Kampf auch als Deckung zu bedienen, fertig werden. Die Freundschaft wird dann erst richtig besiegelt, als die Bayern die schlechte Verpflegung der Standschützen sehen, sie teilten ihre Liebesgaben mit ihnen. Sogar Münchner Faßbier gaben sie aus!‹[17])

So sehr nach dem Eintreffen der bayrischen Jäger das Gefühl der Sicherheit und gestärkten Widerstandskraft bei den Tirolern um sich greift, so macht sich im Zuge der ersten Einsätze der Verbündeten bei den bisherigen Landesverteidigern doch eine gewisse Enttäuschung breit. Als sie nämlich erfahren, daß die Bayern mit ihnen nicht über die italienische Grenze vorgehen dürfen. Deutschland befindet sich nämlich noch nicht im Kriegszustand mit Italien und so hat das ›Deutsche Alpenkorps‹ strikten Befehl, ›daß ein Einsatz deutscher Truppen auf italienischem Boden keinesfalls stattfinden dürfe.‹

Dieser Befehl verhindert auch die Durchführung eines strategischen Planes von Generaloberst von Dankl. Er hatte die Absicht, mit Hilfe deutscher Truppen, der Gefahr auszuweichen, von den zahlenmäßig weit überlegenen Italienern schrittweise umklammert zu werden. Ein Flankenstoß deutscher und österreichischer Truppen aus der Richtung des Fassatales sollte die Gefahr beseitigen. Allerdings hätten deutsche Truppen im Ablaufe dieser Aktion einige Kilometer italienischen Staatsgebietes überqueren müssen. Für das Verbot einer deutschen Beteiligung sind außenpolitische Gesichtspunkte maßgebend. Man befürchtet in Berlin eine Kriegserklärung Rumäniens als Folge eines Vorgehens deutscher Truppen auf italienischem Boden. Die beabsichtigte Entlastung der Front kommt somit nicht zur Durchführung. Dankl seinerseits hilft sich damit, indem er ›der deutschen Rückendeckung einen größeren Einfluß auf jede Einsatzmöglichkeit‹ während kommender

---

[16]) vgl. V. Schemfil: Col di Lana, S. 38
[17]) A.v. Mörl: Die Standschützen im Weltkrieg. S. 234

Kampfhandlungen zuweist. So übergibt er dem Kommandanten des ›Deutschen Alpenkorps‹, Generalleutnant Konrad Krafft von Dellmensingen, den Befehl über die bisherigen Rayone IV und V, den Fassaner Kamm und die Dolomitenfront, bis an die Kärntner Grenze. Der verdiente bayrische General, bisher Stabschef der 6. Armee des Kronprinzen Rupprecht von Bayern, ist genau der geeignete Mann für die ihm übertragene Aufgabe. Selbst passionierter Tourist, kennt er die Dolomiten von früher. Er war es auch, der den, in einem vorangegangenen Abschnitt erwähnten Ausspruch über seine Hochachtung vor dem Opfermut des Tiroler Volkes getan hat. Vom Tage, an dem ihm die Oberste Deutsche Heeresleitung das Alpenkorps anvertraut hatte, war er mit Umsicht und Energie darangegangen, die Truppe für die Erfordernisse des Gebirgskrieges auszubilden. Das ›Korps‹ selbst verfügt allerdings nur über die Streitkräfte einer verstärkten Division. Es besteht aus zwei Jägerbrigaden unter Führung des Generalmajors von Tutschek und des Obersten von Below. Zur 1. Jägerbrigade zählen das altbewährte bayrische Infanterie-Leib-Regiment und das 1. bayrische Jägerregiment mit zwei Bataillonen und einem Reservejägerbataillon. Gerade die Mannschaften dieser Bataillone sind es, die seit Anfang Juni Standschützen und Landstürmer auf der Col di Lana-Stellung verstärkt haben. Zur 2. Jägerbrigade gehört das Jägerregiment 2. Zwei seiner Bataillone, das 10. und das Reservejägerbataillon 10 sind – Hannoveraner, Männer aus der Lüneburger Heide, aber auch Niedersachsen aus dem Harz und sogar von der Wasserkante. Auch das ebenfalls zum 2. Jägerregiment gehörende 14. Jägerbataillon rekrutiert sich aus – Mecklenburg. Wenn diese Norddeutschen auch keine berggewohnten Männer sind, so hat ihre Eingliederung in die Jägertruppe vielfach mit ihrem Beruf zu tun. Es finden sich unter ihnen nämlich zahlreiche Berufsjäger und Forstbeamte. Somit Männer, die gut zu schießen verstehen und außerdem Strapazen und die Unbill einer rauhen Witterung zu ertragen vermögen. Neben diesem 2. Jägerregiment besteht auch das dritte, aus vier Schneeschuh- (Ski-) Bataillonen. Unter letzteren begegnet man vielen Württembergern und Bauernsöhnen aus dem badischen Ländle. Sechs Radfahrkompanien, 22 Maschinengewehrabteilungen, 2 Abteilungen Gebirgsminenwerfer, 2 Abteilungen Feld-, 2 Batterien Fußartillerie, 1 Abteilung Gebirgsartillerie, 2 Schwadronen Chevaulegers. 2 Pionierbataillone vervollständigen den Bestand. Auch eine Feldfliegerabteilung mit der Nummer Neun, die der später bekannt gewordene Oberleutnant Hailer führt, wird erst in den Raum Trient und später nach Toblach verlegt. Dazu treten noch Sanitätsmannschaften, Signaltrupps, Funker und Telefonisten, Munitionskolonnen und Trosse. [18]
Das sind also die deutschen Truppen, denen vom 6. Juni ab, der ›größere Einfluß in der Unterstützung der österreichisch-ungarischen Truppen bei der Verteidigung tirolischen Bodens‹ übertragen wird. In der Durchführung dieses Auftrages läßt darum auch Oberleutnant von Hock noch am 6. Juni einen seiner Offiziere, zusammen mit dem Standschützenoberleutnant Oberlechner, zehn bayrischen Jägern und

---

[18]) nach M. Breitenacher: Das Alpenkorps 1914-18, S. 12.

zehn Standschützen aus Reischach und St. Lorenzen, eine ›gewaltsame Erkundung‹ im Vorfeld des Col di Lana durchführen. Hock will feststellen lassen, welche Linie die italienischen Spitzen nunmehr tatsächlich besetzt halten. Die Offizierspatrouille verläßt nachts die Infanteriestellung. Über Agai gelangt sie gegen Morgen nach Salesei. Hier zeigt sich nirgends ein Feind. Dafür finden sich in einem verlassenen Gasthaus volle Weinfässer. Also Sicherungen aufgestellt und dann – hinunter in den Keller! Auf dem Rückmarsch wird dann das ›Schulter an Schulter‹ in friedlicher Praxis erprobt. Bis ein italienischer Artilleriebeobachter fröhlich singende Gestalten auf der Dolomitenstraße erspäht. Was ihn veranlaßt, sie einer Batterie als Ziel anzubieten. Trotzdem kehren die ›Verbündeten‹ von der gewaltsamen Erkundung unbeschädigt zurück.[19])

»Eifer, Opfergeist und Gewinnung der moralischen Überlegenheit über den Feind«, heißt es in einem Befehl General Cadornas, mit dem er seine Armee- und Korpskommandeure zu einem beschleunigten Vormarsch anzufeuern versucht. In Befolgung dieses Befehls rücken jetzt auch die 17. und 18. Division an die Grenze heran und überschreiten sie. Im Nachbarbereich des Col di Lana, in Travenanzes, am Tofanenstock und um Tre Sassi kommt es zu ersten und zum Teil auch heftigen Gefechten. Ohne, daß den Italienern Erfolge glücken. Gegenüber vom Col di Lana wird der, von den Österreichern geräumte Monte Migogn besetzt. Als erster bayrischer Offizier muß Leutnant Helferich mit seinen Leuten und Tirolern in Agai den Versuch zweier Bersaglierikompanien, seine vorgeschobenen Feldwachen auszuheben, abwehren. Die Angreifer räumen unter Zurücklassung mehrerer Toter das Feld. Nach diesem Mißerfolg verstreicht mehr als eine Woche, ohne daß der Gegner seine Versuche wiederholt. Umso systematischer schießen sich die feindlichen Batterien ein. Besonders zwei auf dem Monte Padon und Col Toront aufgefahrene Batterien verursachen Verluste bei den Verteidigern. Auch treten jetzt während der Nacht Scheinwerfer in Aktion. Erst in der letzten Juniwoche gewinnt man auf österreichischer Seite den Eindruck, daß sich ›drüben‹ einiges vorbereitet. Um Näheres festzustellen macht sich der bayerische Feldwebelleutnant Vollmer mit 8 Jägern und 8 Standschützen auf den Weg. Sie stoßen auch bald auf eine feindliche Abteilung und nehmen nach kurzem Kampf 23 Italiener gefangen. Fast zur nämlichen Zeit führt auch Leutnant Burnträger eine Erkundungsaktion durch. Mit seinen Jägern zersprengt er einen Zug Italiener und entwaffnet einen Oberleutnant des 81. Infanterieregiments. Wohl um sich zu rächen, – ›per vendicarsi‹, – führen Alpini dann am Peter- und Paulstag den Nachweis, daß auch sie sich nicht die ›Schneid abkaufen lassen.‹ In einer tollkühnen Aktion erklettern sie unbemerkt einen Punkt am Felsabsturz unter der ›Felsenwache‹ und befestigen dort einen alten – Butterkübel. An diesen bringen sie als Zielansage eine Signalflagge an. Was zur Folge hat, daß die italienischen Batterien Treffer und Treffer in die Col di Lanastellungen jagen. Bis dann

---

[19]) vgl. A. v. Mörl: Die Standschützen im Weltkrieg, S. 234

Bayern und Tiroler versuchen, den lästigen Kübel durch Steinwürfe zum Absturz zu bringen. Was schließlich gelingt!

Vom 10. Juli ab setzt eine neue, zäh vorgetragene italienische Offensive ein. Die im weitgedehnten Abschnitt zwischen der Ruine Buchenstein und der Croda Grande im Bereiche der Fiera die Primiero vorgehende 18. italienische Infanteriedivision legt das Schwergewicht ihrer Angriffe auf den rechten Flügel, also auf die Vorstellungen des Col di Lana und die benachbarten Kampflinien am Sasso di Stria und Lagazuoi. Zu gleicher Zeit erkämpfen sich die Alpini als ausgezeichnet geschulte Hochgebirgstruppe erste Vorstellungen auf den Tofanen III und II und der 2547 hohen Cima die Falzarego. Es sind tollkühne Aktionen, auf denen beide Seiten Höchstleistungen an alpiner Waghalsigkeit vollbringen, wobei der Erfolg eher das Ergebnis persönlicher Klettergeschicklichkeit Einzelner ist, als des Einsatzes militärischer Mittel. Silzer Standschützen, Landstürmer, alpine Detachements und ›Leiber‹ bewähren sich hierbei ebenso, wie ihre Gegner mit der Adlerfeder am Cappello. Gegner des Infanterie-Leibregiments im Tre Sassiabschnitt sind das 45. Infanterieregiment der Brigade Reggio, Gebirgsartillerie und zwei Alpinibataillone.

Um den Col di Lana in ihren Besitz zu bringen, setzen die Italiener zwei Angriffskolonnen an. Die eine, die Infanterieregimenter 81 und 82 der Brigade Turin, soll, unterstützt von Gebirgsartillerie, gegen den Siefsattel und den an diesen heranführenden Castellorücken vorgehen, die zweite, das Regiment 59 der Brigade ›Calabria‹, verstärkt durch ein Bataillon des 52. Regiments der Brigade Alpi, wird frontal gegen die Südosthänge des Col di Lana angesetzt. Zur Vorbereitung dieser Angriffe sind zahlreiche weitere Batterien mittleren und schweren Kalibers in Stellung gebracht worden. Seit dem 4. Juli verwandelt ein Feuersturm dieser Batterien die eben erst verbesserten Stellungen am Col di Lana in eine Wüste von zersprengten Felsstükken, zertrümmerten Brustwehren und schwarz gähnenden Trichtern. Aus der ›Infanteriestellung‹ hatte sich ›dank des Eifers und der Mühe bayrischer Jäger bis anfangs Juli ein ausgesprochener Stützpunkt entwickelt.‹[20]) Eine sogenannte ›Kanzel‹ war entstanden, der ein weiterer Graben vorgesetzt worden war. Flankierende Schützenlöcher dienen als zusätzliche Sicherungen. Über eine Lawinenrinne hinweg verbindet ein tiefer ausgehobener Laufgraben die sieben Feldwachen mit dem Stützpunkt am Col di Rode. Seit dem 4. Juli nun liegt auf diesen Stellungen schweres Vernichtungsfeuer. Doch dauert es noch drei Tage, bis die Infanterie vorgeschickt wird. Dabei erweist sich, daß den ›Fanti‹ stellenweise der harte Einsatzwillen ihrer Kameraden von den Alpini mangelt. Schon ihr erstes Vorgehen gegen die Vorfeldstellungen ober Agai endet in Andraz mit regelrechter Flucht. Auch ein zweiter Versuch, gegen Agai Boden zu gewinnen scheitert an der Abwehr der dort postierten Jäger des Leutnants Hentze und der vom Gendarmeriewachtmeister Dolwit geführten Landstürmer. Unter den Bayern tut sich hierbei der Oberjäger Weber besonders hervor. Am 8. und 9. Juli erfolgen weitere Angriffe. Dieses Mal sind es Ber-

---

[20]) vgl. V. Schemfil: Col di Lana, S. 44

saglieri, die der Kommandeur der 18. Division General Carpi, angreifen läßt. Nachdem sie bereits am 8. Juli abgewiesen worden sind, versuchen die ›ragazzi‹ mit dem Hahnenfederbusch am Hut, am 9. Juli in zwei zeitlich getrennten Angriffen, einen Erfolg zu erzwingen. Dabei verbluten zwei Kompanien des 3. Bersaglieriregiments buchstäblich zu Füßen des Pian di Gitscha. Die Verteidiger zählen nach dem ersten Vorgehen der Gegner allein 80 Tote vor ihren Feldwachen. Zwei Bayern und 6 Tiroler sind auf ihrer Seite gefallen, sieben Mann müssen verwundet zurück. Schon am 11. Juli wiederholen die Bataillone der Brigaden Calabria und Alpi die Angriffe. Mit Todesverachtung vorgeführte Gebirgsartilleristen eröffnen dabei vom Agairücken aus, auf 800 m Entfernung von den Verteidigern, ein wirkungsvolles Feuer auf die österreichischen Stellungen. Auch dieses Mal müssen Bersaglieri als erste Welle vor. Wiederum stürzen sie, in Massen getroffen, zu Boden. Fünfmal greifen sie an diesem Tag an, viermal tragen sie ihre Toten zurück. Nach dem fünften, wieder abgeschlagenen Angriff, bleiben 104 Tote vor den Stellungen Leutnants Brunträgers und seiner Jäger und Enneberger Standschützen liegen. Von der Besatzung sind am 10. und 11. Juli 3 Bayern gefallen und 7 Bayern und 1 Tiroler verwundet. Nach diesem blutigen Auftakt der Julioffensive entschließt sich der Kommandeur des IX. Korps, Generalleutnant Marini, zu einer Taktik des schrittweisen Bodengewinns. In Zukunft wird sich die Infanterie buchstäblich Meter um Meter an die Linien der Verteidiger herankämpfen, sich dort eingraben und von dieser ›benachbarten‹ Basis aus, ihre Angriffe auf kürzeste Distanz durchführen. Daß dieses schrittweise Heranarbeiten an den Hängen steil aufragender Bergmassive Blut und wieder Blut kosten muß, wird als ›überschaubare Verluste‹ einkalkuliert. Auf österreichischer Seite erkennt man aber sehr bald den Zweck dieser Taktik. Sie verursacht dem Landesverteidigungskommandanten Generaloberst von Dankl erhebliche Sorgen. Ihm ist zugesagt worden, daß die heimische, die 8. Tiroler Kaiserjägerdivision, aus dem Osten nach Südtirol in Marsch gesetzt würde. Die Heftigkeit italienischer Angriffe fordert jetzt plötzlich ihre Verlegung an die Isonzofront. Somit muß er sich weiter zur Gänze auf die von den deutschen ›Korsettruppen‹ verstärkten Landsturm- und Standschützeneinheiten, die nur stellenweise durch Marschbataillone verstärkt werden können, verlassen. Droben in den Stellungen hat sich unterdessen zwischen Tirolern, Vorarlbergern und ›Deitschn‹ ein enges kameradschaftliches Verhältnis entwickelt. Kein ›Jaga‹, der noch auf die ›Milizler‹ mit dem Blechadler am Blusenaufschlag[21]) überheblich herabblickt. Ob es nun ein Ladiner ist, oder ob er als ›Puschterer‹ den, den bayerischen Ohren vertrauter klingenden Dialekt spricht. Auch die ›Bauernoffiziere‹ erweisen sich als überaus verläßlich. Im Hochgebirge aufgewachsen und mit dessen Gefahren vertraut, reagieren sie auch in schwierigen Situationen richtig und sicher. Ihr Major, der Gastwirt Kostner, ist besonders als Gebirgstruppenführer auch manchem aktiven Bayernleutnant ein Vorbild. Die übrigens bei Ablösungen in Corvara nicht ungerne im Postgasthof einkeh-

---

[21]) Österreichische Bezeichnung für Kragenspiegel an d. Uniformbluse

ren! Aber auch die anderen ›Schützen‹, vorwiegend ältere Männer, behalten auch im ärgsten Granatfeuer durchaus die Nerven. Daß der eine oder andere dabei zum Rosenkranz greift, reizt keinen ›Jaga‹ zum Spötteln. Auch ereignet es sich, daß ein alter Standschütze neben einem zu Tod verwundeten ›Boarn‹ niederkniet und dem Sterbenden ein Vaterunser vorbetet. Und wenn ein ›Junger‹ im Heranjaulen der Granaten und im Zusammenstürzen der Brustwehren bleich wird, und ihn der Anblick heraushängender Gedärme und ausgetretenen Hirns dem Irrsinn nahe bringt – welcher Frontsoldat kennt solches nicht – da sind es die alten Schützen, die mit einer, nur den Jungen verständlichen Redeweise, zu beruhigen und Mut zuzusprechen wissen. Genauso wie alle einander helfen, ihre Verwundeten zurückzubringen. ›Noch gab es keinen Arzt auf dem Col di Lana. Die Verwundeten wurden von einem Sanitätsunteroffizier der Bayern und vom Sanitätszugsführer Franz Grossrubatscher – Bruneck, verbunden. Die Verwundeten mußten dann auf Tragbaren den vier bis fünf Stunden langen Weg bis Corvara getragen werden. Wobei die Hälfte des Weges im ständigen Artilleriefeuer lag. Zugsführer Grossrubatscher und Schütze Florian Sommer zeichneten sich durch besondere Hingebung aus!‹ So berichtet der Standschützenoberleutnant Oberlechner über die Verwundetenversorgung am Col di Lana.[22])
Während der Nachtstunden vom 14. auf den 15. Juli wiederholt sich dann, erheblich verstärkt, das Wirkungsschießen italienischer Batterien. Und gegen Mittag stellen die Feldwachposten eine Kette aufgepflanzter Bajonette fest, deren Spitzen über die feindlichen Laufgräben herausragen. Also Angriff! – Doch noch ehe die ›Fanti‹[23]) aus ihren Deckungen klettern, werden sie von den Garben der bayrischen Maschinengewehre erfaßt. Was bewirkt, daß der beabsichtigte Angriff bereits im Ansatz vereitelt wird. Als Antwort setzen die gegnerischen Geschütze ihr Zerstörungswerk fort. Sobald dann, am Morgen des 16. Juli, drei Kompanien des 52. Infanterieregiments nochmals zum Sturm ansetzen, bringt das Abwehrfeuer der Verteidiger auch diesen zum Stehen. Bis es unerwartet heranziehender Nebel einem Trupp Italiener ermöglicht, sich bis an einen der zertrümmerten Gräben heranzuarbeiten. Der bayrische Leutnant Schulze erkennt die Silhouetten der Angreifer und befiehlt einer MG-Bedienung, die Stellung zu wechseln. Auch Leutnant Bruntjäger, der mit seinen Leuten von der Gipfelstellung herbeieilt und Leutnant Reichelt greifen mit Jägern und Standschützen in den Nahkampf ein. Vom Maschinengewehr unter Beschuß genommen und zum Teil niedergemacht, läßt die italienische Sturmgruppe zehn Tote zurück, während die Überlebenden fluchtartig den Kampfplatz räumen.
Trotz dieses Mißerfolges hat diese Episode für die Italiener ihre Bedeutung. ›Der kleine Erfolg schien die Italiener zu größeren Angriffen anzuspornen.‹[24]) Zum er-

---

[22]) A.v. Mörl: Die Standschützen im Weltkrieg, S. 235
[23]) Fante, plur. fanti, ital. für Infanterist(en)
[24]) V. Schemfil: Col di Lana, S. 54

Oben: Von bayr. Jägeroffizieren geführt, defilieren Tiroler Standschützen vor dem Kommandanten und den Offizieren eines Abschnittsstabes. – 1915.

Unten: Gemeinsamer Feldgottesdienst preußischer Jäger und Tiroler Standschützen in Corvara. – 1915.

X

Rechts: Italienische Alpini beim Hindernisbau.

Mitte: Fort Tre Sassi nach Beschießung.

Unten: Bersaglieri des im Col di Lana-Bereich und Castellowald eingesetzt gewesenen Bersaglieri-Regiments.

Linke Seite, oben: Stellung auf dem Siefsattel mit Mte. Sief und Col di Lana.

Linke Seite, unten: Batterie Corte auf Cherz. Zielrichtung Col di Lana, auf die vom Feind besetzten Höhenpositionen.

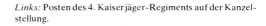

Links: Posten des 4. Kaiserjäger-Regiments auf der Kanzel-stellung.

Mitte, links: Eingang zur Großen Kaverne, der bei der Sprengung verschüttet wurde.

Unten: Soldatengräber der auf dem Col di Lana Gefallenen beim Lager Alpenrose.

Mitte, rechts: Standschützenmajor Franz Kostner mit seinem Stabe auf Col di Rode. Im Vordergrund links Oberleutnant Bauch vom Deutschen Alpenkorps.

sten Mal ist es der italienischen Infanterie geglückt, in ein Grabenstück des Gegners einzudringen. Schon am darauffolgenden Tag wiederholt das 52. Infanterieregiment den gleichen Versuch. Er wird erleichtert, nachdem die bayrischen Offiziere die Besatzungen der vorgeschobenen Feldwachposten näher an die Hauptkampfstellung herannehmen. Das geschieht, um weitere Verluste durch die feindliche Artillerie auszuschalten. Auch dieses Mal erreichen fünfzehn italienische Soldaten die Infanteriestellung. Im Nahkamp wird wiederum Mann um Mann niedergemacht. Noch während die Verteidiger das besetzte Grabenstück aufrollen, erreichte sie eine von der Gipfelbesatzung zur Hilfe gesandte Abteilung. Es sind zwei Züge – preußischer Jäger! Das 10. preußische Reservejägerbataillon, vorwiegend Hannoveraner, hat im Laufe der Nacht die bisherige Gipfelbesatzung abgelöst. Das Bataillon war erst einige Tage vorher in Corvara eingetroffen. Ein Teil desselben wurde zum Bau einer zweiten Hauptkampflinie auf Incisa und Pralongià eingesetzt, eine Kompanie unter Hauptmann Bauer trat sofort den Marsch auf den Col di Lana an. Dieser Anmarsch während der Nacht brachte für die wenig berggewohnten ›Preißn‹ seine Probleme. Denn es regnete und stellenweise konnte man nur mit auf die Schultern des Vordermanns gelegten Händen marschieren, schwarze Abgründe gähnten aus der Tiefe und an den Felswänden strich der Wind mit quälenden Seufzen und Winseln entlang. Darum vermerkt auch der Kompaniechef der ›Ersten‹ in seinem Kriegstagebuch, ›unheimlich war bei diesem Wetter der Anmarsch in die Stellung!‹[25])

Wie dann der Morgen heraufdämmert, finden sich die neu Eingetroffenen mit der neuen Umgebung bald zurecht. Sie sah ›zwar bös aus und war gänzlich zerschossen‹[26]) doch bleibt angesichts des einsetzenden Angriffes des 52. italienischen Infanterieregiments keine Zeit, sich erst einzurichten. Ungeachtet des für sie ungewohnten Geländes eilen die ›Preißn‹ den Bayern und Standschützen zur Hilfe. Es ist das erste Mal, daß preußische Soldaten in 2462 m Höhe in ein Gefecht eintreten. In der Folge bewähren sie sich dann durchaus als zuverlässige und den Schwierigkeiten des Hochgebirgskrieges gewachsene Kämpfer. Schon am 17. Juli vertreiben sie, unterstützt von in der Stellung verbliebenen Maschinengewehrbesatzungen der Bayern, eine zu einer gegenüberliegenden Felsrippe aufgestiegene feindliche Abteilung. Und tags darauf wehren sie einen massiert vorgeführten Angriff mehrerer italienischer Kompanien ab. Als plötzlich Munitionsmangel eintritt, und die Gestalten der ersten Italiener unterhalb der Brustwehren auftauchen, pflanzen die Preußen kaltblütig die Hirschfänger auf. Es kommt jedoch zu keinem Nahkampf, denn dieses Mal kommen die Standschützen den norddeutschen Kameraden zur Hilfe. Wieder muß der Gegner zahlreiche Tote auf dem Kampfplatz zurücklassen. Trotzdem wiederholt die Brigade Alpi an diesem Tage den Angriff. Eine Abteilung Italiener arbeitet sich mit Todesverachtung an den Steilhängen einer Schlucht bis nah an die In-

---

[25]) vgl. V. Schemfil: Col di Lana, S. 54
[26]) vgl. V. Schemfil: Col di Lana, S. 54

fanteriestellung heran. Doch ehe ihr der Sprung in die Gräben glückt, bricht ihr Angriff unter dem Feuer der Hannoveraner zusammen. Über 100 Gefallene bleiben vor deren Stellungen liegen. Aber auch die preußische 1. Jägerkompanie betrauert an diesem 18. Juli ihre ersten Gefallenen an der italienischen Front. So müssen sie 12 hannoversche und 2 bayrische Jäger gemeinsam mit einem Standschützen begraben. Zehn Jäger und drei Tiroler schaffen die Sanitäter verwundet zurück.

Aber auch bei der Verteidigung des den Col di Lana mit dem Felsturm des Settsaß verbindenden Sief-Sattels bewähren sich die Jäger aus der norddeutschen Tiefebene. In der Absicht, sich dieses Sattels zu bemächtigen, um der Col die Lana-Besatzung in den Rücken zu kommen, verdoppeln die Italiener ihre Angriffe auf den Castello-Rücken. Mit dem Erfolg, daß ihre hartnäckigen und mit starker Übermacht durchgeführten Aktionen gegen die bis an die Ortschaft Castello vorgeschobenen Feldwachen zurückgenommen werden müssen. Zuerst verlegt der Vizefeldwebel Gerstenkorn die Postenstellungen etwa 50 Schritte nach rückwärts, später dann muß sein Nachfolger, Feldwebelleutnant Vollmer, auch die Höhe 2221 räumen. Diese Höhe, die Standschützen wie Bayern längst schon den ›Totenbühel‹ nennen, bietet für den Gegner eine geeignete Basis für Angriffe am Castello-Rücken gegen den Col di Lana. Sobald die ersten Bersaglieri dort auftauchen, vertreibt sie jedoch das gut gezielte Feuer der ›Alpenrosen‹-Batterie. Trotzdem graben sie sich beharrlich weiter bis an die Höhe heran. Die Gefahr, zuletzt durch die sich von allen Seiten heranwühlenden Italiener ›eingeklemmt‹ zu werden, veranlaßt den Kommandanten der Feldwachen, Leutnant Steinhaimer, die Postenkette weiter nach rückwärts, bis auf die Höhe 2250 zurückzunehmen. Das geschieht allerdings erst nach einem dramatischen Kampf zwischen drei schwachen Trupps des bayrischen Offiziers und drei Bersaglierikompanien am 17. Juli. Zur Unterstützung Steinhaimers wird jetzt der Offiziersstellvertreter Gieseler mit seinem 1. Zug von der 1. Kompanie des preußischen Jägerbataillons 10 auf die Hangstellung hinuntergeschickt. Gieseler hatte ursprünglich Befehl, den ›Totenbühel‹ zurückzugewinnen. Noch ehe er sich zum Angriff entwickeln kann, drängt die feindliche Übermacht seine Leute und jene Steinhaimers gegen den Siefsattel. Erst das konzentrische Feuer beider Gruppen bringt die Bersaglieri des XX. Bataillons zum Stehen. Zuletzt dann fügen die wohlgezielten Schüsse einiger hannover'scher Scharfschützen den Angreifern derart hohe Verluste zu, daß diese das Feld fluchtartig räumen. Dabei lassen sie 30 Tote zurück. Fünfzig Verwundete schleppen sie mit sich. Die Lage ausnützend, setzt Gieseler am Nachmittag des gleichen Tages zum Gegenstoß an. Das vordringlichste Ziel ist jetzt die Sicherung der Höhe 2250. Wer diese, dem ›Costone di Castello‹, der Höhe 2221, gegenüberliegende Erhebung fest in der Hand behält, riegelt jeden Zugang zum Castello-Rücken ab. Sobald die Italiener die Absicht der Preußen erkennen, versuchen sie durch heftiges Infanterie- und Maschinengewehrfeuer, zugleich mit Unterstützung ihrer Artillerie, das Vorgehen von Gieselers Zug zu verhindern. Es nützt nichts! Trotz aller Schwierigkeiten des Geländes arbeiten sich die Norddeutschen wie berggewohnte Soldaten vor. Gleichzeitig halten sie den Gegner auch hier durch wohlgezielte Schüsse nieder. So erreichen sie die Höhe 2250, graben sich dort ein und fassen sogar eine italienische Sturmabteilung in der Flanke, die soeben die Infanteriestellung angreift. Von diesem Zeitpunkt an bleibt die Höhe 2250 im Besitz der Verteidiger. Erst viel später, zu Beginn des Winters, wird sich der Feind auch bis zu ihr heranarbeiten. Auf der gegenüber liegenden Höhe 2231, ihrem ›Costone‹, richten sich unterdessen auch die Bersaglieri wieder ein. Sie befestigen den Stützpunkt und nennen ihn, nach dem Gründer ihrer Waffe, ›Ridotta Lamarmora.‹ Über das Verhalten seiner norddeutschen Mannschaft berichtet Gieseler an seinen ›Chef‹: ›Das Verhalten der Leute im Gefecht fand volle Anerkennung von Seiten der bayrischen Jägeroffiziere. Gerade die älteren Reservisten und Landwehrleute hielten sich in vorbildlicher Weise im feindlichen Feuer.‹

Gefallen war keiner der Preußen! Verwundet wurden vier, davon ein Jäger schwer. Als sichtbares Symbol ihrer Eignung als Gebirgssoldaten tragen diese preußischen Jäger seit jenen Tagen das Edelweiß des Deutschen Alpenkorps an der Mütze.

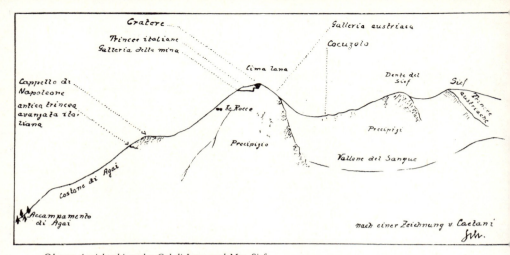

Oben: *Ansichtsskizze des Col di Lana und Mte. Sief.*
(Gezeichnet im Felde von dem italien. Leutnant Don Gaetani, Fürst von Sermoneta.) – Accampamento di Agai = Lager von Agai; Costone di Agai = Agairücken; Antica trincea italiana = alter italienischer Schützengraben; Cappello di Napoleone = Felsenwache; Le Rocce = Felstürme; Galleria della mina = Sprengstollen; Trincee italiane = italienische Schützengräben; Cratere = Sprengtrichter; Precipizio = Felsabsturz; Galleria austriaca = österreichische Kaverne; Cocuzolo = Gratstützpunkt; Dente del Sief = Siefzahn = Knotz 2224 m; Vallone del Sangue = Tal des Blutes, Bluttal.

Unten: Übersichtsskizze mit dem Verlauf der österreichischen Verteidigungslinie und den Hauptstoßrichtungen der Italiener. – Nach einer Zeichnung von Generalmajor Viktor Schemfil, 1935.

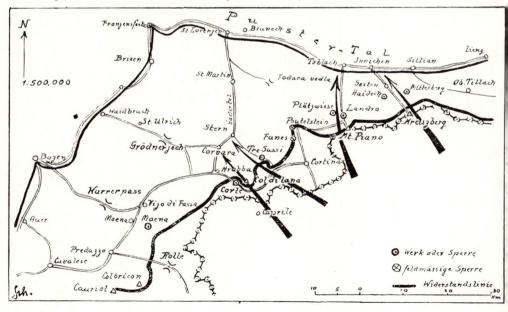

36

Für eine hohe Belohnung! ...

Die schweren Verluste der vergangenen Juliwochen zwingen die italienische Seite zu einer kurzen Ruhepause. Anstelle der frontal geführten Angriffe treibt man jetzt Sappen und Laufgräben vor. Tag und Nacht werden Fels und Erdreich aufgebrochen und ein Netz von vorgeschobenen Stützpunkten errichtet. Auf der Seite der Verteidiger verfolgt man diese Arbeiten mit erhöhter Aufmerksamkeit. Da schreckt in der Nacht vom 25. auf den 26. Juli wieder ein Alarm die Mannschaften in den Unterständen am Rückhang des Geländekopfes hinter der Infanteriestellung hoch. Aufgeregt melden die Posten, der Feind habe sich in der Felsenwache festgesetzt. Diese Nachricht ist tatsächlich alarmierend. Der Feind in der Felsenwache bedeutet sein Festsetzen im Rücken und über der Flanke der Infanteriestellung. Hat doch dieser Stützpunkt in der Tat etwas von einem Felsenhorst, der den Zugang zum Gipfel überwacht und ihn gleichzeitig flankierend schützt. Als Besatzung liegen in der Regel zur Hälfte Bayern und zur Hälfte Standschützen in der Felsenwache. In der besagten Nacht halten bayrische Jäger als Posten Wache. Bei dem Nebel, der herrscht, kann es den Italienern gelungen sein, sich unbemerkt an der Flanke der Infanteriestellung vorbeizuarbeiten. Nach der Alarmierung pirscht sich ein Zug Jäger noch bei Dunkelheit an die Felsenwache heran. Dort rührt sich nichts. Bis die zurückgebliebenen Standschützen dann plötzlich das Krachen von Handgranaten und Schüsse vernehmen. Gleich darauf tritt wieder Stille ein. Da taucht ein Jäger aus der Dunkelheit bei den Standschützen auf. »Nicht schießen!«, brüllt er, »ich bin selber verwundet!« Sobald er dann in das Postenloch kollert, stammelt er noch völlig benommen: »Zwölfe von den Unsrigen hat's derwischt. Alle tot! I' und no'oaner sind verwundet. Von den Katzlmachern war nix zu seh'n. Wir haben unsere eigenen Leut für die anderen g'haltn. Und die Unsern in der Felsenwach uns für die Makkaroni. Schuld war der Nebel!« ›Standschützen und Jäger‹, schreibt der Standschützenoffizier Oberlechner, 'gruben mitten in der Infanteriestellung den toten Kameraden ein Grab. Und – weinten! Unter dem Donner der feindlichen Geschütze bestatteten wir sie in ihrem gemeinsamen Grab. Die Italiener ließen uns aber keine Zeit, über dieses Unglück nachzugrübeln.'[1]
Die waren in der Tat dem rechten Flügel der Felsenwache immer näher gekommen. Was Major Bauernschmitt veranlaßt, eine Erkundungspatrouille vorzuschicken. Am 28. Juli geht diese gegen die vorgetriebene italienische Sappe vor. Es gelingt ihr, bis an den feindlichen Ausstieg heranzukommen und die Besatzung außer Gefecht zu setzen. Da wird sie unerwartet von einer, durch Latschengestrüpp gedeckt gebliebenen Feindgruppe angegriffen. Vor der Übermacht muß die Patrouille zurück. Selber zweimal verwundet, deckt der Gefreite Redelberger solange das Absetzen seiner Kameraden, bis diese in Sicherheit sind. Durch den Erfolg ermutigt, versuchen die Italiener weiter vorzudringen. Gleich danach tauchen die ersten von ihnen

---

[1] vgl. Dr. A. von Mörl. Die Standschützen im Weltkrieg. S. 236

in der Flankenstellung zwischen Felsenwache und Infanteriestellung auf. Es kommt zu einem Nahkampf in der Dunkelheit und im Nebel. Dabei wird der Gefreite Dees durch Handgranatensplitter am Kopf und am Auge verwundet. Sekunden später erhält er einen Durchschuß am linken Unterarm. Über und über blutend weicht er trotzdem nicht einen Schritt. Er lädt, so gut er es vermag, und feuert aus der Hüfte, um den Leichnam eines gefallenen Kameraden zu decken und um zwei verwundeten Jägern den Rückzug zu ermöglichen. Während dieses ungleichen Duells fallen zwei Italiener, andere werden verwundet. Bis die Angreifer zuletzt aufgeben. So räumt in der Nacht vom 28. Juli eine zuvor zwölf Mann stark gewesene italienische Gruppe vor einem einzigen Bayern den Kampfplatz.

Die kurze Pause nach der Zurückweisung des ersten Großangriffes gegen den Col di Lana- und Tre Sassi-Abschnitt endet mit dem 1. August. Wie die Verteidiger bald feststellen werden, hat der Feind unterdessen schwere und schwerste Geschütze in Stellung gebracht. Zunächst wird das Werk La Corte in Trümmer geschossen. Die Besatzung räumt die Sperre und schafft die Geschütze in die vorbereiteten Stellungen auf dem Cherzplateau. Andere werden in den Bereich um Arabba gebracht. Dort hat man die bisherige Frontlinie verkürzt, aber nicht zurückgenommen, sondern vorverlegt. Hatten doch italienische Kampfgruppen versucht, sich des Pizsaß und des Pordoijoches zu bemächtigen. Die Absicht war unterbunden worden, österreichische Bataillone hatten daraufhin am 29. Juli den ganzen Bereich vom Feinde gesäubert und eine, die italienische Aufmarschbasis am Col di Lana flankierende Stellung bezogen.

Schon am 2. August setzt die 18. italienische Division mit massierten Angriffen gegen die ›vorspringende Bastion der Dolomitenfront‹ ein. Deutsche Jägerkompanien wehren die Angriffe ab.[2]) Sie zeigen sich gut vorbereitet. Bayrische Pioniere, Jäger und eine österreichische Arbeitsabteilung hatten zwischen dem 19. und 30. Juli die Col di Lanastellungen verstärkt und ausgebessert. Trotz des beinahe pausenlosen Störungsfeuers der feindlichen Batterien gelingt es, die Infanteriestellung durch die Anlage neuer Schulterwehren, durch Sandsackbrustwehren mit Schutzschildern und gepflöckte Drahthindernisse mit Beobachterminen zu befestigen. Leutnant Schneider, ein gebürtiger Siebenbürger Sachse und Führer der bayrischen Pionierkompanie 102, läßt außerdem den Verbindungsgraben zur Col di Rodestellung vertiefen und drängt darauf, daß er durch einen gesicherten Kampfgraben ersetzt werden soll. Doch kommt das vorerst nicht zur Ausführung. An dem bereits erwähnten 2. August besteht die Besatzung der Infanteriestellung aus zwei Zügen der 1. Kompanie des 2. bayrischen Jägerbataillons, 40 Enneberger Standschützen und Landstürmern der Gendarmerieassistenz. Mit ihnen liegen die Besatzungen von drei Maschinengewehren vorne. Später gelangt dann noch ein Zug der oben genannten Pionierkompanie 102 zum Einsatz.[3]) Es ist gerade zwei Uhr nachmittags, als von drü-

---

[2]) vgl. Österreich-Ungarns letzter Krieg. Bd. II. S. 782
[3]) vgl. V. Schemfil: Coldi Lana, S. 64/65.

ben, von Laste, Monte Foppa und vom Porè, die Abschüsse italienischer Geschütze aufdröhnen. Die alten ›Hasen‹ von der Westfront horchen gleich darauf auf. Dieses ›Gurgeln‹ kennen sie genau. Das sind ›Einundzwanziger‹! Ehe sie sich besinnen, krachen die ersten Einschläge bereits gegen die ›Granatenwand‹. Die steigt im Rükken der Kuppe über der Infanteriestellung gegen den Gipfel zu auf. Noch trommeln Steine, ganze Felsbrocken und Eisenstücke gegen den Hang, da jault bereits die nächste Lage heran. Jetzt beteiligen sich auch mittlere und kleinere Kaliber an dem Konzert. Ein Krachen und Bersten hebt an, daß der ganze Hang wie bei einem Erdbeben zittert. Doch nicht allein die Einschläge von Granaten werfen ein ununterbrochenes Echo von den Wänden zurück. Auch die Natur empört sich. Als wolle sie zum Ausdruck bringen, daß es ihr zukomme, in diesen Regionen dem Vernichtungswillen der Menschen Grenzen zu setzen. Ihr plötzliches Aufbegehren übertönt zeitweise sogar den Geschützdonner. Ein schweres Gewitter zieht vom Westen herauf, ballt sich mit schwarzen Wolkenfeldern über Vernel und Marmoleda zusammen und schiebt gelblich-weiße Hagelkaskaden über den Saß di Mez und die Padonspitze vor. Oben, am Col di Rode, an den Hängen mit ihren Feldwachposten, bis herüber zur Infanteriestellung und Felsenwache spannen sich immer dichter werdende Nebelschleier, bis sie zuletzt dem Gipfel des Col di Lana eine bauschige Kappe aufsetzen. Ganz plötzlich reissen dann Blitze die Nebelschicht auseinander und entzünden über Kuppen und Abhängen sekundenlang ihr grelles, zuckendes Licht. Sodaß die Konturen der Berge wie Totenschädel heraustreten. Oben auf der Gipfelstellung erschlägt der Blitz einen Posten, das Inferno setzt sich fort, während jetzt ein eisiger Schneesturm einsetzt. Zwischen zertrümmerten Grabenstücken sucht die Besatzung in den Granatlöchern Schutz. Vor ihren Augen, am Steilhang über Agai und Salesei, hüllen die niederwirbelnden Flocken allmählich die herbstbraun gewesene Grasnarbe völlig in Weiß: Es wirkt wie ein Leichentuch, deckt sie doch Hügel um Hügel, die Leichen italienischer Toter, die seit Wochen unbeerdigt vor den Drahthindernissen liegen geblieben sind.

Die oben, hinter Schutzschilden und Sandsäcken kauern, bayrische Jäger und Standschützen, frieren in ihren Mänteln, die viel zu dünn und außerdem hart gefroren sind. Kaum, daß die Posten imstande sind, ihre Gewehre in den Händen zu halten. Aber sie müssen aushalten. Überläufer der Brigade Torino am Siefsattel haben tagszuvor ausgesagt, daß in Buchenstein große Verstärkungen eingetroffen seien. Ein neuer Großangriff wäre geplant. Wie dann am Mittag des 2. August das Artilleriefeuer mit ungeahnter Vehemenz eingesetzt hat, weiß jeder Mann der Besatzung, was die kommenden Stunden bringen werden. Zumal das Gewitter die Absicht des Gegners erleichtert. Gerade der Nebel begünstigt einen Angriff. Wenn auch die angeschneite Grasnarbe jedes Aufsteigen an den Steilhängen erschwert. Anscheinend läßt sich der Gegner aber Zeit. Erst am späteren Nachmittag geben die Posten Alarm. Wie erwartet, tauchen im Dunst der Nebelschleier am oberen Rand des Agairückens und unterhalb der Kanzelstellung von Salesei her, die ersten Silhouetten italienischer Soldaten auf. Links klettern zwei Kompanien des 60. Infanterieregiments, und auch rechts zwei weitere Kompanien des gleichen Regiments gegen die Stellungen der Bayern und Standschützen an. Zugleich wird aus der Felsenwache gemeldet, daß sich am Castellorücken anscheinend Bersaglieri gegen die Höhe 2250 vorzuarbeiten versuchen. Jetzt tauchen auch unmittelbar unterhalb der Felsenwache die ersten blauen Stahlhelme auf. Hier handelt es sich um eine Einheit, deren Gefallene noch vom letzten Angriff her vor den Verhauen liegen. Es sind Kompanien des III. Bataillons der Zweiundfünfziger. Der Name ihres Kommandeurs ist den Offizieren der Bayern bereits aus Gefangenenaussagen ein Begriff. Mit seinem, für einen italienischen Offizier verpflichtenden Namen Garibaldi, will er anscheinend heute um jeden Preis der ›Glorie‹ seines berühmten Großvaters den Ruhm eines ›Erstürmers des Capello die Napoleone‹[4]) hinzufügen. Doch belehrt ihn das Aufrauschen wütenden Abwehrfeuers, daß der Sturm seiner Nachbarn vom ›Sechzigsten‹ ins Stocken gerät. Umso entschlossener feuert er seine Leute zum Vorgehen an. Schritt um Schritt ›robben‹ sich seine ›fanti‹ am glitschigen Steilhang aufwärts. Tödlich getroffen bleiben die meisten von ihnen liegen, ihre Leichname kollern nach abwärts und reißen da und dort einen Verwundeten mit. Besonders eine steil abstürzende Furche zwischen den Rücken des Agaihanges und der Felsenwache wird zur Todesschlucht für ganze Trupps. Während sich die Überlebenden im schneenassen Erdreich festzukrallen versuchen, platzen zwischen ihnen die Handgranaten der Verteidiger, aus der Tiefe hallt der Aufschlag niederstürzender Körper herauf und links und rechts tönen die Schreie Verwundeter, die sich mit schwindender Kraft an einem Stein festzuhalten suchen. Und immer gibt es noch einige, die das Gewehr festhaltend, weiteraufwärts kriechen und rufen: »Forza ragazzi, avanti! Savoia!« Der Träger der Krone des Hauses Savoyen ist weit. Ihnen hingegen peitscht ein eisiger Regen harte, schmerzende Graupen gegen das Gesicht, ihre Monturen sind völlig durchnäßt und neben ihnen, vor ihnen und in ihrem Rücken färbt sich der Boden schwarz und die dünne Schneedecke rot vom versickernden Blut ihrer Kameraden. Es schwirrt und zischt über sie weg oder trifft klatschend in die Körper, reißt furchtbare Wunden auf und zwingt sie, das Gesicht platt gegen die kalte Erde zu drücken. »Avanti, avanti Savoia!« . . . »Avanti alla morte!« müßte es heißen! Vorwärts in das Sterben! Das ist die wahre Parole, mit der man sie immer wieder gegen diesen verfluchten Gipfel treibt. Da erhebt sich schon wieder der Capitano vor ihnen, er kniet noch, da wirft es ihn auch schon zu Boden, die Tenenti, die Leutnants, springen an seiner statt auf. Trotz der Steilheit des Hanges, ungeachtet der Toten, schaffen es einige, sich bis dicht an die Verhaue des ›Cappello di Napoleone‹ heranzuarbeiten. »Avanti, avanti Savoia!« Noch ehe der Ruf in seinem Munde verhallt, bricht auch der Oberleutnant zusammen. Ein Dröhnen und Krachen setzt ein, das nur die Aufschreie Getroffener unterbricht. Ein Salvenwurf aus der Felsenwache geschleuderter Handgranaten reißt die Vordersten auseinander, wirft Dutzende zu Boden und läßt überall Lücken zurück. Es ist umsonst! Der Angriff des dritten Bataillons des

---

[4]) Cappello di Napoleone (nach der Form des Hutes Napoleons I.) nannten die Italiener die Felsenwache.

von dem Enkel des großen italienischen Freiheitshelden geführten Regiments zerstiebt unter den Handgranaten der Besatzung dicht unterhalb der Verhaue. ›Das Bataillon des 52° Fanteria‹, heißt es in dem Buch ›La Conquista del Col di Lana‹, kam unter dem Oberstleutnant Garibaldi zwar bis zur feindlichen Stellung, konnte aber, weil ungeheueres Handgranatenfeuer einsetzte, nicht weiter vordringen‹.
Und das Nachbarregiment, die ›Sechziger‹ der Brigade Calabria? Ihr Angriff richtet sich gegen die Infanteriestellung und die sie deckende ›Kanzel‹. Dort hat die 1. Kompanie des 2. Jägerbataillons auch während des schweren Artilleriefeuers die Posten vorne belassen. Wie dann die ersten Angreifer vor dem linken Flügel der Besatzung auftauchten, zwingen sie Maschinengewehre und Gewehrsalven rasch zur Umkehr. Die Geschoßgarben räumen unter den ›fanti‹ derart furchtbar auf, daß der Rest der Mannschaft von ihren Offizieren einfach nicht mehr vorwärtszubringen ist. Gegen den rechten Flügel der Kanzelstellung wiederholt die 5. und 6. Kompanie der Sechziger hingegen vier Mal den Sturm. Dabei wird ihr erster Anlauf durch eine Nebelschicht begünstigt. Der Kommandant der Kanzelstellung hatte während des Trommelfeuers seine Mannschaft in die Unterstände am Rückhang der Geländekuppe zurückbeordert. Vorne in der Stellung waren nur die Posten verblieben. Ihnen, wie der Besatzung in den Unterständen war es entgangen, daß der Gegner das Feuer allmählich weiter nach rückwärts verlegte. Zu dieser Täuschung hatten gleichzeitig das Gewitter und starker Nebel beigetragen. Bis ein Alarmruf die Mannschaften, Bayern und Standschützen, in den Unterständen hochreißt. Bevor sie noch nach vorne gelangen, stürzt ihnen der Jäger Schmitt mit blutendem Auge entgegen. Ganz plötzlich waren dicht vor ihm die Gestalten der Angreifer im Nebel aufgetaucht. Sie hatten ihm aus nächster Entfernung ins Auge geschossen. Trotzdem sei es ihm noch gelungen, berichtet er keuchend, den ersten Gegner niederzuschlagen. Ungefähr zwanzig Italiener hätten den deutschen Graben erreicht.
Auf diese Meldung hin läßt der Kommandant, Leutnant Kraus, sofort das verlorene Grabenstück abriegeln. Während der übrige Teil der Besatzung am rechten Flügel jetzt die Angriffe der Italiener durch sofort einsetztendes Abwehrfeuer viermal zurückweist, liegen sich Bayern und zwei Züge der eingedrungenen Gegner im äußersten Eck der Kanzelstellung auf Handgranatenwurfweite gegenüber. Denn auch die eingedrungenen ›fanti‹ haben sich sogleich hinter Sandsäcken verbarrikadiert. Inzwischen wird es Nacht. Jeder der beiden Gegner wartet ab, bis ihn der andere anfällt. In der Col di Rodestellung ist unterdessen auch ein Melder des Leutnant Kraus eingetroffen. Dort erteilt Oberleutnant von Hock dem Oberjäger Histing den Befehl, mit seiner Gruppe zur Unterstützung der Kanzelstellung vorzugehen. Als Histing in der Mulde am Rückhang der Kanzelstellung einlangt, schickt er sich sofort an, mit zwei Gruppen den besetzten Graben zurückzuerobern. Kraus will ihn dabei durch Minenwerfer unterstützen, doch Histing wehrt ab. Er will das Unternehmen überfallartig durchführen.[5] Sein Gefechtsbericht tags darauf lautet dann so: ›Mit je

5 Handgranaten bewaffnet schwärmten wir hinter der Kuppe aus und konnten uns bis auf 10 Meter an den von den Italienern besetzten Grabenteil heranarbeiten. Ein Pfiff – und schon krachten die ersten Handgranaten. Dreimal donnerte der Salvenwurf, dann ein weiterer Pfiff – und wir waren im Graben. Die hin- und hertaumelnden Italiener kamen in der Überraschung gar nicht dazu, sich zu verteidigen. Etwa zehn Gefangene konnten wir in die Mulde zurückschicken, der andere Teil der Besatzung hatte fluchtartig den Graben verlassen.6)
Es ist zwei Uhr morgens, als das verlorene Grabenstück wiederum fest in der Hand der bayrischen Jäger ist. Vier Gefangene des 60. italienischen Infanterieregiments sind verwundet. Die Mehrzahl ihrer Kameraden ist gefallen. Die Gefangenen sagen aus, ihre Abteilung habe aus zwei Zügen Freiwilliger bestanden. Denen man für den Fall eines Erfolges hohe Belohnungen versprochen habe.
Belohnungen? – Das Bataillon des 60° Fanteria‹, heißt es in der ›Conquista del Col di Lana‹, ›mußte statt im Sturm in die feindlichen Stellungen einzudringen, nach argen Verlusten zurückgehen.‹
Ob man auch der Gruppe von 30 Mann ›Belohnungen‹ zugesagt hat, die noch am Morgen des 3. August versuchen, den Col di Lanagipfel in einem Handstreich zu nehmen? Im Schutz der Nacht gelingt es ihnen, unbeachtet an der Felsenwache vorbeizuklettern und sich zum Grat hinüber zu hanteln, der steil vom Castellorücken zum Gipfel führt. Da sind es die Männer Histings, die von der Kanzel aus mit dem Fernglas die schneidigen Burschen ausmachen. Zuerst können sie nicht feststellen, ob es sich um Standschützen, Bayern oder um Italiener handelt. Schon sind die Kletterer dicht unter der Gipfelstellung, da krachen Handgranaten. Im letzten Augenblick hat ein Posten der Gipfelbesatzung die Gegner erkannt. Das ›Husarenstückl‹ endet so blutig, wäre es geglückt, hätten sich die Besatzungen der Felsenwache wie der Kanzel ergeben müssen!
Mit der Nacht vom 2. auf den 3. August endet der erste Kampftag um den Col di Lana, nach dessen Abschluß der Kommandeur der 18. italienischen Division Generalleutnant Carpi, die ›Conquista‹ des Berges seinem Kommandierenden Marini melden wollte. Das Kriegstagebuch des Standschützenbataillons Enneberg vermeldet hierzu: ›Die Italiener erlitten durch Maschinengewehr- und Infanteriefeuer schwere Verluste. Über 200 Tote lagen auf dem Hang vor den Stellungen.‹7)

---

5), 6) vgl. V. Schemfil: Col di Lana, S. 66, 67, ff.
7) vgl. A. v. Mörl: Die Standschützen im Weltkrieg, S. 241

›Vallone Della Morte‹ . . .
Die Todesschlucht.

Achtundvierzig Stunden nach diesem blutigen Auftakt, will der Kommandierende
des IX. italienischen Korps die Erstürmung von ›Panettone‹ und ›Cappello di Napoleone‹ doch noch erzwingen. Um das durchzusetzen, läßt er die Regimenter der 17.
und 18. Division, zusammen mit Bersaglieri, Alpini und Sappeuren zum Angriff be-
reitstellen.
Oben in der Kanzelstellung wissen sie, was ihnen dieser 4. August bringen wird. Dafür sorgt seit dem Morgengrauen ein immer heftiger werdendes Zerstörungsfeuer
von der gegenüberliegenden Seite. Besonders die Batterien vom Col di Toront, am
Pian di Mayon, vom Foppa und Porè setzen den Besatzungen zu. Aber auch ganz
schwere Granaten aus Geschützen von weit rückwärts, aus dem Bereich des Nuvolau pflügen Quadratmeter um Quadratmeter um. ›Ich habe Erfahrung von fast allen
Kriegsschauplätzen‹, schreibt später einmal der Leutnant Neckermann, ›ohne Rußland und Rumänien, kenne die große Materialschlacht als einer der wenigen Überlebenden aus einem siebenwöchigen Kampf bei Douaumont-Thiaumont im Sommer 1916, mein Urteil darf damit Anspruch auf Sachverständlichkeit erheben. Was
wir am 4. August auf unsere knapp 100 Meter Raum an Feuer bekamen, Feuer aller
Kaliber, war auch bei Verdun nicht ärger, größer aber relativ die Verluste, mehr als
50 Prozent tot, der Rest bis auf 3 oder 4 Mann verwundet.[1] – Der Grasboden, den
der Schnee stellenweise wieder freigegeben hat, gleicht einer rauchenden Krater-
landschaft. Wieder bekommen auch die Talsperren Ruaz und La Corte ihren Teil
ab. Wobei die 28 cm-Granaten in Abständen von drei bis vier Minuten ihre Ziele
zwischen Kanzel und Straßensperren wechseln. Was zur Folge hat, daß Höhen und
Tal in eine ununterbrochene Schicht von schwarzen Rauchpilzen gehüllt sind.
Oberjäger Histing mit seinen bayrischen Jägern liegt seit der Rückeroberung des
verloren gewesenen Grabenstückes, zusammen mit etlichen Standschützen, auch an
diesem Morgen noch in der Felsenwache. Um die Besatzung nicht sinnlos zu gefährden, hat er nur drei Mann im vordersten Graben auf Posten gelassen. Alle Übrigen
sind in einem 15 Meter höher gelegenen Unterstand in Deckung. Die drei Beobachtungsposten läßt Histing stündlich ablösen, soweit sie nicht bereits früher ersetzt
werden müssen. Ein Treffer zertrümmert zuletzt auch den Unterstand. Nur mit al-
lergrößter Mühe glückt es den Männern, sich wieder einen Ausgang zu öffnen. Die
Einschläge erfolgen jetzt pausenlos, was darauf hindeutet, daß auch die letzten Hindernisse vor Beginn des Infanterieangriffes zerstört werden sollen. ›Um aus dieser
Hölle erlöst zu werden‹, sagt Histing selbst, ›sehnten wir den feindlichen Angriff
herbei.‹ Er kriecht nach vorne, weil er fürchtet, daß keiner der Posten noch lebt. Tatsächlich trifft er auch nur mehr auf einen Mann. Die beiden anderen Jäger hat es
buchstäblich zerrissen. Histing kauert sich neben den noch lebenden Kameraden

---

[1] vgl. V. Schemfil, Col di Lana, S. 79

und starrt über den Hang hinab. Von da unten werden sie auch heute wieder herauf-kommen.[2])

Endlich, es geht auf 4 Uhr nachmittags, ist deutlich festzustellen, daß die italieni-schen Batterien das Feuer weiter nach rückwärts verlegen. Kurze Zeit darauf tau-chen im Laufgraben oberhalb der Waldgrenze die ersten Angreifer auf dem Agai-rücken auf. Noch ehe sie sich entwickeln, quillt es, beinahe dicht aufgeschlossen, hinter ihnen in richtigen Schwärmen heran. Es wimmelt geradezu von grau-grünen Gestalten, eine, zwei Kompanien schicken sich an, den Steilhang zu erklimmen. Die Offiziere sind unschwer zu unterscheiden. Man erkennt ganz deutlich, wie sie ihre Mannschaften anfeuern. Nun tritt am Waldrand sogar noch eine dritte Welle heraus. In breiter Front und nach Treffen gestaffelt, verteilen sich die Sturmzüge rechts über den Hang des Agairückens und links am Aufstieg von Salesei. Einige Gruppen ar-beiten sich sogar durch die steile Schlucht zwischen beiden Bergrücken aufwärts. Oben in der zertrümmerten Stellung hat der Alarmruf Histings inzwischen die Handvoll Jäger und Standschützen an die eingestürzten Schulterwehren und trich-terränder geholt. Die Hand am Gewehrverschluß, die noch vorhandenen Handgra-naten neben sich, warten sie auf das Auftauchen der ersten Angreifer in sicherer Schußdistanz. Von diesen nähern sich jetzt die ersten den Trichtern am oberen Steilhang. Geduckt, sich gegen den Boden drückend, robben sie sich von Felsrippe zu Felsrippe, suchen in kleinen Mulden Deckung und bleiben auch hinter den Leichnamen ihrer gefallenen Kameraden liegen. Oben in der Kanzel vermag man wieder einmal ganz deutlich, das »Avanti, sù, corraggio ragazzi!« der einzelnen Füh-rer zu hören. Dann blitzt es auf einmal am Hang unten auf, faucht heran und knallt in die Sandsäcke, daß deren Inhalt mit lautem Rauschen herabrieselt. Die da drunten haben ein Gebirgsgeschütz am Hang in Stellung gebracht. Völlig ausgesetzt feuert seine Bedienungsmannschaft vom inneren Flügel der Bataillone gegen die Felsen-wache. Schon der zweite Schuß zerfetzt ausgerechnet zwei Spanische Reiter, die die Verteidiger noch rasch als Sperre in eine aufgerissene Lücke der Verhaue geworfen hatten! Damit wird eine Sturmgasse für die Angreifer frei. Ein dritter Schuß knallt in die Telefonleitung. Histing kann keinen Mann für die Behebung des Schadens ab-stellen. Drüben in der Infanteriestellung wird ihn Leutnant Kraus schon nicht im Stich lassen. Überdies bleibt auch nicht Zeit, um nachzudenken, denn soeben tau-chen die ersten Angreifer unterhalb der Felsenwache auf. Man erkennt bereits die Gesichter.

Eine Salve fegt den ›fanti‹ entgegen. Sie mäht furchtbar. In die lauten Aufschreie Verwundeter mischen sich die Befehle der Offiziere. Auf 50 Meter Abstand wühlen sich die Mutigsten in den Boden. Der ist steinhart, gefroren, felsig und steil. Wieder schleudert es in der Schlucht zwischen den beiden Steilrücken die Körper Getroffe-ner in die Tiefe, ein grauenvoller Anblick, der den einen oder anderen Jäger und

---

[2]) vgl. V. Schemfil: Col di Lana, S. 69, 70.

Standschützen den Finger am Abzug verkrampft, weil sich in ihm alles dagegen stemmt, die Menschen unter sich wie Murmeltiere abzuschießen.

»Noch näher herankommen lassen! Handgranaten nur auf kurze Distanz!« Es hilft nichts, es ist Krieg und wer nicht selber schießt, läuft Gefahr in den nächsten Minuten selber erschossen zu werden. Minuten vergehen, dann sind es einige Standschützen, die ihre Handgranaten auslösen. Die Detonationen liegen mitten unter der vordersten Angreiferkette. Die ist nicht hoch zu bekommen. Obwohl die Offiziere sich aufrichten und dabei nur Ziele für die Verteidiger abgeben. Da reissen plötzlich heranheulende Granaten mitten unter den Angreifern schwarze Erdfontänen hoch. Die eigene, italienische Artillerie schießt zu kurz, sie feuert in die eigenen Linien. Das wirkt! Sofort springen jetzt die Vordersten auf, versuchen auf den Knien voranzukommen, um einen toten Winkel unterhalb der Stellung zu erreichen, der ihnen Deckung anbietet. Dort drücken sie sich gegen die Grasnarbe und warten. Es sind nicht mehr als 20 Meter, die sie von den Verhauen trennen. Bis einer ihrer Offiziere ein Beispiel gibt, sich weiter vorwagt und eine Handgranate wirft. Zögernd beginnen jetzt auch seine Leute zu werfen. Nicht ohne, daß die Wirkung ausbleibt. In der Verteidigerstellung gibt es Verwundete, zuletzt auch wieder Tote. Vor allem setzt ihnen das Gebirgsgeschütz heftig zu. Zuletzt stellt Histing fest, daß seinen Männern die Munition auszugehen beginnt. Wenn die zum Sturm antreten wird es kritisch. Noch verlassen sie sich auf ihr Gebirgsgeschütz und die Wirkung ihrer Handgranaten. Es sieht fast so aus, als wollten sie jetzt Zeit gewinnen, Sie erkennen wohl, daß sich die Reihe der Verteidiger mehr und mehr lichtet. Dabei steckt der zertrümmerte Graben voller Verwundeter. Denen niemand zu helfen vermag. ›Unsere Reihen waren zu stark gelichtet‹, meldet er später, ›mancher Kamerad bat uns flehendlich um Hilfe, ohne daß wir seine Lage hätten erleichtern können.‹

Histing weiß, daß eine Verstärkung nur dann zu ihm nach vorne gelangt, wenn es ihr gelingt, trotz des Tageslichtes den Laufgraben vom Westhang her zu passieren. Diesen decken aber die feindlichen Batterien pausenlos zu. Inzwischen robben sich auch die Angreifer wieder heran. Angeführt von ihren tapferen Offizieren, beginnen sie sich genau dort vorzuarbeiten, wo sie Lücken unter den Verteidigern vermuten. Jetzt sind sie auch tatsächlich auf Sturmdistanz nahe. Da geht es auch los! ›Plötzlich erschallte fürchterliches Geschrei! Sie haben es geschafft, die ersten vom vierten Bataillon der Sechziger springen auf, gelangen bis an die Verhaureste und stürzen sich auf die zertrümmerten Brustwehren. Um jeden Preis wollen sie heute die Scharte vom 2. August wettmachen. Und jetzt sind es nur mehr vier Männer, Jäger und Standschützen, die sich ihnen an der Einbruchstelle entgegenwerfen. Ob es die Entschlossenheit der vier Männer ist, oder die Überraschung, daß sie noch Gegner vor sich sehen, die Verteidiger wehren sie ab. Genau im gleichen Augenblick platzen jetzt auch noch Minen in den rechten Flügel der Stellung. Die eigenen, bayrischen Minenwerfer beschießen vom Rücklauf der Kuppe her, das Vorfeld der Stellung und treffen zu kurz. Dabei werden eigene Leute, aber auch Italiener verwundet. Histing nutzt die Verwirrung. »Zehn Meter zurück!«, schreit er seinen Männern zu, eben hat er nämlich gesehen, wie eine zweite Gruppe Italiener in den Mittelteil des Grabens herabspringt. Doch noch ehe seine Männer die neue Gefahr erkennen, bemerken sie, daß in ihrem Rücken geschossen wird. Trotz des Störungsfeuers der Artillerie ist es dem Oberjäger Braun mit einigen Jägern gelungen, die Felsenwache zu erreichen. Auf 15 Meter Distanz feuern sie auf die Eingedrungenen, treiben sie zurück, können aber nicht mehr verhindern, daß sich noch nachfolgende Italiener in einem zusammengeschossenen Unterstand einnisten. So schnell geben die Italiener heute nicht auf. Auf dem gleichen Grat, auf dem tagszuvor die Männer Histings die Gruppe ausgemacht hatten, die sich mit einem Husarenstreich des Gipfel bemächtigen wollte, haben auch heute wiederum schneidige Burschen ein Maschinengewehr in Stellung gebracht. Das jetzt unbarmherzig die Verteidiger zwingt, sich in den Grabentrümmern zu decken. Wieder gibt es Verluste, als einer der ersten fällt Oberjäger Braun. In wenigen Minuten werden die Angreifer den Sturm wiederholen und das genommene Grabenstück auszuweiten versuchen. Da vernimmt Histing das Poltern schwerer Bergstiefel in einem Laufgraben. Wirklich im allerletzten Moment trifft der Vizefeldwebel Rösch mit einem Halbzug Jäger über dem bedrohten Stellungsteil ein. Leutnant Kraus hat Histing nicht im Stich gelassen. Er ist es, der Rösch mit seinem Halbzug ›als letzte Reserve‹ vorgeschickt hat. Nachdem er selber mit dem Rest seiner Leute die Verbindung zwischen Infanteriestellung und Col di Rode absichern muß. Unverständlicherweise nützen die Italiener den errungenen Vorteil nicht aus. Sie bleiben in dem eroberten Grabenstück liegen und verbarrikadieren sich hinter dem Unterstand. Was jetzt die Verteidiger ausnützen. Sie bauen hastig einen Verbindungsgraben als provisorische Stellung aus und bereiten sich auf die Abwehr weiterer Angriffe vor.

Unterdessen setzt die Dämmerung ein. Bis weitere Verstärkungen eintreffen, wird es Nacht sein. Der Anmarschweg längs der Feldwachenkette am Südhang des Col di Lana-Stockes, der zudem über die ausgesetzte Lawinenrinne führt, ist in seiner ganzen Länge dem Feindbeschuß ausgesetzt. Damit wird das Nachschieben von Ersatz und Munition nur während der Dunkelheit möglich, in die italienische Scheinwerfer ihre tastenden Lichtkegel vortreiben. So heißt es für das Dutzend in der Felsenwache verbliebener Männer ausharren. Falls ihre neuen ›Nachbarn‹ in der eigenen Stellung nicht gerade diese Dunkelheit ausnützen und sie überrumpeln werden. Dann spuckt das verdammte Gebirgsgeschütz unaufhörlich weiter. Ein Splitter verwundet auch Rösch, die Wunde ist tödlich. Histing ist zuletzt wieder mit einer Handvoll Männer allein.

Endlich, – längst ist es Nacht, da taucht neben Histing wie aus dem Boden gewachsen, eine hohe Gestalt auf. Die Stimme! Welcher Jäger des zweiten Bataillons kennt sie nicht? Selbst die Standschützen horchen sofort auf. Das ist doch-, gewiß, er ist's – der Col di Lana-Schreck! So nennen ihn nämlich alle, die seine ›Stückln‹ kennen, wenn es darum geht, den ›Pölzn‹[3]) was auszuwischen. Vizefeldwebel Adalbert Nek-

---

[3]) ›Pölze‹ – Die ital. Offiziere und manche Mannschaften trugen bereits während der Sommermonate oft lange Pelzmäntel. Was die Tiroler zu der Bezeichnung ›Pölze‹ veranlaßte.

kermann. Ihm wären die anderen zu langsam marschiert, sagt er zu Histing, darum sei er ›vorausgegangen‹, ohne daß die ›drüben‹ ihn bemerkt hätten. Hinter ihm kämen Verstärkungen, Jäger, Pioniere und Standschützen. Mit Offizieren natürlich. Er glaube aber, man solle trotzdem versuchen, den besetzten Graben auszuräuchern.darum wolle er an Ort und Stelle erkunden, ob nicht er ›die Sach‹ schon glei ›angeh'n‹, solle!

Es ist fünf Uhr nachmittags, am gleichen 4. August, da trifft der Bataillonskommandeur der Jäger, Major Bauernschmitt, in der Col di Rodestellung ein. Ohne irgendein Anzeichen von Unruhe hört er die Meldung des Kompanieführers, Oberleutnant von Hock. Er wäre, berichtet Hock, seit Unterbrechung der Fernsprechleitung im Unklaren über die Lage in der Infanteriestellung und Felsenwache. Dem Gefechtslärm nach zu urteilen, würde im Augenblick unmittelbar an der Stellung gekämpft. Noch bei seinem letzten Telefongespräch hätte Leutnant Kraus dringend Verstärkung angefordert. Dabei hätte er auf die außerordentlich zahlreichen Ausfälle hingewiesen. Er, Hock, habe unterdessen alles Erforderliche angeordnet. Sofort nach Einbruch der Dämmerung, würde die vom Postendienst abgelöste Mannschaft zur Infanteriestellung aufsteigen. Vizefeldwebel Neckermann wäre bereits voraus. Alles, was an Munition verfügbar wäre, würde der zur Verstärkung befohlene Zug mit sich nehmen. Major Bauernschmitt billigt ohne Einwand die Maßnahmen Hocks. Auch zeigt er sich mit der Planung über die Ausführung eines Gegenstoßes einverstanden. Zur Verstärkung Hocks hat er den Zug Leutnant Steinhaimers selbst mitgebracht. Kurze Zeit später meldet sich auch Leutnant Posiadly mit seinen Jägern des preußischen Reservebataillons. Sie sind zu Schanzarbeiten auf den Col di Rode befohlen. Bauernschmitt ordnet eine Viertelstunde Rast an, dann läßt er die ›Preußen‹ mit 200 Handgranaten und 10 Munitionskisten beladen. Sie sollen Steinhaimers Männern unmittelbar folgen. Außerdem gibt er Hocks Leuten den Standschützoberleutnant Oberlechner mit allen verfügbaren Pustertaler Schützen mit. Hilfsbereit nehmen die Tiroler den bergungewohnten Norddeutschen einen Teil ihrer Last ab. Voraus geht Leutnant Schneider, der ›Sachse‹ aus Siebenbürgen, mit seinem Eispickel und dem stets griffbereiten Karabiner, – hinter ihm Oberlechner, dem auch während des Aufstieges ›in Feindessicht‹ die Tabakspfeife nie ausgeht. Doch schon bald werden sie von Steinhaimers Männern unter Hocks Führung überholt. Er hat sich kurz bei Bauernschmitt abgemeldet und drängt nun selber nach vorn. Es dauert auch nicht lange, da läßt er Steinhaimers Zug hinter sich, nur von seinem Burschen Neuberger begleitet, steigt er rasch aufwärts. ›Es war eine wunderbare Augustnacht‹, schreibt er, ›wenn nicht der Höllenlärm des Gefechtes, von dem man sich nur schwer eine Vorstellung machen kann, den Sommernachtszauber gestört hätte. Die feindlichen Scheinwerfer huschten mit magischem Licht über die Höhen, verschwanden in der blauschwarzen Nacht und ließen plötzlich irgendwo im Hintergrunde eine Felswand oder eine bizarre Berggestalt geisterhaft aufleuchten. Auf allen Seiten blitzten im Tale und auf den Höhen die Mündungsfeuer der Geschütze auf, die ihren feurigen Hagel auf das kleine Fleckchen der Infanteriestellung zusammenballten. In regelmäßigen Zwischenräumen rollten die schweren Granaten, die dem Sperrfort Corte und seiner Artillerie galten, durch das Tal, wobei man, da man sich erheblich über der Talsohle befand, den Eindruck hatte, als ob die Wüteriche dicht an einem vorbeigurgelten. Die das Tal begrenzenden Felswände gaben den Geschützdonner im endlos hallenden Echo wieder, sodaß sich die einzelnen Detonationen zu einem unbeschreiblichen Getöse aneinanderreihten, das etwa einem ins Endlose verlängertem Donnern eines gewaltigen Hochgewitters und seinem Echo glich.‹[4])

So rasch sie es mit ihren Lasten vermögen, steigen Steinhaimers Leute und die Preußen Posiadlys hinter dem Oberleutnant zur Infanteriestellung auf. Dabei tun sich die Standschützen Oberlechners auch nicht viel leichter. Vollbepackt wie sie alle sind, hindert vor allem der bis an die Knöchel reichende, naßgewordene Kalkschutt die Männer beim Aufwärtssteigen. Besonders das letzte Stück vor der Lawinenrinne verursacht Beschwerden. An der Siebener-Feldwache hört nämlich der Laufgraben auf und hier heißt es, mit Munitionskisten und Handgranaten den Hang ohne jegliche Deckung zu überqueren. Das ist dann immer nur möglich, wenn einer der beiden Scheinwerferkegel von drüben über die ausgesetzte Strecke hinweggehuscht ist. Was die Kanoniere am Col di Toront nicht hindert, ihre Geschützsalven auch im Dunkeln über die Westflanke des Lanablocks rauschen zu lassen. Gerade hier tut es not, einem der braven Hannoveraner die Hand zu reichen, ihn unterhalb des Steiges zu stützen und ihn sicher, trotz Luftdruck und nahen Einschlägen zur nächsten Felsrippe zu geleiten.

Hock und sein Bursche sind unterdessen längst voraus. Obwohl beide berggewohnte Soldaten, erreichen sie genauso ›schweißtriefend‹ endlich die ›Lawinenrinne‹. Eben als sie anlangen, hat eine Batterie von drüben, die Rinne als Ziel ausgemacht. Der Luftdruck wirft sie zu Boden, platt gegen den Hang gedrückt, warten sie ab, bis die Einschläge Stein-und Eisenkaskaden in das Geröll der Rinne niederprasseln lassen. ›Wir warteten eine besonders heftige Salve ab, und stürzten uns dann mit einem Stoßgebet in toller Eile in die Rinne, um gerade noch einen schützenden Felsblock zu erreichen, ehe die nächste Ladung kam.‹[5])

Schließlich ›erreichen‹ die beiden dann doch unversehrt den rechten Flügel der Infanteriestellung. Was der Führer der Maschinengewehre, Oberleutnant Schnell, meldet, klingt kaum glaublich. Im bedrohten Grabenstück der Kanzel kauern die Italiener noch immer, ohne bisher den Versuch unternommen zu haben, den Vorteil zu erweitern. Neckermann habe inzwischen den Versuch unternommen, den Grabenteil wieder zu nehmen, doch wäre er ›abgeschmiert‹, obwohl Schnell ihn mit seinen Leuten unterstützt hätte. Die ›fanti‹ hätten nämlich ›ihr‹ Grabenstück in kurzer Zeit dermaßen befestigt, daß es unnötiges Blut gekostet hätte, ihn ohne entsprechende Verstärkungen anzugreifen. ›Oberleutnant Schnell hatte nun‹, berichtet

[4]) vgl. V. Schemfil: Col di Lana. S. 73
[5]) vgl. V. Schemfil: Col di Lana, S. 74

Rechts: Vorderste Infanterie-stellung auf dem Col di Lana mit Blick auf Tofana I.

Mitte, links: Soldatengräber am Col di Rode.

Mitte, rechts: Oberleutnant v. Tschurtschenthaler mit seinen Unteroffizieren, von denen die meisten bei der Sprengung gefallen sind.

Rechts: Vor diesem Eingang zum Unterstand auf der Col di Lana-Stellung fiel der Kaiserjäger-hauptmann Erich Frhr. v. Minutillo (TKJ Rgt. 2) am 27.12.1915.

Links: Ausblick durch Kavernenausgang des Col di
Lana-Gipfels auf die Marmolata.

Unten: Das in Trümmer geschossene Sperrfort La Corte.

Rechte Seite, oben: Unterstände, Kavernen, Telefonba-
racke und Seilbahnstation auf
dem Rückhang des Col di
Lana. – Januar 1916.

Links: Kaiserschützen

Rechts: Standschützenmajor und Kommandant des Standschützen-Bataillons Enneberg, Franz Kostner.

Zusammengesetzte Panorama-Aufnahme vom gesamten Kampfgebiet um den Col di Lana.

XVI

Hock im Kriegstagebuch, ›mit den hinzugekommenen Kräften aus eigenem Entschluß eine Gegenaktion unternehmen wollen, die ich nur billigen konnte. Die Stimmung war auch unter jenen Leuten, die den ganzen Tag über in heißem Kampfe gestanden hatten, ausgezeichnet. Leutnant d.R. Kraus konnte zwar kein lautes Wort mehr herausbringen, so hatte er sich im Kampfeseifer mit der Stimme verausgabt, aber sonst war er immer noch auf der Höhe. Neckermann war äußerlich kalt und ruhig, innerlich glühte er vor Begierde, die Scharte auszuwetzen. Leutnant Schneider von den Pionieren stand in eiserner Ruhe auf seinen kurzen Kletterpickel gestützt, der ihn nie verließ. Mit solchen Offizieren konnte man das Höchste getrost wagen.‹[6])

Nach kurzer Beratung mit seinen Führern und Unterführern läßt Hock erst warten, bis der Zug Steinhaimer und die Hannoveraner Posiadlys zusammen mit den Standschützen heran sind. Einer fehlt freilich. Oberjäger Histing ist kurz nach dem Eintreffen Neckermanns schwer verwundet worden.[7]) Der Angriffsplan steht bald fest: Neckermann geht von rechts gegen das besetzte Grabenstück vor, Schneider faßt die Italiener von der Flankenwache aus von links, die preußischen Jäger, verstärkt durch die Mannschaften von Kraus und Standschützen, setzen sich in Besitz des Verbindungsgrabens, sobald die Aktionen der zwei anderen Kampfgruppen Erfolge erkennen lassen. Eröffnet wird der Kampf durch Minenbeschuß und – Handgranaten, die die Besatzung der Rückfallkuppe oberhalb der Felsenwache einfach zündet und – über den Hang auf die Köpfe der Italiener hinunterkollern läßt.

Die Wirkung des letzten Kampfmittels ist verheerend. Geschrei und Hilferufe übertönen sogar die Detonationen. In ihrer Panik schießen die Italiener zu hoch, was Neckermanns Leuten ermöglicht, das Gewehrfeuer zu unterlaufen und über die errichtete Barrikade zu klettern. In seinem bekannten Ungestüm ›rollt‹ er auch sofort den Graben ›auf‹. Zwei ›Preußen‹, der Gefreite Kock und der Jäger Oswald, gelangen in den Rücken eines italienischen Maschinengewehrs und setzen die Bedienungsmannschaft mit Handgranaten außer Gefecht. Dann schleppen sie, zusammen mit dem bayrischen Pionier Kiesel, die Waffe zu den Angreifern herüber. Die Verwirrung unter den Italienern steigert sich, als jetzt ihre eigenen Batterien in falscher Einschätzung der Lage, in das von ihnen besetzt gehaltene Grabenstück zu feuern beginnen. Dennoch verteidigen sich einige Gruppen mit beispielhafter Tapferkeit. Es kommt zu einem Ringen von Mann zu Mann, bei dem es keinen Pardon gibt. Besonders die bayrischen Pioniere gebrauchen Pickel und Spaten als Waffe. Von den Tirolern wird hier Oberleutnant Oberlechner im Handgemenge verwundet. Wie dann die Pioniere Leutnant Schneiders von der Flankenwache her den Italienern jede Ausweichmöglichkeit über den Hang abzuschneiden drohen, wenden sich die ersten von ihnen zur Flucht. Bald folgen die nächsten. Verwundete Kameraden mitschleppend, gleiten und springen sie am steilen Abhang zurück. Erst als der Morgen

---

[6]) vgl. V. Schemfil: Col di Lana, S. 74
[7]) Obj. Histing erfuhr noch während des Abtransportes nach Corvara von der Wiedereroberung der Stellung. Er erhielt das Eis. Kreuz I. Kl.

heraufdämmert, entdecken die Verteidiger, daß die Abhänge unter ihnen buchstäblich mit Leichen übersät sind. Besonders in der Schlucht zwischen dem Agai- und Saleseirücken lassen zahlreiche blutige Schleifspuren das Ausmaß der feindlichen Verluste erkennen. Aber auch unter den Verteidigern hat der Tod überreiche Ernte gehalten. ›Meine wackere Kompanie‹, schreibt der spätere Hauptmann von Hock, ›hat in den Kämpfen vom 2. bis 4. August nicht weniger als 28 Tote im Friedhof hinter dem Lager der Infanteriestellung zur ewigen Ruhe gebettet. Neun Standschützen hatten ihre Treue zum Heiligen Land Tirol mit ihrem Herzblut besiegelt, die Pioniere hatten nicht weniger verloren und auch von den preußischen Jägern waren sechs beim Angriff geblieben.‹ Und dann heißt es weiter: ›Am Morgen des 5. August begruben wir unsere Toten. Bleich und friedlich lagen die wackeren Streiter in langer Reihe da, die gebrochenen Augen zur Marmolata gewendet, auf derem königlichen Hermelinmantel die aufgehende Sonne überirdische Juwelen aufblitzen ließ. Nun hatten sie es wahr gemacht, das junge Blut vom Franken- und Bayernland, westfälische Jungens, Männer vom Rhein und aus Oberschlesien und graubärtige Tiroler. Wie sie im Leben Schulter an Schulter gestritten, so sollten sie der teuren Erde übergeben werden. Auf unseren Gräbern am Col di Lana blühte das Edelweiß mit den schönsten Sternen, die der Berg hergab. Es ist das Sinnbild der deutschen Treue. Wir trugen es damals und in späteren Jahren als stolzes Abzeichen am Tschako, Mütze und Stahlhelm und tragen es heute noch im Herzen.‹[8]

Im ähnlichen Sinne bemerkt der Kompanieführer des preußischen Reservejägerbataillons 10 in seinem Gefechtsbericht: ›Das Grab, in erhöhter, freier Stelle, aber in Deckung angelegt, wurde mit Steinen umfaßt und mit Edelweiß geschmückt. So ruhen die tapferen hannoveranischen Jäger hoch oben neben den bayrischen Jägern und österreichischen Schützen in friedlicher, stiller Bergwelt, nahe dem klaren, ewigen Himmel.‹[9]

Auch auf der italienischen Seite gingen die Überlebenden daran, ihre Toten zu bergen. ›Ma inutile fù, sie war nutzlos, unsere Absicht‹, sagt einer der Mitkämpfer vom Col di Lana, der Oberleutnant Aldo Barbaro, Angehöriger des 59. Infanterieregiments, ›die Ziele zu erreichen, die uns gesetzt worden waren. Denn die Österreicher verteidigten sie hervorragend, ungeachtet schwerer Opfer. Wobei sie uns blutigste – sanquinosissime – Verluste zufügten. Vor allem auf dem Abhang zwischen dem Agai- und Saleseirücken, der seit jenen Tagen den Namen ›Vallone della morte‹, ›Todesschlucht‹, trägt.‹[10]

Nach den endgültigen Feststellungen über die Verluste während des 2., 3., 4. und 5. August 1915 verloren:

die 1. Komp. bayr. Jäg. Btl. 2: 25 Tote, 32 Verwundete, 7 Vermißte
die 1. Komp. preuß. Res. Jg. Batl. 10: 6 Tote, 5 Verwundete
die bayr. Pi. Komp. 102: 6 Tote, 15 Verwundete

---

[8]), [9]) vgl. V. Schemfil: Col di Lana. S. 77, 78
[10]) vgl. Aldo Barbaro: Col di Lana, calvario del Cadore. S. 56

das Standsch. Batl. Enneberg: 9 Tote, 8 Verwundete.
Ingesamt: 45 Gefallene, 60 Verwundete, 7 Vermißte.
In den Morgenstunden des 5. August sind Felsenwache, Kanzel mit Infanteriestellung und Flankenwache wieder fest in der Hand der Verteidiger. Nicht nur die ›Todesschlucht‹ hat seit diesem Tag ihren makabren Namen erhalten, der ganze Col di Lana-Stock wird seit dem Tag des Beginns der letzten Offensive von den italienischen Soldaten ›Col di sangue‹, der ›Blutberg‹, genannt. Die Verlustliste der Brigade Calabria, vor allem die des 60.Infanterieregiments, verzeichnet 4 gefallene und 8 verwundete Offiziere, 120 Gefallene aus dem Mannschaftsstand und 360 Verwundete. Die zur gleichen Zeit eingesetzt gewesenen Regimenter auf dem Siefsattel, sowie die Truppen zweiter Welle, die Bataillone der Brigaden Alpi, Turin und Reggio, das 3. Bersaglieriregiment, das Bataillon Alpini Val Chison und die für Stollenbau- und Schanzarbeiten verwendeten Sappeure melden 12 tote und 29 verwundete Offiziere, 221 gefallene Unteroffiziere und Männer und 900 Verwundete.[11]
Ausgesprochen mit Bravour, ja stellenweise mit großer Tapferkeit hat sich, soweit es sich aus der Beurteilung von deutscher Seite ersehen läßt, das 60. italienische Infanterieregiment geschlagen. Bei der Wiedereroberung des von seinen Mannschaften besetzten Grabenstückes mußten die ›fanti‹ des ›Sessantesimo‹ Schritt um Schritt zurückgedrängt werden, ehe sich die letzten zur Flucht wandten. Noch am 5. August finden die Verteidiger unter den Trümmern des von ihnen als Schutzwehr aufgerichteten Unterstandes 15 verschüttete, tote Italiener.
Angesichts dieser so schweren Verluste und auf Grund der völligen Erschöpfung der Truppen untersagt der Kommandierende des IX.Korps für die nächste Zeit weitere Angriffe. Eine längere Pause soll eingelegt und den Verbänden Gelegenheit geboten werden, ihre Lücken aufzufüllen. Im Nachbarabschnitt ist Teilen der 17. Division wenigstens ein örtlicher Einbruch im Bereich des Tofana-Stockes geglückt. Auf dem Agai- und Saleseirücken lassen die Brigadekommandeure jetzt graben und schanzen. Von nun ab zieht die italienische Stellung einen Graben- und Sappenring rund 200 Meter unterhalb der österreichischen Stellungen um den Sockel des Col di Lana. Der nächste, mit ganz frischen Truppen in Aussicht genommene Angriff wird erst im Oktober erfolgen!

---

[11]) vgl. V. Schemfil: Col di Lana. S. 80

Abschied von ›Boarn‹ und ›Preißn‹

Nur einmal noch, nach dem 5. August, erfolgt ein erfolgreicher Kampfeinsatz deutscher Dolomitenkämpfer. Die Italiener beschränken sich vorerst auf den Ausbau ihres Sappensystems, und treiben diese besonders unter die Felsenwache vor. Allmählich entsteht dort ein Erdwerk in Dreiecksform, in das eine ständige Besatzung von etwa fünfzig ›fanti‹ gelegt wird. Um dieses Erdwerk ›auszuräumen‹, brechen am 26. August Jäger und Pioniere unter Führung des Leutnants Hense und des Vizefeldwebels Baumgartner in die italienische Stellung ein. Entscheidend für den Erfolg der Aktion wird dabei das Verhalten eines erst seit 5 Wochen im Feld befindlichen Kriegsfreiwilligen, eines Jägers mit dem bezeichnenden Namen Vorndran. Der Einbruch gelingt, die Jäger von der 4. Kompanie des 2. Jägerbataillons besetzen das Erdwerk und halten es zwei Tage. Erst als das feindliche Artilleriefeuer derart zunimmt, daß sich ein weiteres Verbleiben in den vorgeschobenen Posten als sinnlos erweist, läßt Major Bauernschmitt das Erdwerk wiederum räumen. Aber auch die Italiener zeigen wenig Lust, sich in der aufgegebenen Stellung neu einzunisten. Wird sie doch ständig auch von den österreichischen Batterien unter Feuer genommen. Als ›Ergebnis‹ der ganzen Aktion bekommen letztlich nur die – Totengräber zu tun: Über 40 Italiener und 18 deutsche Soldaten bezahlen mit ihrem Leben ein – nur auf Störung italienischer Schanzarbeiten angesetzt gewesenes Unternehmen.

Unterdessen wird es September. An der Col di Lanafront herrscht weiterhin im allgemeinen Gefechtsruhe. Nur die Artillerien setzen Tag um Tag und Nacht um Nacht ihr Zerstörungswerk fort. Von den Sperren hat jene von Tre Sassi bis August 1915 1700 Schuß, davon 500 Treffer, abbekommen. La Corte wird trotz seiner Ausschaltung weiter mit Eisen bedacht. Bis zum Frühjahr 1916 wird ein Hagel von 9000 Einschlägen auf und um sie niedergegangen sein. Ruaz zeigt sich bereits vollkommen zerstört. Trotz dieser Dauerbeschießung wird weiter an der ›Umbettung‹ der dort befindlich gewesenen Geschütze gearbeitet. Bereits im Oktober werden sie aus neuen, im Bereich von Cherz und Arabba eingerichteten Positionen das italienische Feuer erwidern.

Die bayrischen Jäger, und mit ihnen die Preußen, bringen unterdessen die immer wieder zerstörten Stellungen in einen besseren Verteidigungszustand. So wird der ›Jägersteig‹ von Incisa bis ›Alpenrose‹ als Knüppelweg fertiggestellt und oben, im Stellungsbereich, versucht man, dem Fels nicht mehr mit Pickel und Brecheisen, sondern mit Sprengladungen beizukommen. Trotzdem gelingt es fast nirgends, geschoßsichere Unterstände auszubrechen. Durch Traversen und Balken gestützt, entstehen aber doch am Rückhang der über der Infanteriestellung aufragenden Geländekuppe halb in den Fels eingebaute Baracken. Jedenfalls läßt der Ausbau der vorderen Postenstände und Stützpunkte auf die Möglichkeit einer besseren Abwehr feindlicher Massenangriffe hoffen. Zugleich mit den Bayern sind es dann auch die Männer des 10. preußischen Reservejägerbataillons, die ungeachtet der Schwierigkeiten im Fels auf über 2000 Meter Höhe bei diesen Arbeiten Hervorragendes leisten.

Dieses 10. preußische Reservejägerbataillon ist es dann, welches am 24. September die Bayern Major Bauernschmitts oben in den Col di Lanastellungen ablöst. Schon am 7. August waren die bisherigen Kampfgefährten der Bayern, die Standschützen des Bataillons Enneberg, abgerückt. Das zusammengeschmolzene Bataillon hatte man in eine Reservestellung auf dem Campolungopaß verlegt. Auch ein anderes Landsturmbataillon, die Hundertzweiundsechziger, gehen zusammen mit den Preußen als neue Besatzung in Stellung. Allein schon die Nachricht, daß die ›Boarn‹ abrücken würden, ruft unter den Tirolern, wie unter allen österreichischen Mannschaften, beinahe so etwas wie Niedergeschlagenheit hervor. ›Dieses tapfere bayrische Bataillon hatte mit den österreichischen Truppen am Fedajapaß, auf Tre Sassi und im Travenanzestal treue Wacht gehalten, war vom Juni bis 24. September im Brennpunkt des Kampfes der Dolomiten, im Col di Lana-Siefgebiet, in den vordersten Stellungen eingesetzt und hatte hier seine schwersten Kämpfe in Tirol zu bestehen. Der Tapferkeit und Ausdauer dieser hervorragenden Truppe war es zu danken, daß trotz der für eine nachhaltige Verteidigung noch nicht ausgebauten Stellungen kein Fußbreit Bodens verlorenging. War der Feind auch durch zerfetzte Hindernisse in zerschossenen Gräben eingedrungen, so wurde er stets wieder zurückgetrieben.‹[1] Es sind auch nur etwas mehr als drei Wochen, während derer das 2. Jägerbataillon in seiner neuen Stellung in Travenanzes, im Bereich der Tofanen, verbleibt. Ebenso lange liegen die norddeutschen Jäger des Reservejägerbataillons 10 im Abschnitt Col di Lana-Sief. Dort sichert Oberleutnant Rosenkranz mit seiner 2. Kompanie, gemeinsam mit der MG-Kompanie Stephanus die Infanterie- und Gipfelstellung. Auf den Siefsattel wird die 3. Kompanie des Oberleutnants Rautmann verlegt. Hauptmann Bauer, der Führer der 1. Kompanie, besetzt mit seinen Männern – von denen sich die unter dem Offiziersstellvertreter Gieseler und Kalbertau geführten Züge bei der Verteidigung der Höhe 2250 ausgezeichnet hatten – den Stützpunkt Col di Rode. Das Regiment führt ein Angehöriger eines deutschen Fürstengeschlechtes, der Oberstleutnant Prinz August von Sachsen-Meiningen. Unterabschnittskommandeur im ladinischen St. Cassian ist Major Paulus. Während des Zeitraumes, in dem die preußischen Kompanien, vor allem auch an der weiteren Verbesserung der Stellungen arbeiten, erfolgt von italienischer Seite kein neuer Angriff. Ihre Mannschaften müssen genauso jede Vertiefung, jeden Aushub und jedes Bohrloch dem steinigen Boden abtrotzen, wie dies auf der deutschen Seite geschieht. Mit dem Unterschied freilich, daß es sich bei den ›Zappatori‹[2] wie auch bei den übrigen Italienern vielfach um geschulte Mineure, Tiefbauarbeiter und Bergleute handelt. Nur die italienische Artillerie setzt unentwegt ihr Störungsfeuer fort. Wie dann die preußischen Jäger allmählich den Stellungsbau nach den Erfordernis-

---

[1] vgl. V. Schemfil: Col di Lana. S. 93
[2] ›Zappatori‹ – ital. Sappeure

53

sen eines Hochgebirgskrieges einzurichten beginnen, erreicht auch sie der Befehl zum Abmarsch. Am 3. Oktober 1915 erhalten alle deutschen Kommandeure den Befehl, den nunmehr aus Rußland und vom Isonzo eintreffenden österreichischen Regimentern des ›Edelweißkorps‹, Kaiserjägern, Kaiserschützen, den Bataillonen der Salzburger ›Rainer‹-Infanterie und den ›Hessen‹ vom 14. oberösterreichischen Infanterieregiment, mehreren alpenländischen Landsturmbataillonen mitsamt der dazugehörenden Artillerie und ihren technischen Einheiten, die Kampfbereiche zwischen der Kärntner Grenze und dem Kamm der Fassaner Alpen zu überlassen. An deutschen Einheiten verbleiben nur die Gebirgsmaschinengewehrabteilungen 201 bis 210, die Kanonenbatterie 104 und die ›Alpenrosen‹-Batterie mit ihren Haubitzen vorerst noch in Südtirol. Die letztgenannten Abteilungen sollen aufgrund ihrer waffentechnischen Ausrüstung die Abwehrkraft der österreichischen Truppen verstärken.

Der Abmarsch des deutschen Alpenkorps aus Tirol wird begleitet von Kundgebungen aufrichtigen Bedauerns. Nicht nur von Seiten des österreichischen Militärs, nein, ganz besonders sieht die Landbevölkerung die deutschen Soldaten ungern fortziehen. Nicht, daß man an der Zuverlässigkeit und der Ausdauer der heimkehrenden Kaiserjäger oder Kaiserschützen den geringsten Zweifel hegte, im Gegenteil, gerade die Ankunft dieser heimatlichen Regimenter ruft überall Genugtuung und Freude hervor, es war vor allem die Selbstverständlichkeit, mit der Bayern, Hannoveraner, Westfalen, Württemberger, Badener die Verteidigung Tirols als ihre eigene Sache ansahen, die die Menschen in den im Frontbereich liegenden Tälern beeindruckte. Dazu gesellte sich ein unbedingtes Sicherheitsgefühl, das aus dem Glauben an die Überlegenheit des deutschen Soldaten erwuchs. Wohl nie hatte übrigens zwischen deutschen und österreichischen Mannschaften während des Ersten Weltkrieges ein vergleichbares, kameradschaftliches Verhältnis geherrscht, wie an der südtiroler Front während der Sommerwochen des Jahres 1915. Es hatten ›Freud und Leid, Not und Tod die österreichischen und deutschen Soldaten zu enger, treuer Kameradschaft verbunden. Es kam vor, daß Besatzungen mancher Abschnitte, einzelne Artillerieformationen und Alpine Detachements aus österreichischen und deutschen Soldaten zusammengesetzt waren. In enger Gemeinschaft haben sie gekämpft, und oft sehr schwere Angriffe des übermächtigen Gegners abgewehrt. In der ersten Notzeit bildeten die aus jungen, kräftigen und kampferprobten Leuten bestehenden deutschen Truppen die Stütze der aus älteren, weniger fronttauglichen Männern zusammengesetzten Landsturmbataillone und der aus oft ungedienten alten oder ganz jungen Leuten gebildeten Standschützenbataillone.‹[3] ›Ich nehme die Gelegenheit wahr‹, sagt Oberstleutnant Prinz von Sachsen-Meiningen in seinem letzten Befehl in Tirol, ›mich von dem Standschützenbataillon Enneberg zu verabschieden, mit dem mein Regiment in treuer Waffenbrüderschaft durch Mo-

---

[3] vgl. V. Schemfil: Col di Lana. S. 97 ff.

nate Schulter an Schulter dem Feinde gegenübergestanden hat. Wie in der Geschichte der Verteidigung Tirols der Ruhm der tapferen und braven Tiroler Standschützen fortleben wird, so wird auch mein Regiment dem Standschützenbataillon Enneberg ein dankbares und treues Andenken bewahren.‹[4])

So nehmen sie also Abschied von Südtirol, die ›Boarn‹, »Preißn‹, die Württemberger und Badener. ›Als Lehrzeit war die Zeit in Tirol sehr wertvoll‹, urteilt ihr Kommandierender, Krafft von Dellmensingen, ›Jetzt ist das Alpenkorps erst eine im Gebirge richtig brauchbare Truppe.‹[5])

Seit dem 13. Oktober rollen Tag um Tag und auch während der Nacht die langen Transportzüge aus dem Pustertal und von Bozen herauf dem Brenner und Nordtirol zu. Andere werden nach Osten über Kärntner Gebiet weitergeleitet. Wie vor 14 Monaten stehen auch in diesen kühlen Herbsttagen Frauen und Mädchen, da und dort auch alte Männer oder Buben an den Bahnhöfen und an den Geleisen der Südbahnstrecke. In den größeren Orten sind auch Offiziere und Mannschaften versammelt. Blumen werden überreicht und manches Dirndl steckt einem strammen Jaga ein Sträußlein ›Nagelen‹ zu. Und verdrückt heimliche Tränen. Die großen Burschen mit dem Edelweiß an der Mütze winken zurück. Sie tun es lange, noch während der Zug an den Berghängen vorbeirollt, hinter denen die Felstürme aufragen, auf denen sie gekämpft haben und zu deren Füssen so mancher zurückgeblieben ist. In die Dämmerung hinein hallt es im Rollen der Räder, langgezogen und auch etwas wehmütig:

»Mir san die Kaiserjaga
Vom zwoaten Bataillon! . . .«

Ruf der Fenner-Jäger.

[4]) vgl. V. Schemfil: Col di Lana. S. 104
[5]) vgl. V. Schemfil: Col di Lana. S. 98

Das 3. und 4. Kaiserjägerregiment auf dem Col di Lana.

Nun sind sie da, – die Kaiserjäger! – Die aus Tirol nämlich! Heimgekehrt in's ›Landl‹. Um es zu verteidigen. Vierzehn Monate Galizien, Karpathen und Russisch-Polen, zuletzt noch der Isonzo! Ihre Reihen sind so fürchterlich gelichtet, daß sie beinahe ausschließlich nur mehr Ersatzmannschaften aus den letzten Marschbataillonen in ihren Ständen führen. Die X Marschbataillone hat man unmittelbar nach der Kriegserklärung Italiens direkt aus ihren Ausbildungs-Garnisonen an die Landesgrenze geschickt, die X Marschbataillone sind gerade noch bei den Feldregimentern in Polen eingetroffen, nachdem diese während der schweren Kämpfe an der Bystrzyca wieder einmal ›ausgeschlackt‹ worden waren. Es ist der 13. Oktober. Am Abend dieses Tages löste das 3. Regiment der Tiroler Kaiserjäger die preußische Besatzung auf dem Col di Lana-Siefabschnitt ab. Die 6. und Teile der 7. Kompanie unter Hauptmann Eymuth, und die 8. Kompanie unter Oberleutnant Kilian besetzen die Felsenwache, Infanteriestellung, den Gipfel und den Stützpunkt 2250 am Osthang. Auf dem Col di Rode und im Abschnitt Ineisa liegt die 5. Kompanie, ihr Führer ist der Hauptmann Ferdinand Freiherr von Marenzi. Verblieben in der Col di Lana- und Col di Rodestellung ist die bayrische Gebirgsmaschinengewehrabteilung 209 unter ihrem Leutnant Schneider. Sie wird am 17. Oktober durch drei Maschinengewehre der Abteilung 202 verstärkt. Damit befinden sich in den Stellungen des Col di Lana-Stockes insgesamt fünf deutsche Maschinengewehre zur Unterstützung der neuen österreichischen Besatzungen. Gemeinsam mit Kaiserjägern und Bayern verteidigen auch wieder die Enneberger Standschützen zusammen mit Passeierern, den Abschnitt zwischen Siefsattel und Settsaß. Auf der Col di Rodestellung verstärkt das Landsturmbataillon 162 die Kaiserjäger Hauptmann Marenzis. Eingesetzt sind auch Teile der Alpinen Detachements aus den verlassenen Sperren Ruaz und La Corte. Drüben, im Nachbarbereich, am Sasso di Stria, bei Tre Sassi und am Lagazuoi liegen die weiteren Bataillone des 3. Regiments und in Travenanzes ein Bataillon des in Innsbruck garnisonierenden 1. Regiments.

Gleich nach der Übernahme des Kommandos widmet Hauptmann Eymuth seine Aufmerksamkeit in erster Linie der weiteren Verbesserung des Stellungsausbaues. Die Arbeiten werden aber bereits am 19. Oktober unterbrochen. Die italienische Heeresleitung ist der Ansicht, daß die nach dem Augustdebacle angeordnete Ruhepause nunmehr ausgereicht habe und daß noch vor Beginn des Wintereinbruches ein erneuter Versuch unternommen werden müsse, um die Bastion vor dem Gadertal zu erstürmen. Maßgebend für diesen Entschluß ist aber auch die Stimmung im Hinterland. Nach den bisherigen Mißerfolgen am Isonzo und an der Alpenfront wird die Kritik in Italien über die Dispositionen der verantwortlichen Generale immer lauter. Zuletzt will man auf der italienischen Seite aber auch den Vormarsch der Mittelmächte in Serbien stoppen. Um die nunmehr dringlich erscheinenden Operationen mit ›erhöhter Tatkraft und einem noch größerem Aufwand an Kräften‹

durchzuführen, erfolgt auch ein Wechsel im Kommando der 4. Armee. Anstelle des glücklosen Generalleutnant Nava tritt der angesehene Generalleutnant Graf Robilant. Vom Comando Supremo werden drei Operationsziele in den Vordergrund gestellt. Der Durchbruch am Isonzo, ein Einbruch in den Festungsbereich von Trient über die Sieben Gemeinden und die Wegnahme des ›Sperriegels‹ Col di Lana. Für die Vorbereitung eines Angriffes auf den letzteren hat die 4. Armee nunmehr 150 Geschütze über dem Cordevoletal in Stellung gebracht. Für den Infanterieangriff stehen 25 Bataillone zur Verfügung. Zu ihnen zählen die bereits kampferfahrenen Regimenter der Brigaden Alpi, Calabria, Turin und Reggio, das 3. Bersaglieri, das Alpinibataillon Val Cordevole, technische Truppen des ›Genio‹ und mehrere leichte Gebirgsartilleriebatterien.

Noch am Abend des 19. Oktober greift nach heftiger Artillerievorbereitung eine erste feindliche Infanteriewelle an. Sie wird zurückgeworfen. Doch verursacht der Beschuß durch die neu hinzugekommenen Feindbatterien die ersten schmerzlichen Verluste. Von der Besatzung der Felsenwache und Infanteriestellung fallen 5 Kaiserjäger, 14 Mann werden verwundet. Am 21.Oktober dann setzt das gewohnte Vorspiel aus allen Rohren der gegnerischen Batteriestellungen ein. Auf den sehr begrenzten Raum der Infanteriestellung erfolgen in den Morgenstunden in einer Sekunde mehr als zwei Einschläge. Dabei wiederholt sich das bereits während der Augusttage bekannte Bild, nach kurzer Zeit gleicht die Stellung einem Trümmerfeld, aus dem nur die Splitter zerborstener Balken und verbogene Traversenteile herausragen. Dieses Mal wartet der Gegner erst die Nacht ab, um halb neun Uhr abends tauchen im Mondlicht die ersten Sturmkolonnen unterhalb der österreichischen Stellungen auf. Ihr Angriff richetet sich vor allem gegen den rechten Flügel der Infanteriestellung. Umsonst! Welle um Welle muß im Abwehrfeuer der Kaiserjäger zurück. Wem es gelingt, sich bis zu den Verhauresten vorzurobben, wird durch Handgranaten außer Gefecht gesetzt. Vor dem linken Flügel scheitert der Angriff bereits im Ansatz. Trotz des Mißerfolges wiederholt die italienische Infanterie nach zwei Stunden den Angriff. Die Szenerie ist beklemmend. Ringsum die Arena der im Mondlicht bizarr und geisterhaft sich abzeichnenden Kämme und Gipfel, über deren Hintergrund die Gletscher der Marmolata wie ein königliches Diadem herüberglitzern, im Vodergrund die dunklen Abhänge der Berge mit ihren schwarzen bewaldeten Sockeln, von denen sich das ununterbrochene Aufblitzen der Abschüsse wie eine Kette brillierenden Feuerwerks fortsetzt und auf den Geländestufen unterhalb der Verteidigerstellungen, auf dem Pian di Gitscha und der Höhe 2221 die Mündungsfeuer der gegen den Col di Lana aufgestellten Gebirgsgeschütze. Und dann wieder unmittelbar unter den Stellungen die dunklen Silhouetten der Angreifer, fahl oder rötlich angeleuchtet im Aufflammen explodierender Handgranaten. Und wie immer, unter den Verhauen die Wälle übereinandergekollerter Leichname. Mit denen sich übrigens auch die österreichischen Gräben füllen. Nach der erfolgten Abwehr aller Angriffe während des 20. Oktober sind allein in einem einzigen Grabenstück alle Kaiserjäger gefallen. Zur ›Auffüllung‹ der Lücken trifft

Hauptmann von Marenzi mit zwei Zügen seiner 5. Kompanie bei Hauptmann Eymuth ein. Beim Gegner wird während der Nacht zum Einundzwanzigsten mit verbissenem Eifer gewühlt und gegraben. Als es Tag wird, haben die Zappatori des Genio gleich mehrere Sappen bis 60 Meter unterhalb der österreichischen Stellung herangeführt. Bald darauf beginnt wieder einmal das übliche Zerstörungs- und Wirkungsfeuer der feindlichen Batterien. Dabei geht eines der deutschen Maschinengewehre in Trümmer. Ein später vorgetragener Angriff der Infanterie erfolgt jedoch nur zögernd. Wobei auffällt, daß sich einige italienische Offiziere buchstäblich opfern. Erst als die Nacht hereinbricht, setzt gegen 10 Uhr abends der erwartete Massenangriff ein. In einer groß angelegten Zangenbewegung versucht der Feind dieses Mal, die Col di Lanabesatzungen einzuschnüren. Er richtet gleichzeitig Angriffe gegen die Männer des 162. Landsturmbataillons auf dem Col di Rode, wie gegen die Enneberger Standschützen am Siefsattel. Acht Kompanien des 59. italienischen Infanterieregiments werden zusammen mit einem Bataillon der Zweiundfünfziger von der Brigade Alpi gegen die Felsenwache und den ›Panettone‹ angesetzt. Geführt wird diese Gruppe wieder von dem, sich seinem Namen verpflichtet glaubenden Tenente Colonello Garibaldi. Peppino Garibaldi ist es auch, der sich schon länger mit den Gedanken über die Anwendung anderer Methoden beschäftigt, die einen Erfolg sichern könnten. Er wird ›höheren Ortes‹ darauf dringen, daß man von nun ab ›Zahn um Zahn‹ aus den feindlichen Positionen herausbricht. Es ist nicht zuletzt der Eindruck über den am 22. Oktober noch einmal vorgetragenen Angriff seiner ›fanti‹. Auch bei den Kaiserjägern zählt man am Einundzwanzigsten 22 Tote und 64 Verwundete. Am 22. fallen von einer, zur Verstärkung herangeführten Kompanie des 4. Regiments die Fähnriche Hagen und der ›freundliche‹ Simchen. Hagen erhält nach seinem Tod die höchste Mannschaftsauszeichnung der kaiserlichen Armee, die Goldene Tapferkeitsmedaille. An Gesamtverlusten müssen auch die Österreicher an diesen beiden Kampftagen – rund 100 Mann beklagen. ›Trotz der größten Nervenanspannung‹ vermerkt Hauptmann von Marenzi am Abend des 22. Oktober,‹ die anstrengende Arbeit, der häufigen und ermüdenden Alarmierungen und der großen Verluste ist der Geist der Kaiserjäger über alles Lob erhaben. Die überaus großen Anstrengungen sind bei ihnen fast nicht zu merken.‹[1] Das viel zitierte, meist von Nichtbeteiligten Hervorgehobene: ›Bis auf den letzten Mann‹ wird noch an diesem gleichen 22. Oktober zur erschütternden Wirklichkeit. Auf dem ›Totenbühel‹, dem Stützpunkt 2250, am Castellorücken, liegen achtundvierzig Kaiserjäger unter Führung eines Offiziers oder Kadetten. Immer sind 24 Mann in Stellung, während die andere Hälfte ausruht oder mit Schanzarbeiten beschäftigt ist. Dem Stützpunkt gegenüber erhebt sich die ›Ridotta Lamarmora‹, die von den Bersaglieri im Juli besetzte Höhe 2221. Schon seit dem 19. Oktober legt die italienische Artillerie ihr zusammengefaßtes Feuer auf die Höhe 2250. Unter ihrem Schutz haben die Bersaglieri Sappen bis auf 30 Meter vor die Postenlöcher herange-

[1]) vgl. V. Schemfil, Col di Lana, S. 119

58

führt. Schon der Kompanieführer der preußischen 1. Reservejägerkompanie, Hauptmann Bauer, hat anläßlich der Übergabe der Stellung am Castellorücken an die Kaiserjäger vermerkt: ›Die Feldwache auf Punkt 2250, die 12stündig mit 25 Mann nachts abgelöst wurde, bestand noch immer aus Erdlöchern, aus denen man tagsüber kaum die Nase herausstrecken konnte, ohne vom Punkt 2221 Gewehrfeuer, öfters auch Schrapnellfeuer oder Minenfeuer zu erhalten. Die bayrischen Pioniere hatten zwar hinter der Stellung eine Deckung für drei Gruppen mit kleinen Öfen hergerichtet, die Posten aber mußten in den Erdlöchern liegen bleiben, die sie sich mit etwas Stroh ausfüllten. Dabei rückte der Winter energisch an. Am 1. Oktober bereits hüllte der erste, eisigkalte, nasse Schnee alle Berge ein. Der nächste Frost vereiste Pfade und Felsen, sodaß schon der Anmarsch zur Feldwache am Steilen Siefhang äußerst schwierig und lebensgefährlich war.‹[2])

Dreimal war bereits am 19. Oktober der Stützpunkt angegriffen worden. Er hatte den Kaiserjägern drei Tote und fünf Verwundete gekostet. Alle drei Angriffe waren von ihnen abgewehrt worden. Den Mißerfolg muß dann wieder einmal die italienische Artillerie wettmachen. Besonders die vom Sommer her am Agairücken postierten Gebirgsgeschütze feuern mit einer für die Verteidiger verhängnisvollen Präzision. Ein Maschinengewehr wird verschüttet. Wie dann die Besatzung es wieder auszugraben versucht, löscht ein Volltreffer alles Leben aus. ›Jeder Mann, der seinen Dienst als Grabenposten versah, wußte, daß er dem Tod geweiht war, weil keiner den wahnsinnigen Feuerwirbel entgehen konnte.‹[3]) Nicht einmal der kleine Friedhof, den vorher Bayern und Preußen, zuletzt die Kaiserjäger, ihren Toten im Rücken der Schutzwehren errichtet hatten, erfährt Schonung. Zeitweise wirbeln die Einschläge Gebeine und noch in Verwesung befindliche Leichenteile zwischen den Rauchpilzen durch die Luft. Der einzige Unterstand, in dem sich die Verwundeten zusammendrängen, bekommt einen Volltreffer. Das Aufbrüllen Schwerverletzter, Schreie, das Jaulen der heranorgelnden Granaten und der das Atmen beklemmende Gasausstoß verwandeln das zertrümmerte Stellungsstück in eine Hölle, die allmählich zum Wahnsinn treibt. Trotz der ungeheuren nervlichen Belastung versuchen der Kadett Roilo und der bereits verwundete Einjährige Fleischmann ein Beispiel zu geben. Immer noch gelingt es ihnen, die Männer zum Ausharren zu bewegen. Bis Roilo gegen 16 Uhr nach rückwärts melden muß, er werde rein zahlenmäßig einen gegnerischen Angriff nicht mehr aufhalten können. Die Antwort: Er habe auszuharren! – Kurz danach bricht auch Roilo verwundet zusammen. Bei ihm stellen sich außerdem Anzeichen plötzlicher Geistesgestörtheit ein. Das Auftauchen einer italienischen Stürmerreihe zwingt die ›Letzten‹ im Stützpunkt noch einmal auf Posten. Es sind kaum ein Halbdutzend Jäger. Trotzdem wehren sie sich mit dem Bajonett und Gewehrkolben, als jetzt Mannschaften des 52. und 60. italienischen Infanterieregiments zwischen den zusammengesunkenen Brustwehren hochklettern. Fünf verwundeten Kaiserjägern gelingt es, sich vor der Gefangennahme zu retten. Sie

---

[2]), [3]) vgl. V. Schemfil: Col die Lana. S. 120, S. 122

sind es auch, die ihren verwundeten Kommandanten Roilo mit sich schleppen. Ein von Hauptmann Eymuth sofort gegen die verlorene Höhe vorgeschickte Patrouille gerät sogleich in heftiges Abwehrfeuer. ›Nach einem furchtbaren und imposanten Vernichtungsfeuer‹, schreibt der später als Sprengkommandant des Col di Lana berühmt gewordene Leutnant Don Gelasio Caetani, Duca von Sermoneta, ›wurde endlich das fortino‹ erobert.[4]) Nach acht Angriffen, die seinen Mannschaften nur schwere Verluste eingebracht hatten, kann der Colonello Peppino Garibaldi endlich melden, daß die von ihm vorgeschlagene Taktik der ›kleinen Eroberungen‹ der erste Erfolg beschieden war.

Auf österreichischer Seite sieht man in der Folge von einer Wiedergewinnung dieses vorgeschobenen Postens ab, ›weil er ohne die für den Schutz der Besatzung notwendigen Kavernen nicht zu halten war. Sie wäre schutz- und nutzlos einer neuerlichen Beschießung preisgegeben worden und ihr unterlegen.‹[5]) Auch die italienischen Truppen zeigen sich nach den, vom 19. Oktober an immer neu angesetzten, verlustreichen Angriffen wiederum ermüdet. Immerhin verstärkt die Gegenseite ihre Patrouillentätigkeit und schickt Sprengkommandos vor, mit dem Auftrag, die österreichischen Drahtverhaue zu zerstören. In diesen Tagen ruft ein Vorfall unter den Standschützen Major Kostners heftige Empörung hervor. Ein italienischer Spähtrupp nimmt den beliebten Feldgeistlichen der Schützen, Alvera, einen Ladiner, gefangen, während er sich um einen vor den Stellungen liegen gebliebenen, schwer verwundeten italienischen Offizier bemüht. Wie man erst später in Erfahrung bringt, wurde er sogar vor ein italienisches Kriegsgericht gestellt und mußte sich dort wegen seines ›Verhaltens‹ verantworten.

Am 26. Oktober erfolgt dann der von den Österreichern erwartete Großangriff. Er bricht vorerst zusammen. Doch in der Nacht vom 27. auf den 28. Oktober ist wieder einmal die Hölle los. Nach dem Wirkungsschießen geht die italienische Artillerie zum Sperrfeuer über. Zur Verstärkung der Besatzungen am Südwesthang des Col di Lana werden die Enneberger Standschützen in die Feldwachstützpunkte zwischen Col di Rode und der Lawinenrinne verlegt. ›Der ganze Berg dröhnte und unsere Hütten zitterten fortwährend unter der Wucht schwerer Einschläge. Endlich, um Mitternacht, wurde das Feuer weiter nach rückwärts verlegt. Auf einmal hörten wir von den Gräben her Gewehrfeuer‹, sagt Oberleutnant Oberlechner von den Standschützen, ›vor allem Geschrei! Es lag etwa 30 Zentimeter Neuschnee und der Mond leuchtete durch die Wolken. Über uns heulten die italienischen Granaten und hinter uns donnerte das italienische Sperrfeuer.‹

Wieder einmal hallt das »Avanti Savoia!« aus hunderten von Kehlen durch die Oktobernacht. Mit Handgranaten und Drahtscheren versuchen die vorderen Sturmtrupps sich Gassen zwischen den Drähten zu öffnen. Rasendes Abwehrfeuer wirft sie reihenweise zu Boden. In fünf Minuten ist das weiße Schneefeld mit den dunklen

---

[4]) Aus: Don Gelasio Caetani: Lettere di guerra di un ufficiale del Genio. ›Fortino‹ = Kl. Fort, Stützpunkt.
[5]) vgl. V. Schemfil: Col di Lana. S. 123

Leibern Gefallener und Schwerverwundeter bedeckt. Ein Teil der Angreifer sucht zuletzt fluchtartig Deckung in einer Talmulde, andere wenden sich nach links gegen die dort postierten Feldwachen. Im Morgengrauen nehmen die ladinischen Stand-schützen dort einen Capitano, zwei Leutnants und 106 Mann gefangen. Dennoch vermag dieser Erfolg nicht die Heftigkeit weiterer Angriffe abzuschwächen. Ihr hauptsächlichstes Ziel ist heute die Felsenwache, der Cappello di Napoleone. Immer näher haben sich die italienischen Infanteristen und Sappeure an diese herangewühlt. Der Leutnant Caetani schreibt darüber: ›Unterdessen haben sich unsere Leute (Caetani befehligt Mannschaften der Genietruppe. Der Verf.) am Costone di Agai bis unter die messerklingenartige Rippe, genannt Cappello di Napoleone, vorgearbeitet. Zur Verstärkung der flüchtigen Deckungen, die sie tagsüber gebaut hatten, mußte ich abends mit sechs Mann hinaufmarschieren. Bei unserem letzten Graben angekommen, von links ganz ungedeckt, kriechen wir zuerst und stürzen dann im vollen Laufschritt bis zur sogenannten ›Trincea Carosi‹. Es war Vollmond und man konnte wie am Tage sehen, sodaß es mir vorteilhaft erschien, vor dem Anlauf zu warten, bis eine Wolke am Monde vorüberziehe und sein Licht sich abschwäche. Im neuen Graben waren wir sogleich gedeckt und etwa 40 Meter von der feindlichen Stellung entfernt. Wir begannen zu arbeiten, Sandsäcke zu füllen und Laufgräben auszuheben. Sobald der Mond hinter den Wolken hervortrat, legten wir uns nieder und verhielten uns vollkommen ruhig, um uns nicht zu verraten. Von Zeit zu Zeit schoß der Gegner Leuchtraketen ab, die das ganze Vorfeld hell beleuchteten. Während dieser langen Sekunden lagen wir unbeweglich wie Steine.‹[6] Wie dann der Mond wieder hervortritt und den Abhang unter der Felsenwache ausleuchtet, erkennen die Felsenwachposten dann doch die Gestalten der feindlichen Sappeure. Und überschütten sie mit Gewehrfeuer. Besonders ein Tiroler Scharfschütz' fügt den Arbeitern ›unter der Nase des Gegners‹ empfindliche Verluste zu. Sie nennen daher den Ausstieg aus der Sappe ›Porta della morte‹, die ›Todespforte‹. ›Man mußte sehr achtgeben‹, sagt Leutnant Caetani, ›um nicht über die vielen Gefallenen zu stolpern.‹[7] Am 26. Oktober führt Oberstleutnant Garibaldi die 10. Kompanie seines 52. Regiments gegen die Felsenwache vor. Caetani spricht über diese Aktion von den ›Obermachern‹, die erklärt hätten, der Cappello di Napoleone, von wo aus die Österreicher seine Landsleute schon lange in Schach hielten, müsse, koste es was es wolle, genommen werden. Ein Befehl, der durchaus einleuchtet, deckt doch die Felsenwache aus ihrer erhöhten Position in der Flanke und im Rücken der Infanteriestellung die letztere bei jedem Angriff.
Im Sinne dieses Befehls zerschlägt die italienische Artillerie seit dem Morgengrauen des 26. Oktober Postenloch um Postenloch in der Felsenwache. Zu ihrer Unterstützung haben die Gebirgsartilleristen auf der, am 22. Oktober eroberten Höhe 2250, eine Kanone postiert. Gerade dieses ›Spuckerl‹ richtet erheblichen Schaden in den österreichischen Postenstellungen an. Dort liegt der Landsturmkadett Kaspar Al-

---

[6]), [7]) vgl. Don Gelasio Caetani: Lettere di un ufficiale del Genio

brecht mit Kaiserjägern des 3. Regiments. Sein Gegner ist dieses Mal der bei den Italienern als ›Held‹ bekannte Capitano Carosi. Seinen ›Fanti‹ voraus, führt er die vorderste Sturmwelle an. Albrecht wundert sich, daß vom Nachbarflügel kein Abwehrfeuer zu vernehmen ist. Er weiß nicht, daß dort die gesamte Besatzung von den Granaten getötet worden ist. Auch Albrecht verfügt zuletzt noch über – vier Mann, vier Kaiserjäger, die sich den vordersten Zügen einer heranstürmenden Kompanie entgegenwerfen sollen. ›Wir hätten den Angriff‹, so berichtet er später, ›wie bisher alle, zweifellos abgeschlagen, wenn die italienische Infanterie sich nicht während des Trommelfeuers in einer Mulde nahe dem linken Flügel gesammelt hätte! Nachdem die Angreifer jedoch zwischen den Trümmern der zerhauenen Stellung nur mehr auf Tote stoßen, können sie sich mit der ganzen Übermacht auf die verbliebenen – fünf Verteidiger des rechten Flügels stürzen. ›Unerklärlich‹, erinnert sich Albrecht weiter, ›blieb uns, daß das auf der Col di Lanaspitze zur Unterstützung der Felsenwache aufgestellte Maschinengewehr das Eindringen der Italiener auf unseren linken Flügel nicht bemerkte. Sie hätte den Gegner wirksam beschießen und vielleicht die Stellung retten können.‹[8])
Was nun folgt, zählt zu den einmaligen Begebenheiten, die sich unter den Einzelkämpfern des Hochgebirgskrieges ereignen. Minutenlang versuchen sich Albrecht und seine Männer mit Handgranaten und dem Gewehr die Gegner vom Leibe zu halten. Es gibt nur die Wahl zwischen Leben und Tod. Ergeben will sich Albrecht aber nicht, genausowenig sein neben ihm fechtender Kamerad Unterjäger Innerhofer. Gerade wollen sich zwei Italiener auf die beiden stürzen, da weicht Albrecht aus, ein Satz und er steht auf der eingebrochenen Brüstung. Er spürt gerade noch, daß auch Innerhofer neben ihn die Brüstung erklettert. Sekundenlang heben sich die Silhouetten der beiden Männer vom Felsenrand ab, dann – verschwinden die zwei Gestalten in der Tiefe. ›Um der Gefangenschaft zu entgehen, blieb mir nichts übrig, als über die steile Felswand herabzuspringen. Wir rutschten teils, teils kletterten wir, vom Feuer der in die Stellung eingedrungenen Italiener verfolgt, die steile Wand hinunter.‹ Hauptmann von Marenzi beobachtet von der Infanteriestellung aus die Vorgänge auf der Felsenwache und erkennt plötzlich zwei Gestalten, die erst in die Wand hinabspringen und dann gegen die österreichischen Posten zu ›hanteln‹. Zuerst glaubt Marenzi, es handle sich um Italiener, er will eben befehlen, daß man sie entsprechend empfängt, da hört er Albrecht auf deutsch das Losungswort rufen. ›Er stieg fast senkrecht die Felswand herab und kam unversehrt zu uns.‹
Auch sein Kamerad Innerhofer gelangt unversehrt bis zur eigenen Flankenwache. Caetani, der auf der italienischen Seite den Angriff miterlebt, schildert aus seiner Sicht den Ablauf des Kampfes um die Felsenwache. ›Vierzig Schritte vor uns, spielte sich der Kampf mit Handgranaten und Steinen ab. Die Österreicher warfen vom linken Hang aus (es handelte sich um die Mannschaft am rechten Flügel des Kadetten Albrecht, der Verf.) Handgranaten gegen den Kamm, auf dem unsere Leute lagen.

---

[8]) vgl. V. Schemfil: Col di Lana. S. 123, 130

Die unsrigen wieder warfen Steine gegen sie. Noch waren nur wenige auf der Höhe, noch war der Ausgang des Kampfes ungewiß... In der Nähe des höchsten Teiles des Cappello di Napoleone sah ich fast am Rande des Abgrundes einen Soldaten sitzen, der mich dumm anschaute und lachte.. Ich schrie ihn an, er solle nicht den Blöden spielen und sich mit den anderen zur Arbeit anstellen. Da überzog sein Gesicht der ängstliche Ausdruck des Todeskampfes und er fiel plötzlich tot zurück . . . Ein österreichischer Gefangener, vollbärtig und blond, stand erschrocken da, vielleicht weniger wegen der Schießerei, als weil er sich in Gefangenschaft wußte.. Ich sagte zu ihm auf deutsch, er solle ohne Furcht hinuntergehen... Er wurde dann von etlichen unserer Leute eskortiert (Ein einzelner Gefangener! Der Verf.), denen es scheinbar mehr Freude machte, Gefangene zu begleiten und sie am Mantelkragen zu halten, als ob Gefahr wäre, daß sie wegliefen.‹[9]) Wozu Caetani richtiger hätte bemerken sollen: ›um sich aus der Gefahrenzone zu verdrücken‹! Denn, noch ist oben in der Felsenwache der Kampf nicht zu Ende. Kaum, daß sich der Kadett Albrecht bei seinem Kommandanten, Hauptmann Eymuth, ›zurückgemeldet‹ hat, bittet er, ihm Freiwillige beizugeben, denn er wolle die verlorene Stellung sofort wieder angreifen. Und es melden sich auch unverzüglich achtzehn Jäger. Eymuth willigt ein und nun setzt Albrecht mit seinen Freiwilligen zum Gegenstoß an. Dabei befinden sie sich in einer ähnlichen Situation wie bisher ihre Gegner. Der Angriff muß im felsigen Gelände nach aufwärts geführt werden. Ehe die Kaiserjäger aus dem Laufgraben klettern, werden acht Mann durch das feindliche Sperrfeuer verwundet. Trotzdem versucht Albrecht mit dem Rest seiner Männer den Aufstieg. Da trifft ihn ein Geschoß und wirft ihn zu Boden. Man schafft ihn schwerverwundet zurück, von den übrigen, die sich weiter vorarbeiten, fällt ein Teil, die anderen werden ebenfalls verwundet. So bleibt die Felsenwache verloren. Mit bitteren Worten stellt Hauptmann Eymuth dazu fest: ›Sie hätte gehalten werden können, wenn das eigene Artilleriefeuer, das ich sofort angefordert hatte, nicht zu spät eingesetzt hätte.‹ Wie überhaupt der Einsatz der eigenen Batterien von der vorne liegenden Truppe mit einer sich steigernden Kritik bedacht wird. Als Grund für die ›Sparsamkeit‹ mit Munition führt das Landesverteidigungskommando die Notwendigkeit an, an die Isonzofront laufend Artilleriemunition abgeben zu müssen. Der Ausfall des auf der Gipfelstellung postiert gewesenen Maschinengewehrs findet hingegen keine befriedigende Erklärung. Marenzi fragt: ›Was hat eigentlich die Besatzung der Col di Lana-Spitze dabei gemacht? Jeder Angriff auf den linken Flügel der Felsenwache hätte mit Maschinengewehrfeuer verhindert werden können.‹[10]) Nach der Meinung des nach dem Ersten Weltkrieg zuletzt General gewordenen Viktor Schemfil hatte sich die Bedienungsmannschaft des Maschinengewehrs während des heftigen feindlichen Trommelfeuers in Deckung begeben und war, als dann das Feuer plötzlich ausgesetzt, zu spät wieder in die Schußstellung gelangt.

---

[9]) Don G. Caetani: Lettere di guera di un ufficiale del Genio
[10]) vgl. V. Schemfil: Col di Lana. S. 130

Als es dann einsetzte, brachte es die in die Felsenwache eingedrungene italienische Mannschaft in äußerste Verwirrung. Caetani erzählt, er wäre daraufhin zum Feldtelefon gestürzt und habe den Colonello Garibaldi gedrängt, das Feuer der eigenen Batterien gegen den Col di Lana-Gipfel in ›ganzen Lagen‹ zu fordern. Es hätte aber erst eines dreimaligen Anrufes bedurft, ehe endlich Schnellfeuer eingesetzt habe. Endlich sei es dann gelungen, das ›wütende‹ Maschinengewehr ›in die Luft zu sprengen.‹ Vorher wären aber viel zu viele italienische Soldaten gefallen. ›So dauerte der Kampf bis in die Nacht. Wir hatten unterdessen unsere Stellung verstärkt und konnten sie halten.‹[11])

Es ist der zweite Erfolg, den der Oberst Garibaldi für sich beanspruchen kann. Nach dem Stützpunkt 2250, dem ›Fortino‹, fällt die Felsenwache! Es wird sich bald zeigen, wie sehr jetzt die Lage der Infanteriestellung gefährdet erscheint.

So ist es auch die Erkenntnis über die bedrohliche Lage der Infanteriestellung, die den Kommandanten des Grenzabschnittes, Oberst-Brigadier Vonbank, veranlaßt, dem 3. Kaiserjägerregiment einen nochmaligen Angriff gegen die verloren gegangene Felsenwache zu befehlen. Oberst Lauer und der Bataillonskommandant des Zweiten in Alpenrose, Hauptmann Marbach, machen einen Erfolg von der Mitwirkung der eigenen Artillerie abhängig. Sie behalten recht, denn nachdem schon die erste, unmittelbar nach dem Verlust der Felsenwache vom Kadetten Albrecht unternommene Aktion fehlgeschlagen war, scheiterte auch der jetzt anbefohlene Versuch, wie zwei weitere infolge der ›unzureichenden Mitwirkung‹ der eigenen Batterien. Die Truppe vorne ist wütend, ganz abgesehen davon, daß nach ihrem Urteil das Schicksal der Infanteriestellung seit dem 27. Oktober besiegelt erscheint. Kann sie doch, nunmehr aus nächster Entfernung von rückwärts beschossen werden. Trotz dieser Situation wird von ›oben‹ befohlen, man habe auch auf ›verlorenen Posten‹ zu verbleiben. Immerhin geht man mit hektischer Eile an einen Ausbau der eigentlichen Gipfelstellung. Auch die Postenkette mit ihren Feldwachstellungen längs des Südwesthanges vom Col di Rode her, und auf dem Siefsattel selbst wird verstärkt. Nochmalige Vorstellungen der Unterkommandanten, durch einen allgemeinen Angriff mit starker Artillerieunterstützung es doch noch einmal zu wagen und die Bedrohung der Infanteriestellung auszuschalten, werden abgelehnt. Grund hierfür ist die numerische Schwäche der im Grenzabschnitt zur Verfügung stehenden Kräfte. Von österreichischer Seite könnten höchstens 4 bis 5 Bataillone zum Angriff bereit gestellt werden. Denen man ›drüben‹ 31 Bataillone entgegenstellen werde.

Den Italienern bietet sich nunmehr der ›Sprung in die Infanteriestellung‹ geradezu an. Sie versäumen auch keine Zeit. Ist die Infanteriestellung einmal ›weg‹, werden sie die Österreicher Schritt um Schritt gegen den Gipfel zu einengen. Sie werden sich von Geländestufe zu Geländestufe vorwühlen, bis sich die Möglichkeit eines Handstreiches auf den Gipfel aus Sprungdistanz anbietet. Vorerst erhalten die Batterien den ›Panettone‹ als Ziel angewiesen. Vom Ornella, Monte Foppa, Col Toront, Va-

---

[11]) vgl. G. Caetani: Lettere di guerra di un ufficiale del Genio.

Oben: Stellung mit 8 cm-Minenwerfern.

Unten: Feldmarschall Franz Graf Conrad von Hötzendorf besichtigt Kaiserjäger.

Col di hana
Spitze 1916.

F.Klaaseing

Col di hana Spitze
1916. Jänner F.Klaaseing

Rechts: Vorderste Infanteriestellung auf dem Col di Lana
mit Blick auf Novolau, Porè
und Pelmo.

Unten: Die Geschützbedie-
nung läuft nach dem Abschuß
ihres 30,5 cm-Mörsers in die
Feuerstellung.

Linke Seite, oben: Col di Lana, Gipfelstellung, vorderster Graben mit Blick auf feindliche rechte Flankenstellung. – Januar 1916.

Linke Seite, unten: Col di Lana, Blick vom Ostgipfel auf die West- (später gesprengte) Kuppe und vorderste
Gräben. – Januar 1916.

Oben: Italienische Barackenunterstände am Agai-Rücken/Col di Lana.

Unten: Ausbildung an der schweren italienischen Haubitze.

leate und Porè vereinigen sie das Feuer auf den schmalen Hang mit der österreichischen Stellung. In ihrer Begleitung streuen in die Felsenwache geschaffte Maschinengewehre, aber auch Minen, ihre Garben und Ladungen den Kaiserjägern in den Rücken. Dann ist es wieder einmal die italienische Infaterie, die gegen die sturmreif geschossenen Grabenreste der Kaiserjäger antreten muß. Auch dieses Mal führt man sie in dicht aufeinander folgenden Wellen vor. Anscheinend ist man sich beim Kommando der 18. Division eines Erfolges so sicher, daß man auch größere Ausfälle in Kauf nimmt. Aber noch verrechnet man sich. Hauptmann Eymuth und seine Tiroler und Vorarlberger wissen sich zu wehren. Auch wenn er zurückmelden muß, ›Lage verzweifelt! Kämpfe gegen alle Fronten!‹ Vorne angegriffen, von rückwärts beschossen, weisen Eymuths Männer am 27. Oktober drei am Vormittag und drei am Nachmittag gegen sie geführte Angriffe zurück. Sie halten auch durch, bis sie die Ablösung erreicht. Eine verstärkte Kompanie des 4. Kaiserjägerregiments gelangt bis in die Infanteriestellung und kommt den abgekämpften Kameraden zur Hilfe. Die Dreierjäger Eymuths haben während dreizehn Tagen fünfzehn italienische Angriffe zurückschlagen. Aber auch in der gleichen Zeit – 170 Mann an Toten und Verwundeten verloren.

Nicht abgelöst werden dreißig Mann der 5. Kompanie Hauptmann von Marenzi. Mit ihnen verbleiben auch die bayrischen Maschinengewehrschützen des Leutnant Schneider in vorderster Stellung.

Schon während des 28. Oktober erfahren die neu eingetroffenen Viererjäger, was sie erwartet. Da ist der Kadett Dr. Reut-Nicolussi. Er wird es sein, der im Frühjahr 1919 die berühmte Abschiedsrede der Südtiroler Abgeordneten vor dem Wiener Parlament halten wird. Und der als einer der vier ersten ›Deputati‹ seiner Heimat im Monte Citorio in Rom die Rechte seiner Landsleute mutig und Aufsehen erregend vertreten wird. Nach seiner Ausweisung zum Vorsitzenden des Südtiroler Ausschusses auf freiem Boden gewählt, wird sein Buch ›Tirol unterm Beil‹ die Methoden des Faschismus in aller Welt anprangern. Während der beiden Weltkriege zur Magnifizenz der Innsbrucker Universität gewählt, gehört die Gestalt dieses Vorkämpfers der Südtiroler zu den markantesten Persönlichkeiten des Volkstumskampfes in Europa. Dieser Kadett der Reserve gehört der 7. Kompanie des 4. Kaiserjägerregiments an, deren Angehörige in den Morgenstunden des 28. Oktober vorne den Grabendienst versehen. Was die gegnerischen Geschütze innerhalb einer Woche mit ihren Granaten noch nicht zerstört, zerschlagen, verschüttet, wieder hochgeschleudert und eingerissen haben, muß immer noch von neuem in rauchenden Schutt verwandelt werden. Der Kiesel aus den aufgebrochenen Sandsäcken rauscht in den Graben, unter derem weißlichem Schutt die Leiber der Gefallenen in grotesken Stellungen hervorragen, die Luft ist vergiftet vom Ekrasit und Gas aus den aufwirbelnden Erd- und Schneefontänen, aus derem Rauchschleier sich verbogene Eisenschienen und gesplitterte Sparren wie das Geäst einer erstorbenen Landschaft herausschälen. Und dann mitten in diesem Inferno die einzelnen Posten!

›Den ganzen Vormittag‹, erzählt Reut-Nicolussi viel später, ›hielt ich mit dem Jäger

Frank am Beobachtungstand des Mittelgrabens Ausschau, hart an die Sandsacktraverse gepreßt, den Blick starr auf das weiße Vorfeld gerichtet. Zu zweit kauerten wir so, nein, zu dritt, ein Toter saß unter uns, den Mantel von der eisigen Nacht her fest zugeknöpft, den Kragen hochgeschlagen und darüber hingen nur einige blutige Halsmuskel heraus. Den Kopf hatte ein Volltreffer weggerissen. So hielten wir Wache.‹[12])

Mann um Mann fällt dem fürchterlichen Geschützfeuer zum Opfer. Am verheerendsten wirkt sich aber die Besetzung der Felsenwache durch die Italiener aus. In kurzen Abständen prasseln von dort aus immer wieder die Geschoßgarben der Maschinengewehre in den Rücken der Verteidiger. Dabei wird auch der einzige Verbindungsgraben zu den Unterständen der Besatzung am Rückfall der Geländekuppe unter ständigem Feuer gehalten. Nachdem der Kadett den letzten Verwundeten mit einer Meldung zurückgeschickt hat, sind es auch hier nur mehr vier Mann, die zusammen mit ihm, die Besatzung des Mittelgrabens bilden. Die Nerven dieser ›Letzten‹ sind zum Zerreissen gespannt. Was geschieht, wenn der Artilleriebeschuß aussetzt? Kaum, daß das letzte Drahthindernis unter ihnen im Schutt versinkt, werden die ersten blauen Stahlhelme über der vordersten Sappe auftauchen. Oh ja, – sie haben kämpfen gelernt, diese Burschen aus der Provinz Perugia vom 51. und 52. Regiment. Genauso wie die Neunundfünfziger aus der Romagna. Sie klettern und robben auch nicht mehr ungedeckt, sondern schieben seit neuestem Sandsäcke und Schutzschilde vor sich her, während sie aufwärts kriechen. Mögen auch ganze Reihen von ihnen liegen bleiben, die übrigen arbeiten sich Schritt um Schritt, Meter um Meter näher an die Verhaue heran. Bis sie einen Winkel ausmachen, von dem aus sie das Feuer der Verteidiger zu unterlaufen vermögen. »Frank«, schreit Nicolussi seinem Postenkameraden ins Ohr: »Wenn sie kommen -immer nur Handgranaten!« Dann überfällt es den Kadetten ganz plötzlich wie eine lähmende Betäubung. Aus der er jäh erwacht, weil sein Blick zufällig die glitzernden Gletscherfelder der Marmolata streift:

›O, Vaterland, wie bist du schön.‹ – Die Strophe von Heinrich Barsch erhält in seiner Phantasie mit einem Male Gestalt.[13]) Mit der ganzen grausamen Wirklichkeit, die jedes Symbolhafte auslöscht.

Was der Kadett Reut-Nicolussi erwartet, tritt dann am Frühnachmittag des 28. Oktober ein. Er ist unterdessen abgelöst worden, muß aber sofort nach dem erfolgten Alarm mit den Resten seiner Kompanie in die Stellung zurück. Kaum, daß die Posten das Ansetzen des Infanterieangriffs melden und die Besatzung aus den Unterständen am Rückhang herausstürmt, nimmt die in der ›Felsenwache‹ postierte italienische Besatzung die im Laufgraben voreilenden Kaiserjäger aufs Ziel. ›Da wir jetzt den ›Cappello di Napoleone‹ besetzt und befestigt haben‹, beschreibt Caetani die Situation, ›beherrschen wir die Gräben und das Lager des ›Panettone‹ vollkom-

---

[12]) vgl. E. Wißhaupt: Die Tiroler Kaiserjäger im Weltkrieg 1914–18. Bd. II. S. 120
[13]) vgl. E. Wißhaupt: Die Tiroler Kaiserjäger im Weltkrieg 1914–18. Bd. II. S. 121

men. Man glaubt, eine topografische Karte vor sich zu sehen. Während der gestrigen Kämpfe haben ich und Capitano Carosi mit dem Karabiner auf die Köpfe der kleinen österreichischen Infanteristen in den Gräben geschossen und sie wie Eichkätzchen (scoiattoli) laufen lassen.‹[14])

Zunächst glaubt die Besatzung der Felsenwache, sie habe jetzt auch einen Angriff von rückwärts zu erwarten. Was beinahe eine Panik unter der Mannschaft verursacht. Doch Hauptmann von Marenzi und der bayrische Leutnant Schneider werden der Lage rasch Herr. Reut-Nicolussi gelingt es sogar, mit seinem Zug die ›Eichkatzenschützen‹ im Rücken durch wohlgezieltes Gewehr- und Maschinengewehrfeuer niederzuhalten. Wobei sie dieses Mal die Gipfelbesatzung wirksam unterstützt. Das genügt, um es der übrigen Besatzung der Infanteriestellung zu ermöglichen, die vorne gegen sie anstürmenden ›fanti‹ abzuwehren. Nach kurzem, auch in Handgemenge übergehenden Nahkampf werfen Kaiserjäger und Bayern die Angreifer auch dieses Mal wieder zurück. Der ›Eichkatzenjäger‹ Caetani bemerkt dazu: ›Die Infanterie geht etwas vor. Die Verluste sind sehr schwer.‹[15]) Auch auf der Seite der Verteidiger sind die Verluste nicht geringer. So verliert allein die Maschinengewehrabteilung des Leutnant Schneider an diesem 28. Oktober 5 Männer an Gefallenen und 8 an Verwundeten. Ein Offizier und 2 Mann werden vermißt. ›Diesen Berg nennen die Italiener Blutberg‹, schreibt Hauptmann von Marenzi. ›Viel Blut hat er ihnen und uns gekostet und wieviel wird er noch kosten, sodaß man sich fragen muß, ob sein Besitz für uns und die Italiener so viele Opfer wert ist? Wieviel Gefallene liegen hier beerdigt, wie viele liegen vor der Stellung! Ob dies auch alles sein muß, entzieht sich meiner Beurteilung. So wollen es aber die rückwärts . . . ich habe nur zu gehorchen . . .‹[16]) Und er gehorcht! Bis sich wenige Stunden später auch sein Soldatenschicksal erfüllt!

Das Ende bricht mit den Morgenstunden des 29. Oktober an. Als er abgelöst wurde, hat Hauptmann Eymuth seinem Kameraden Marenzi versprochen, er werde beim Regimentskommando über die Unhaltbarkeit der Lage in der Infanteriestellung berichten. Allein schon, um das Leben der tapferen Besatzung zu retten. › Die ein besseres Los verdienten, als auf verlorenem Posten zu sterben.‹ In diesem Zusammenhang spricht Marenzi auch von der ›bewunderungswürdigen Haltung der Mannschaft. ›Sie trage sogar jetzt noch alle an sie gestellten Anforderungen‹ mit guter Laune ›und jeder Jäger‹ gäbe sein Bestes. ›Man will aber ›höheren Ortes‹ noch immer nicht die Aussichtslosigkeit einer weiteren Verteidigung der Infanteriestellung einsehen. Darum schickt man der Besatzung noch in den Abendstunden des 28. Oktober Teile der 12. und die 14. Kompanie des im Verbande des Grenzabschnittes eingesetzten 4. Kaiserjägerregiments als Verstärkung. Führer derselben ist Hauptmann Gustav Ebner, ein Reserveoffizier. Wie immer läßt das am Morgen des dar-

---

[14]) vgl. Don G. Caetani: Lettere di un ufficiale del Genio
[15]) vgl. Don G. Caetani: Lettere di un ufficiale del Genio
[16]) vgl. V. Schemfil: Col di Lana. S. 141

auffolgenden Tages einsetzende Artilleriefeuer die Absichten des Gegners erkennen. Nachdem nunmehr auch auf dem ›Cappello di Napoleone‹ ein Artilleriebeobachter Stellung bezogen hat, lenkt dieser das Feuer seiner Batterien auch auf die Unterstände am Rückhang der Kuppe über der Infanteriestellung. Diese, wie die Unterkunfts-und Sanitätsbaracken werden im Handumdrehen zertrümmert. Eine der ersten Granaten trifft die Offiziersunterkunft, worin der Kompaniearzt soeben Verwundete verbindet, und tötet Hauptmann von Marenzi. Auch der Verbandsplatz wird nicht verschont. Als Caetani diesen nach der Eroberung der Infanteriestellung betritt, spricht er von einem ›Schlachthof‹, vor dem er und seine Männer gestanden wären. Um zehn Uhr vormittags dann setzt der Infanterieangriff ein. Unter dem Schutz einer Feuerwalze arbeitet sich die italienische Infanterie wieder einmal auf Sturmdistanz heran. Hier wartet sie aber erst die Mittagszeit ab, ehe sie zum Sprung ansetzt. Vorher zerwühlen Geschosse aller Kaliber, auch solche der schweren 21-er Granaten, noch das letzte an Verteidigungsanlagen, das die Angreifer zu hindern vermag. Wie dann, gegen 13 Uhr, das ›Avanti Savoia!‹ der Stürmenden erschallt, zwingt das gleichzeitig aus der Felsenwache einsetzende Maschinengewehr-und Minenfeuer den Teil der Besatzung an der Rückfallkuppe in Deckung, der durch den Laufgraben den vorne kämpfenden Kameraden zur Hilfe eilen will. Trotzdem versuchen einige Jäger diesen blutigen ›Spießrutenlauf‹. So beobachtete Caetani ›doch noch Österreicher, die sich bewegen, mit dem Gewehr schießen und Handgranaten werfen. ›Es sind freilich nur einzelne, denen es glückt, bis zu den Stellungsresten zu gelangen. Hier spielt sich unterdessen ein erbitterter Nahkampf ab. Wer von den Kaiserjägern noch lebt, setzt sich zur Wehr. Sie kämpfen buchstäblich bis zur letzten Handgranate und geben sich erst verwundet gefangen. Allmählich verebbt der Kampflärm. Nur da und dort fällt noch ein einzelner Schuß. Während die Granaten unentwegt nach rückwärts auf die Zugangssteige zu jaulen. Da wimmelt es auch schon über den rauchenden Schutthalde des ›Panettone‹, blaue Stahlhelme, Schutzschilde, das Grigio-verde der italienischen Felduniformen und die niemals fehlende Tricolore. Ein vielhundertstimmiges Rufen und Schreien setzt ein: »Ci siamo! Wir haben es geschafft!« Und zwei weitere Worte, die sich längs des Abhanges bis hinunter nach Agai und Salesei fortpflanzen: »Abbiamo vinti! Wir haben gesiegt.«

Als die Dreierjäger Hauptmann Eymuths abgelöst wurden, hatten sie in der kurzen Zeit ihres Aufenthaltes in der Felsenwache und der Infanteriestellung fünfzehn italienische Angriffe abgewehrt. Nunmehr sind es siebzehn geworden. Zu den letzten, die sich vor der Gefangennahme retten konnten. zählt der Kadett Reut-Nicolussi. Er entkommt verwundet, nach einem Schußwechsel mit in den Laufgraben eingedrungenen Gegnern. Ebner, der letzte Kommandant der Infanteriestellung nach dem Tod seines Kammeraden Marenzi, fällt, mit dem Ruf: »Ein Kaiserjäger ergibt sich nicht!« Er wird brutal niedergeschossen, als er der Aufforderung, sich zu ergeben, nicht nachkommt. Es sind italienische Offiziere, die diesem tapferen Hauptmann einige Tage später ein Ehrengrab auf dem Friedhof von Salesei errichten.

Wie hatte doch der Kadett Reut-Nicolussi in seinem Tagebuch geschrieben?: ›Wenn nicht ein Wunder geschieht, gehen wir hier alle zu grunde! Bis auf den letzten Mann ... heißt der Befehl!‹[17])

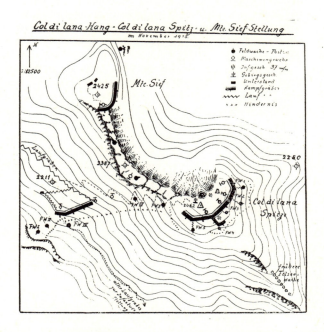

Nach einer Zeichnung von Generalmajor Viktor Schemfil.

[17]) vgl. E. Wißhaupt: Die Tiroler Kaiserjäger im Weltkrieg 1914–18. Bd. II. S. 122

Die Kaiserschützen am Col di Lana

Der Verlust der beiden Vorfeldstellungen unter dem Gipfel des Col di Lana zwingt die österreichische Seite zu neuen taktischen Überlegungen. Man hat in Pedratsches zwar für kurze Zeit den Versuch einer Rückeroberung der verloren gegangenen Positionen erwogen, doch muß man sich zuletzt dem bereits angeführten Mißverhältnis der beiderseitigen Einsatzmöglichkeiten fügen. Zudem verschlechtert sich das Wetter zusehends. Schneetreiben und Nebel, begleitet von bereits empfindlicher Kälte, behindern die Sicht und das beabsichtigte Vorgehen über das auf österreichischer Seite weit felsigere Terrain. So wird das Hauptaugenmerk jetzt auf den Ausbau einer neuen Hauptkampflinie gelegt. Als Hauptstützpunkt wird der Col di Lana-Gipfel selbst ausgebaut. Von dort aus verläuft eine neue Stellung am Westhang des Berges in Richtung auf die bisherige Feldwache 6. Die weiter ostwärts gelegene Feldwache 7 wird aufgelassen. Dafür aber oberhalb derselben ein stark befestigter Stützpunkt errichtet. Um dem Gegner den Aufenthalt im ›Panettone‹ möglichst unerträglich zu gestalten, erhalten die österreichischen Batterien den Befehl, denselben zum Ziel ihres zusammengefaßten Feuers zu machen. Zu diesem Zweck greift man sogar auf Munitionsreserven zurück. Auch ein, seit Ende Oktober südöstlich von Corvara in Stellung gegangener Mörser der gefürchteten 30,5 cm-Motorbatterien soll sich von nun ab am Konzert der Batterien beteiligen.

Am 30. und 31. Oktober wechseln dann auch die Besatzungen auf dem Gipfel und längs der neu errichteten Stellungen. Die Kaiserjäger rücken ab. Zurück bleibt nur eine ihrer Maschinengewehrabteilungen. Auch die Enneberger und Passeierer Standschützen räumen die Feldwachposten und Gräben am Col di Rode-Hang und Siefsattel. Und dann werden auch die letzten ›Boarn‹ herausgezogen. Sie, die mit ihren Maschinengewehren gewissermaßen das Rückgrat der Verteidiger im Brennpunkt der Kämpfe gebildet hatten, müssen manchen Kameraden in einem Felsengrab zurücklassen. Andere finden die italienischen Bergungsmannschaften erst nach der Schneeschmelze zwischen eingestürzten Schutzwehren der Infanteriestellung. ›Wir sahen die lieben und stets hilfsbereiten Kameraden sehr ungern scheiden und viele unserer Schützen standen noch lange im brieflichen Verkehr mit den Bayern‹, erzählt der Standschützenoberleutnant Oberlechner.[1])

In der Stellung am Gipfel tauchen jetzt Soldaten in anderen Uniformen, mit dem Spielhahnstoß an der Kappe und dem Edelweiß am Kragenspiegel auf. Es sind Kaiserschützen, die zur damaligen Zeit noch Landesschützen hießen. Ihr Regiment, das dritte, in Innichen stationiert gewesene, führt viele Pustertaler, aber auch gerade Gadertaler, Buchensteiner und Ampezzaner in seinen Reihen. Es ist das III. Bataillon, das jetzt die neue Stellung bezieht. Ihr Kommandant ist der später mit dem Maria Theresienkreuz ausgezeichnete Hauptmann Valentini. Nach der Rückkehr aus Rußland erst im Trentino eingesetzt, hat man das für den Hochgebirgskrieg beson-

---

[1]) vgl. A.v. Mörl: Die Standschützen im Weltkrieg. S. 245

ders geschulte Bataillon in den Grenzabschnitt 9 mit seinem Col di Lanabereich verlegt. Auf den Gipfel und Hang richten sich zwei Kompanien, zusammen mit Sappeuren und noch oben verbliebenen Pionieren der Dreierjäger ein. Verstärkt wird ebenso die Artilleriebeobachterstelle auf dem Gipfel. Als Reserve läßt Hauptmann Valentini zwei weitere seiner Kompanien im Lager Alpenrose zurück. Die Nachbarn der Kaiserschützen auf dem Siefsattel sind Jäger des 1. Regiments, die allgemeine Kampfreserve bilden eine Kompanie des 2., in Brixen und Bozen beheimatet gewesenen Kaiserjägerregiments. Der Siefsattelbesatzung bleibt außerdem eine Maschinengewehrabteilung des 3. Regiments zugeteilt, während die 15. Kompanie des 4. Regiments die Einsatzreserve vom 2. Regiment verstärkt.

So ist es eine Zusammenfassung von Einheiten aller vier Tiroler Kaiserjägerregimenter, die nunmehr, zusammen im Verband mit den Tiroler Kaiserschützen Hauptmann Valentinis, die ›Bastion des Gadertales‹ zu verteidigen haben. Kommandanten der einzelnen Kampfunterabschnitte sind im Bereich Col di Lana-Gipfel Hauptmann Köhle, und auf dem Siefsattel Hauptmann Heiß. Jetzt vor dem Einbruch des Winters bedarf es noch viel mehr als bisher des bedingungslosen Einsatzes von Offizier wie Mann, allein schon um physisch den Unbilden der Witterung standhalten zu können. Dazu kommt die Erfahrung, die man während der letzten Wochen mit der Zähigkeit und der Leistungsmöglichkeit des Gegners gemacht hat. Keiner unter den Tirolern, der den Mut und die Verbissenheit der italienischen Angreifer unterschätzt, vor allem aber, der nicht ihren Offizieren größte Achtung entgegenbringt. Nur über die höhere Führung der Gegenseite schüttelt man in den österreichischen Stellungen die Köpfe. Selbst wenn der Col di Lana fiele, erheben sich in kurzer Entfernung der Sief und eine neue Kette von Türmen, Kämmen und Gipfeln. Sollen auf italienischer Seite immer wieder Tausende beim Anrennen gegen die dahinter aufragenden ›Bastionen‹ verbluten? Im Gegensatz zu dem Ärger über die Sparsamkeit der eigenen Artillerie sieht der Gegner allein schon auf dem Sektor dieser Waffe deren Wirkung als ›fürchterlich‹ an. So sagt der Leutnant Caetani nach der Erstürmung der Infanteriestellung: ›Nun heißt es auf die – Rache der Österreicher achtgegeben! ... Die österreichische Artillerie konnte ungestraft losfeuern und – Gott weiß, wie sie es getan hat. Es war ein Orkan!‹

Oben in der Col di Lana-Stellung hat es den Anschein, als hätten die hochgebirgsgewohnten Kaiserschützen den richtigen Winter mitgebracht. Es lag ja bereits Schnee, auch hatten bisher zweitweilig auftretende Schneestürme der Besatzung arg zugesetzt. Jetzt, mit den ersten Novembertagen beginnt es heftig zu schneien. Bald türmt sich der Schnee einen Meter, dann zwei und zuletzt an manchen Punkten drei Meter hoch. Die neue Besatzung hat größte Mühe, den anbefohlenen Stellungsbau den Verhältnissen des Hochgebirgswinters anzupassen. Am gefährdesten sind dabei die Übergänge, wo Eis und Glätte jeden Schritt zu einem Spiel mit dem Tode machen. Längst türmen sich über den Schutzwehren hohe Schneewände, Schneetunnels und in vereistem Fels gebohrte Kavernen müssen aufgebrochen werden, Stahltrossen werden gezogen, die die Alarmstiegen sichern und auch die Postenstände verwandeln sich allmählich in Eislöcher, die einen nur halb- oder sogar viertelstündigen Wachdienst erlauben. Wenigstens verhält sich auch der Gegner vorläufig ruhig. Er hat selber genug Probleme im Kampf gegen den Winter. Überläufer wie Gefangene klagen über eine völlig unzureichende Winterausrüstung, selbst die aus der rauhen Abbruzzenlandschaft beheimateten Männer zeigen sich gegenüber dem Klima des Dolomitenwinters wenig widerstandsfähig. In den ersten Tagen, nachdem die Kaiserschützen ihre Stellungen bezogen haben, wird auch auf der italienischen Seite nur geschaufelt, gebohrt und geschanzt. Ungünstig für die Österreicher erweist sich dabei der aufgelassene Laufgraben zur ehemaligen Infanteriestellung. Am Ausstieg, der früher zur der ehemaligen Feldwache 7 geführt hat, baut der Feind jetzt einen Stützpunkt aus. Um sie dabei zu stören, wohl auch in der Absicht, Gefangene einzubringen, die über die Absichten der Gegenseite aussagen könnten, ordnet das Unterabschnittskommando eine gewaltsame Erkundung durch Kaiserschützen an. Sie erfolgt auch am 5. November. Doch wird die Patrouille zu früh bemerkt und muß unter Verlusten zurück. Als Vergeltung – oder, als hätte Oberst Lauer von den Kaiserjägern die richtige ›Nase gehabt‹, bestätigt bereits am folgenden Morgen das konzentrische Feuer der italienischen Batterien die Vorbereitungen für einen neuen Angriff. Es währt auch gar nicht lange, und schon haben sich die italienischen Kanoniere auf all die neuen Stellungen der Österreicher eingeschossen. Erst als es Nacht wird, können die Besatzungen neue und erhebliche Schäden ausbessern.

Dann, am 7. November, um 11 Uhr dreißig, läßt eine Meldung die Offiziere im Gefechtsstand Hauptmann Valentinis verblüfft in die Höhe fahren. Die auf dem linken Flügel des Siefsattels eingesetzte Kaiserjägerbesatzung meldet erregt:
»Italiener auf dem Gipfel!«

Das ist doch ein Hörfehler! Valentini greift selbst an den Hörer. Was heißt das? Auf oder vor dem Gipfel?«

»Auf dem Gipfel, Herr Hauptmann! Der Feind ist in der Gipfelstellung ganz deutlich zu erkennen.«

Es klingt so unglaublich, daß es noch immer keiner der Anwesenden wahr haben will. Valentini verlangt eine Verbindung mit Hauptmann Heiß von den Kaiserjägern. Er muß ihn persönlich hören. Inzwischen hat sich nämlich herausgestellt, daß das Panzerkabel nach der Gipfelstellung gestört ist. Hauptmann Heiß meldet sich, und bestätigt die Beobachtung seines linken Flügels. Nach einem plötzlichen Aussetzen des Artilleriebeschusses gegen den Gipfel wäre jähe Stille eingetreten. Kurz danach wären oben Gestalten aufgetaucht, die man schon an ihren Stahlhelmen eindeutig als Italiener erkannt habe. Außerdem wehe auf der Höhe 2462 eine italienische Fahne. Noch ehe Valentini diese Nachricht persönlich angenommen hat, erfolgt ein Anruf aus der neuen Hangstellung. Dort hätten sich soeben 20 Mann der Gipfelbesatzung gemeldet. Als Versprengte! Denen es gerade noch geglückt sei, sich der Gefangenschaft zu entziehen. Was war geschehen?

Der Kommandant der Gipfelstellung, der Reservekadett Mischitz, hatte die vom Postendienst abgelöste Mannschaft während des einsetzenden Artilleriebeschusses in die unterhalb der Gipfelstellung befindliche Kaverne befohlen. Plötzlich verschüttet ein Granateinschlag draußen den Beobachtungsposten. In den folgenden Minuten legt die italienische Artillerie Deckungsfeuer vor die Ausstiege ihrer Sappen. Dabei gelingt es den Sturmzügen des 60. Infanterieregiments, sich bis an die Schneebrustwehren der Österreicher heranzuarbeiten. Im allerletzten Augenblick alarmiert, stürzen die Kaiserschützen aus der Kaverne und hasten über die vereiste Alarmstiege und die Leitern zur Stellung. Dort stoßen sie auf bereits in den Graben eingedrungene italienische Infanteristen. Nach einem heftigen Handgemenge werden sie richtiggehend überrumpelt. Fünfzehn Kaiserschützen müssen sich mit ihrem Kommandanten und den Artilleriebeobachtern gefangen geben. Nur ein Rest von 20 Mann entkommt nach der Hangstellung.

Der Col di Lana-Gipfel in italienischer Hand! – Und das, während Kaiserschützen die Besatzung stellen! Valentini beißt sich auf die Lippen. Ihm ist es, als höre er aus dem Ton der Stimmen der ihm vorgesetzten und seinem Bereich benachbarten Kaiserjägeroffiziere die verhaltene Genugtuung, daß es die ›Schützen‹ auch nicht besser gemacht hätten, als die Jäger, die die Felsenwache und Infanteriestellung hatten aufgeben müssen. Noch ist es nämlich nichts mit dem erhofften kaiserlichen Erlaß, der die Landesschützen wenigstens dem Inhaber nach, den ›Kaiser‹jägern gleichstellt. Auch wenn sie der Volksmund längst als Kaiserschützen bezeichnet. Aber, er wird es ihnen zeigen. Daß sie sich den Namen trotz allem zu Recht erkämpft haben! Zunächst noch muß er es hinnehmen, daß auch das Artilleriekommando Corvara anruft und mitteilt, man habe dort soeben von den Valparolabatterien erfahren, daß auf dem Gipfel die Tricolore flattere. Man werde daher unverzüglich eine ›Feuervereinigung‹ aller ›nach dort‹ wirkenden Batterien befehlen. Munition würde dieses Mal nicht gespart werden.

›Na also‹, denkt Valentini und rechnet sich die Wirkung dieser ›Feuervereinigung‹ aus. Es sind 50 Rohre, die zu singen beginnen, darunter neun 15 cm-Haubitzen modernster Bauart, zwei Fünfzehner-, zwei Vierundzwanziger- und dazu noch der Dreißigermörser. »Es wird Zeit«, brummt er, »daß sich der Ruf der österreichischen Artillerie endlich wieder bestätigt.« Wie er dann sieht, daß kurz danach die Gipfelstellung von einem einzigen Feuerball eingehüllt wird, macht er sich unverzüglich an die notwendigen Dispositionen. Noch während er die Bereitstellung, der in Reserve befindlichen Kaiserschützenkompanien anordnet, kommt eine verblüffende neue Meldung. »Die feindliche Besatzung scheint die Stellung zuräumen!« Was tatsächlich zutrifft! Die Wirkung des österreichischen Feuerschlages ist so furchtbar, daß die Führer der italienischen Sturmtruppen ihre Männer zurücknehmen. Erst, als das Feuer der österreichischen Batterien nachläßt, kehren sie wieder in die Gipfelstellung zurück. Sie kennen allerdings nicht die Entschlossenheit Valentinis. Wie auch das italienische Oberkommando nicht mit der Energie dieses Mannes rechnet. Dieses verbreitet nämlich noch am 8. November in einem überaus patriotisch redigierten Bulletin, daß die Soldaten Italiens die Tricolore auf dem Col di Lana aufgepflanzt hätten, auf jener rauhen Bergspitze, welche mitten im Schnee bis zu 2462 m Höhe aufrage. Daß zum Zeitpunkt der Veröffentlichung des Bollettino der Col di Lana-Gipfel wieder in den Händen von Hauptmann Valentinis Kaiserschützen war, verschweigt es.

Am 7. November nämlich, um 16 Uhr, setzt das Feuer der österreichischen Batterien mit erneuter Wucht ein. Dann, gegen 18 Uhr, steigert es sich. Gleichzeitig verlegen die Geschützbedienungen ihre Ziele als Störungsfeuer auf den Südhang des Berges. Unterdessen gehen zwei Kaiserschützenzüge der 14. Kompanie unter Führung des Kadetten Mayer mit einem Maschinengewehr und einer ›Musketen‹-Patrouille auf dem vereisten Gipfelsteig vor. Allein schon dieses Vorgehen erfordert Kühnheit und außerordentliches bergsteigerisches Können. Erweist sich doch der Pfad eher als ein vereistes Band, über dem stellenweise Schneewächten hängen, zum Teil öffnen sich unter ihm jähe Abstürze. Auch erschwert die früh hereinbrechende Dunkelheit die Sicht, jeden Augenblick können die Vordersten auf das »Alto là!« eines feindlichen Wachpostens stoßen. Auch aus der Hangstellung sind fast zur gleichen Zeit die Schützen der 16. Kompanie mit ihrem Oberleutnant Guggenberger unbemerkt auf den Schnee herausgeglitten. Patrouillen der 15. Kompanie sichern sie an den Flanken. Ganz vorne unter den Männern befindet sich Valentini. Immer wieder vergleicht er die Uhrzeit. Noch ist nichts zu vernehmen, dennoch müßte Mayer bereits unmittelbar unterhalb der Col di Lana-Stellung angelangt sein. Von dort aus soll er nämlich mit dem Maschinengewehr und den Musketen die Aktion Guggenbergers unterstützen. Der Hauptmann kann nur vermuten, daß die Lichtkegel der zwei italienischen Scheinwerfer den Gratweg anleuchten und daß Mayers Leute deshalb das Weitergleiten der Lichtfahnen abwarten müssen. Da endlich! Es ist 20 Uhr dreißig und vollzieht sich beinahe mit derselben Präzision, mit der die italienische Infanterie am Morgen des gleichen Tages die Kaiserschützenbesatzung auf dem Gipfel überrumpelt hat. Genau wie bei den Österreichern das italienische Geschützfeuer die Besatzung in Deckung gezwungen hatte, so mußten sich auch die Mannschaften der 1. Kompanie des 60. Infanterieregiments vor dem verheerenden Beschuß der österreichischen Batterien weiter rückwärts decken. Gerade in dem Augenblick, als zwei andere Kompanien bei ihnen einlangen, um sie abzulösen, was wohl auch eine gewisse Nachlässigkeit der Posten zur Folge gehabt haben mag, überwältigen Guggenbergers Schützen die Posten, werfen Handgranaten und dringen in die Stellung ein. Dazu bringt das gleichzeitig einsetzende MG- und Musketenfeuer der Züge Mayers die zur Ablösung versammelten Mannschaften in Verwirrung. Guggenberger und mit ihm Valentini erkennen die Vorteile und verdoppeln durch pausenlose Handgranatenwürfe das Durcheinander in der italienischen Sappe. Nach wenigen Minuten ist alles entschieden. ›Die Besatzung‹, berichtet Caetani, ›war durch die starken Verluste derart erschüttert, daß sie nicht mehr imstande war, sich zur Wehr zu setzen und den Kampfplatz räumte.‹[2])

---

[2]) vgl. V. Schemfil: Col di Lana. S. 157

Zwei Tote und fünf verwundete Kaiserschützen bezahlen mit ihrem Leben und ihrer Gesundheit die Wiedererstürmung des Col di Lana-Gipfels. Von den acht Kompanien des 60. italienischen Infanteriegegiments, die zur Wegnahme des Gipfels eingesetzt wurden, sind 7 Offiziere und 61 Männer gefallen, 9 Offiziere und 62 fanti verwundet. Als die am Einsatz beteiligt gewesenen Kaiserschützen in ihre Augangsstellung zurückkehren, begegnen ihnen auf dem Steig zum Siefsattel der Major Franz Kostner mit seinen Standschützen. Das Bataillon war kurz in Pescosta in Ruhe gelegen und alarmiert worden, als der Verlust des Col di Lana-Gipfels bekannt geworden war. Die Italiener auf dem Gipfel! – Das bedeutete Zerstörung ihrer Dörfer und Höfe womöglich bis hinten nach Stern. Trotz des starken Schneetreibens hatten sie ihre Schritte beschleunigt. »Ös kemm'ts zu spat«, hallt es ihnen auf ihre besorgten Fragen entgegen. Die Kaiserschützen lachen und deuten zurück. »Mir san wieder ob'n, ös braucht's nimmer aufi!« Und dann marschieren sie weiter. Da lachen auch die ladinischen Bauern und Burschen. Noch lange tönt es den absteigenden Kaiserschützen in den Ohren: »A bun ans vair!« und mit gemütlichem anerkennendem Aufatmen: »A sudai!«

Auch wenn sie die Gipfelstellung wieder aufgeben mußten, so verhärtet sich bei den italienischen Soldaten das Bewußtsein, daß sie nicht uneinnehmbar sei. Zumal ihr Heeresbericht die Meinung in der Heimat aufrecht erhält, der Col di Lana, ja auch der Monte Sief befänden sich in italienischen Händen. Noch am 8. November, dann am neunten und zehnten, müssen die Brigade Calabria und das 52. Infanterieregiment von neuem zum Angriff antreten. Sie werden abgewiesen. Auch am 11. November kämpfen sich zwei italienische Kompanien sehr nahe an die Gipfelposten heran. Sie können dort nicht eindringen, graben sich aber auf 30 Schritt unterhalb des Gipfels auf etwa 80 Meter Entfernung von dem österreichischen Vorposten ein. Was die Kaiserschützen wiederum zu Störaktionen veranlaßt. So überfällt eine ihrer Patrouillen in der Nacht zum Achtzehnten die im Schnee grabenden Italiener und bringt vier Gefangene zurück. Die auch prompt aussagen, daß bereits in den nächsten Tagen ein neuer Angriff bevorstünde. Noch während sie vernommen werden, trifft ein ausländischer Offizier auf sie, der schweizerische Major Tanner. Nachdem der italienische Heeresbericht den Verlust des Col di Lana-Gipfels verschweigt, hat das k.u.k. Kriegspressequartier eine Reihe neutraler Beobachter zur Besichtigung der Dolomitenfront eingeladen. So erscheint auch der eidgenössische Offizier im Gefechtsstand der Col di Lana-Verteidiger. Dazu schreibt er später über seine Begegnung mit Franz Kostner: ›Ich läute den Standschützenmajor Kostner, Abschnittskommandanten, an. Melde mich gehorsamst als sein ladinischer Kamerad und bitte um die Ehre, empfangen zu werden. Es waren die ersten ladinischen Worte, die der Major am Telefon hörte. Er ist ein famoser Mann, den wir oben am anderen Berg (Col di Rode. Der Verf.) treffen. ›Mordskampel‹ nannte ihn der Prachtoberst am Standort³) der Nanina. »Patenter Mann«, sagten auch wir nach der persönlichen Bekanntschaft dieses Wirts, vielgereisten Bergführers, Präsidenten, Skiläufers, Schützen und Autodidakten. Er führt zwei von uns auf einen Aussichtshügel, entdeckt dort eine feindliche Scharte, die mit einem Schieber versehen, auf- und zugeht und zu deren Auffindung unser Major die kühnsten Pläne gemacht hatte. Ja, ein ganzer Kerl ist er, und seine Mannen halten Zucht und Ordnung, die Respekt einflößen. Er ist ein Offizier von innen heraus, dabei im Besitze wohltuender, offener äußerer Formen. Es war uns beiden Ernst mit unserem Wunsche auf ein Wiedersehen.‹³)

Tanner erwähnt noch, daß noch während seines Stellungsbesuches die Geschütze zu donnern begannen. Diese leiten den von den Gefangenen angekündigten Großangriff der Brigaden Alpi und Calabria vom 20. und 21. November 1915 ein. Es ist nicht allein Oberst Garibaldi, der es sich in den Kopf gesetzt hat, die Erstürmung des Col di Lana müsse in Verbindung mit seinem Namen in die Geschichte seines Vaterlandes eingehen, sondern auch General Carpi, Kommandeur der 18. Division, weiß, daß sein Weiterverbleiben in dieser Stellung vom Erfolg dieses Angriffes abhängt. Deshalb sind es dieses Mal ausgesuchte Mannschaften, die in Stärke von vier Kompanien unter der Führung besonders bewährter Offiziere vom Mittag des 21. November gegen die Stellungen der 16. Kaiserschützenkompanie am Gipfel und gegen die 7. Kompanie des wieder an der Hangstellung, jetzt ›Bergsappe‹ genannt, in Stellung gegangenen 3. Regiments der Kaiserjäger anrennen. Der starke Schneefall der letzten Tage hat aufgehört. Bei eisiger Kälte versuchen manche Züge mit Todesverachtung über die vereisten Hänge bis an die österreichischen Verhaue heranzukommen. Sogar eine Fahne führen sie wieder mit sich, wohl in der Überzeugung, es werde ihnen dieses Mal nochmals gelingen, sie auf der Höhe 2462 aufzupflanzen. Zu ihrer Unterstützung hat sich eine Gruppe Alpini auf einer vom Sief gegen Osten ziehenden Felsrippe festgesetzt. Von dort aus beschießt sie die Gipfelbesatzung von rückwärts. Bis sie von einer der österreichischen Valparolabatterien außer Gefecht gesetzt wird. Auch der Angriff der zum Sturm vorgeführten Kompanien bleibt wieder einmal liegen.

Das Feuer aus der österreichischen Hauptstellung ist dieses Mal so ausgezeichnet gezielt, daß es den Anschein hat, als hätten sich die Scharfschützen unter der Besatzung vor allem die Ausstiege aus den Sappen als Ziel angesprochen. Was zur Folge hat, ›daß sich die Leichname der Gefallenen in diesen stauen und ein Überklettern verhindern.‹ ›Es wäre eine Torheit gewesen, unter diesen widrigen Bedingungen auf einen weiteren Angriff zu bestehen‹, schreibt einer der tapfersten Offiziere des 52. Regiments, der nachmalige General Mezzetti ›Ich befahl daher, ihn einzustellen. Der Versuch war gleich Null und hätte auch nicht anders sein können.‹⁴) Die Verluste bestätigen die Feststellungen des damaligen Majors. Aber auch den Österreichern kosten diese beiden Tage wieder 16 Tote und 29 Verwundete. Auf beiden Seiten handelt es sich um Opfer, die vermieden hätten werden können, wenn nicht wie

---

³) Pedratsches. Gemeint ist Oberstbrigadier Vonbank. ›Nanina‹, Name eines ladinischen Mädchens.
    Sämtl. Auszüge aus: Major Tanner: Bergfahrten in Ladinien
⁴) vgl. Mezzetti: Dal piede alla Cima del Col di Lana.

bereits angedeutet, der Ehrgeiz zweier Stabsoffiziere, vor allem jener des Colonello Garibaldi, mit seinem Befehl ›In der Absicht, nichts unversucht zu lassen‹, zu einer Aktion geführt hätte, ›die schon gescheitert war, ehe die Unsrigen das Drahthindernis erreicht hatten und uns sehr schwere Verluste kostete.‹[5]
Wie sich der italienische Soldat im Col di Lana-Abschnitt überhaupt nach dem 4. August, dem Tage, da der Name Col di Sangue – Blutberg, aufgekommen war, schon längst als Objekt ehrgeiziger höherer Vorgesetzter betrachtet. Wobei er sich durchaus nicht den Verpflichtungen seines nationalen Auftrages widersetzt. Aber der Eindruck, daß praktisch jeder Fußbreit dieses felsigen Bodens mit einer Vielzahl von Toten und Verwundeten erkämpft werden muß, wie auch die sich immer noch wiederholenden Rückschläge, die nicht zuletzt durch sich immer neu auftürmende Hindernisse im Gelände verursacht werden, führen beim einfachen Mann zu der Überzeugung, daß es mit der numerischen Überlegenheit auch nicht getan ist. Zu rasch, zu verheerend dezimieren die österreichischen Maschinenwaffen und Geschütze die Kompanien. ›Die Truppen unserer Division sind dezimiert, erschöpft und zerlumpt‹, konstatiert Don Gelasio Caetani am 14. November. Und ein so hervorragender Offizier wie Major Mezzetti, spricht gleichfalls von nicht mehr vertretbaren Anforderungen an die Truppe. ›Deren physischer wie moralischer Zustand dem Zerreißen nahe sei, wobei auch bei den Offizieren zuletzt die Auffassung vorgeherrscht habe, daß das ›unausgesetzte Pochen auf den Col di Lana, ja sogar dessen spätere Eroberung die Opfer nicht wert gewesen seien.‹[6] Es kommt dazu, daß der Winter mit seinen Gefahren und Unbilden gerade während dieser Novemberwochen auch die italienische Seite mit aller Härte trifft. Seit Tagen sinkt das Thermometer in diesen Höhen bereits jetzt unter 15 Grad, alle Steige sind vereist, das Auf- und Niedersteigen selbst in ausgesprengten Stollengängen wird nicht minder gefährlich, vom eigentlichen Angriffsgelände gar nicht zu reden. Auch setzt das Schneetreiben an manchen Tagen überhaupt nicht mehr aus. Kälte, Nebel und Feuchtigkeit durchdringen Monturen und Schuhwerk. Was die ersten Erfrierungen zur Folge hat. ›Man hat keinen Begriff von den Leiden unserer armen Soldaten‹, klagt Caetani, ›schlecht gekleidet, mit Schuhwerk aus Pappe, mit nassen Handschuhen – wenn sie überhaupt welche haben – müssen sie dort oben bleiben.‹ Sein Landsmann Mezzetti ergänzt diese Feststellungen mit dem Hinweis, daß in der Nacht vom 16. auf den 17. November Teile des Regiments 59 in der Col die Lana-Region 93 Erfrierungsfälle schweren und 26 leichten Grades zu verzeichnen hatten.
Ungeachtet dieser Schwierigkeiten befehlen das Divisions- wie das Korpskommando weiterhin, den Druck auf den Gegner in keinem Falle zu lockern. Was zur Folge hat, daß am 28. November eine kleine italienische Abteilung noch einmal versucht, sich vor der Gipfelstellung einzunisten. Sie wird abgewiesen und die vorgetriebene Sappe zerstört. Wie dann in der österreichischen Gipfelstellung ein Unter-

---

[5], [6] vgl. Gl. Mezzetti: Dal piede alla Cima del Col di Lana. pag. 10. ff.
G. Caetani: Lettere di guerra di un ufficiale del Genio.

stand in Brand gerät und dicke schwarze Rauchschwaden aufsteigen, will ein stärkerer Trupp Italiener die Situation ausnützen. Während die Artillerie wie wild in die Rauchglocke feuert, kriechen einige mutige Burschen bis an die Hindernisse vor. Dank der Aufmerksamkeit der Posten wird auch dieser Überrumpelungsversuch vereitelt. Noch einmal versucht die Bedienungsmannschaft eines mit größter Schneid in das Geröllfeld unterhalb der Vierten Feldwache am Monte Sief abgeprotzten Gebirgsgeschützes die Gipfelstellung aus der Flanke zu fassen. Das Feuer einer österreichischen Haubitzbatterie bringt den ›Tschimbum‹ schließlich zum Schweigen. Es sind auch Kaiserjäger, die einen Unteroffizier und 12 Mann des 81. Infanterieregiments aus den Sappen unterhalb des Siefsattels herausholen. Dann verhindert der Winter vorläufig jede erfolgversprechende Aktion. Es schneit tagelang, selbst das Heranjaulen und Orgeln der Granaten geht im Getöse der Schneestürme unter. Und auch die Einschläge ersticken mit dumpfem Krachen im meterhohen Schnee. Je höher die weißen Mauern aufzuragen beginnen, desto tiefer versacken die Schulterwehren unter eisverkrusteten Wänden. Auch die Kälte steigert sich, der furchtbare Winter des Kriegsjahres 1916/17, einer der schnee- und lawinenreichsten seit 100 Jahren, hält seinen Einzug. Unter dem Würgegriff seiner eiskalten Hände werden nicht weniger Leben ersticken, als unter dem Schutt einstürzender Deckungen. Längst hat der apokalyptische Reiter Krieg den Hochgebirgswinter zu seinem Gehilfen erhoben. Schon verrät das dumpfe Grollen im Marmolata- und Vernelstock gegenüber, den Zorn des rüden Gesellen, daß der Mensch die Pfeiler seiner Eispaläste erschüttert. Doch dieser zerstört weiter Landschaft und Leben. Am Tage, an welchem das Bataillon Valentini des III. Kaiserschützenregiments die Gipfelstellung auf dem Col di Lana verläßt, hat es rund 30 Prozent seines Bestandes eingebüßt. So mancher Schütze ist unter den Gefallenen, der in unbeschwerten Jugendjahren als Hütbub oder junger Beerensammler für die »Gäscht« in den Hotels, zwischen Settsaß und Col di Lana auf- und niedergestiegen war. Er erlebt keinen Sonnenaufgang mehr, wenn sie drüben über dem Nuvolau aufzusteigen beginnt, kaum, daß ein fahler Lichtschein am Nachmittag über das Hohlkreuz seines Grabhügels hinstreicht.

Das italienische Generalstabswerk spricht von einem Verlust von 6400 Mann, den die im Col di Lana-Bereich eingesetzten beiden Divisionen in der Zeit vom 18. bis zum 31. Oktober erlitten hätten. Dies bei einem Stand von rund 12 500 Mann. Zu diesen Verlusten gesellen sich die Gefallenen und Verwundeten der Novemberkämpfe. Die Österreicher melden für den gleichen Zeitraum einen Abgang von 1800 Mann.[7] Über das Ergebnis dieser Kämpfe für die italienische Seite sagt der Kriegshistoriker Tosti wörtlich: ›Große Schneestürme haben uns schließlich gezwungen, in diesen martervollen Stellungen eine Kampfpause eintreten zu lassen. Fünf Monate währenden Angriffen war es nicht beschieden gewesen, die gegnerischen Sperrstellungen in dieser Hochgebirgszone zu durchbrechen und so, die gro-

---

[7] Österreich-Ungarns letzter Krieg. Bd. II. S. 457/58

ßen Verbindungswege zwischen dem Trentino und dem Herzen der Monarchie abzuschnüren ... Wir mußten uns begnügen, unsere Abwehrstellung im Cadore etwas verbessert zu haben.‹[8])

Auch der neue Kommandeur des IX. Korps, Generalleutnant Roffi, vertritt die Auffassung, daß die zunehmende Ungunst der Witterung mit ihren andauernden Schneefällen und heftigen Stürmen für die nächste Zeit groß angelegte Aktionen nicht zuläßt. Der wachsende Widerstand des Gegners und das ohnehin sehr schwierige Gelände bilden für den General weitere Beweggründe, die ihn veranlassen, eine längere Kampfpause vorzuschlagen. Sein Antrag gipfelt in dem Grundsatz ›vorläufiger Verzicht auf jede Aktion‹ lebender Kräfte.[9])

Dem widerspricht der Befehlshaber der 4. Armee, Graf Robilant. Wozu hat er die Ablösung General Marinis durchgesetzt und dem IX. Korps in General Roffi einen besonders tüchtigen ›Kommandierenden‹ vorgesetzt. Eine allgemeine Kampfruhe an der Dolomitenfront würde dem Gegner erlauben, seine Kräfte an der Isonzofront zu ergänzen. Darum lautet der erste Auftrag an General Roffi: Die Eroberung des Col di Lana, bleibt nach wie vor unser Ziel! Ganz unabhängig davon, daß seine Inbesitznahme als nationale Ehrensache angesehen werden muß. Dieser Anweisung folgt dann am 8. Dezember ein Angriffsbefehl. Im Einzelnen soll die 17. Division gegen die österreichischen Stellungen zwischen Settsaß und Sief vorgehen, während die 18. Division den Col di Lana-Gipfel und die Hangstellung zu erstürmen hat. Das Unternehmen gegen den Gipfel soll überfallartig erfolgen, während die Truppen der 17. Division erst unter dem Eindruck des Gelingens des Hauptangriffes einzugreifen hätten. Bereitgestellt werden auch dieses Mal wieder sechs Kompanien des 60. Infanterieregiments und drei Kompanien der Zweiundfünfziger für den Hauptstoß gegen die österreichischen Stellungen am Gipfel und am Südhang des Berges. Ihnen beigegeben werden drei und eine halbe Alpinikompanie des Bataillons Belluno, während drei Kompanien des 51. Infanterieregiments und die 266. Kompanie des Alpinibataillons Val Cordevole den Angriff vom Castellorücken aus unterstützen. Ihre Gegner in den österreichischen Stellungen sind dieses Mal nicht mehr die Kaiserschützen Hauptmann Valentinis, sondern das II. Bataillon des gleichen Regiments unter Major Busch. Dieses hat am 5. Dezember die Mannschaften Valentinis abgelöst. Die Spitzenstellung wird abwechselnd von der 4. und 6. Kompanie der Oberleutnants Mörz und Voitl besetzt, die Hangstellung bezieht, ohne abgelöst zu werden, die 5. Kompanie des Oberleutnants Trnozka. Der Ungar Oberleutnant Sersavy kommandiert die Maschinengewehrbesatzung in der Gipfelstellung.

›Wie gehabt‹ – trommelt die italienische Artillerie seit dem 15. Dezember mit sich steigernder Heftigkeit. Der vom IX. Korpskommando zunächst für den 11. und 12. Dezember vorgesehene Angriff muß verschoben werden. Denn Teile der für die

---

[8]) Österreich-Ungarns letzter Krieg, Bd. II, S. 457/58
[9]) vgl. V. Schemfil: Col di Lana, S. 171

Aktion bereitgestellten Kompanien befinden sich in einem derart desolaten Zustand, daß sie nicht ins Gefecht geführt werden können. ›Die Truppen, denen die Durchführung der Aktion anvertraut war‹, erzählt einer der Mitkämpfer, der nachmalige Neapolitaner Professor Piero Pieri, ›waren in keiner guten physischen und moralischen Verfassung. Den Alpini war schon seit langem eine Ruhezeit versprochen, doch nie gegeben worden. Gegen den 10. Dezember trat noch dazu eine Gelbsuchtepidemie auf, von der fast 70 Alpini betroffen wurden. Auch Offiziere zeigten physische Ermattung; dazu kamen noch einige Verluste. Am Tage des Angriffes zählten die 78. Alpinikompanie noch etwa 70, die 79. zirka 80 und die 77. rund 120 gesunde Leute ... Auch die Verfassung des Bataillons Garibaldi war nicht wesentlich besser, als die der Infanterie. Der Stand der Kompanien erreichte knapp 100 Mann. Es gab nur wenige Offiziere und stark ermüdete Soldaten.‹[10])

Trotz dieser Feststellungen blieb, nach dem Urteil Pieris, das Divisionskommando ›hartnäckig dabei, an eine Ermüdung der Truppe nicht zu glauben und vor der Tatsache eines minderen moralischen Zustandes die Augen zu verschließen. Es wollte kein Jammern!‹[11])

Eben, weil General Carpi dieses ›Jammern‹ nicht gelten lassen darf, erhalten die italienischen Batterien den Befehl, erst einmal vier Tage lang zu ›trommeln.‹ Was die üblichen Zerstörungen in den beschossenen Stellungen zur Folge hat. Um halb fünf Uhr morgens des 16. Dezember beobachten die Verteidiger zunächst die gewohnten unmittelbaren Bereitstellungen für einen Angriff. Um sich besser zu tarnen, geht der Feind in Schneemänteln vor. Der Kern der Angriffsgruppe wird dieses Mal von einer aus Freiwilligen zusammengestellten Einheit gebildet. Ihr soll ›die Ehre zuteil werden, den Ruhm der Eroberung des Gipfels zu ernten.‹ Alle drei Angriffskolonnen, die linke, gegen die Hangstellung vorgehende, die mittlere mit dem Ziel Col di Lana-Gipfel, und die vom Castellorücken aus operierenden Einundfünfziger und Alpini werden schon während ihrer Entwicklung von einem heftigen Abwehrfeuer aus den Stellungen der Kaiserschützen empfangen. Besonders Oberleutnant Voitl mit seiner Gipfelbesatzung ist aufgrund der Erfahrungen seiner Vorgänger auf der Hut. Ebenso die Mannschaften Oberleutnants Trnozkas und Sersavys. Ehe noch die Zweiundfünfziger Garibaldis und die Alpini die Drahtscheren an die Verhaue ansetzen, werden die Vordersten bereits, Mann um Mann, niedergemäht. Auch die fanti vom Regiment 60 und mit ihnen die Alpini vom Bataillon Belluno kommen nicht vorwärts. Statt ihrem Auftrag nachzukommen und nach der Erstürmung der Hangstellungen der Gipfelbesatzung die Verbindung über den Siefsattel abzuschneiden, bleiben sie liegen. Vom Einsatz der italienischen Freiwilligen, sagt Voitl, ›unsere Posten hatten zuerst Waffenlärm, Geschrei und Kommandos vernommen, dann haben sich die Angreifer in Schneemänteln 40-50 Schritt herangearbeitet‹, bis er selbst und Leutnant Böhm Salvenfeuer befohlen hätten. Die österreichischen Maschinengewehre hätten daraufhin das Vorgelände ›abgefegt‹. Auch wären von

---

[10]), [11]) vgl. V. Schemfil: Col di Lana, S. 175-177, aus Piero Pieri: La nostra guerra tra le Tofane.

Rechts: Gefangene italienische Infanteristen.

Mitte, links: Ein italienischer Offiziers-Stellvertreter (Offz. Asp. Allievo Ufficiale Sergente) ist in Gefangenschaft geraten.

Mitte, rechts: Italienische Frontsoldaten nach der Gefangennahme.

Unten: Italienische Gebirgsartillerie, Feldgeschütz auf Valparola.

Links: Infanteriestellung am Rückhang des Col di Lana.

Unten: Sappeure beim Bohren eines Gegenstollens.

Rechte Seite, oben, links: Auf dem Marsch in den Untergang. Das II. Bataillon des 2. Tiroler Kaiserjäger-Regiments marschiert über die Pedratsches-Brücke in Richtung Corvara-Col di Lana. – Februar 1916.

Oben, rechts: MG-Stellung.

Unten, links: Korpskommandant General d. Inf. Roth besichtigt die Stellungen der Kaiserjäger. – April 1916.

Unten, rechts: »Nach dem Unternehmen.« – Die Männer des Fähnrichs Kaserer der 13. Kompanie/TKJ 2 nach ihrer Rückkehr in die Col di Lana-Stellung. – Januar 1916.

Links: Stellung am Sasso die Stria-Hexenstein.

Mitte, links: 3.7 cm Infanteriegeschütz in Stellung auf Col di Rode. – Dezember 1915.

Mitte, rechts: Theresien-Ordensritter Major Konstantin Valentini, Kommandant des Kaiserschützenbataillons V./III., das am 7.11.1915 den Gipfel des Col di Lana wieder erstürmte.

Links: Wiedergenesene Offiziere des XI. Marschbataillons des K. K. Landes-(Kaiser-)schützen-Regiments III vor dem Transport zur Front. – Sitzend v. l. n. r.: Hptm. Köhle, Hptm. Valentini, Lt. Dittrich; stehend v. l. n. r.: Lt. Simunek, Schwester Sophia, Oblt. Högler.

den Kaiserschützen italienische Offiziere und Chargen beobachtet worden, die aufgesprungen wären und ihre Leute angefeuert hätten. Nur wenigen wäre es gelungen, sich bis nahe an die österreichischen Verhaue heranzuarbeiten. ›Wo sie im Feuer fielen‹.

›Lärm, Kommandos und Zurufe!‹ – Sie sind es auch, die die Österreicher erkennen lassen, daß die ›Freiwilligen‹ Garibaldis, gemeinsam mit den Alpini, im Zentrum nochmals eine ›festhaltende Gruppe‹ bilden, während die Nachbarn sich ein zweites Mal zu einem ›umfassenden‹ Angriff formieren. Doch auch dieses Vorhaben erstickt das Sperrfeuer der österreichischen Batterien. Eine der wenigen, noch im Valparolaabschnitt zurückgebliebenen deutschen Batterien erzielt dabei mehrere, sich für den Gegner verheerend auswirkende Volltreffer. Es herrscht noch Dunkelheit, da erteilt der Kommandant des Col di Lana-Kampfbereiches den Befehl zum Abbruch des Angriffes. Im Zurückgehen versuchen die italienischen Mannschaften, noch ihre Verwundeten zu bergen. ›Was wir‹ wie Oberleutnant Voitl berichtet, ›wo wir es erkannten, zuließen.‹[12])

Wie sich dann endlich über der Civetta und dem Nuvolau der Himmel leicht zu röten beginnt, verstummt der Gefechtslärm fast zur Gänze. Wieder klirren die Spaten beim Aufbrechen der vereisten Schneedecke. Elf Kameraden, darunter ihren Oberleutnant Trnozka, müssen die Kaiserschützen begraben, Leutnant Böhm, zwei Kadetten und 24 Männer schaffen die Sanitäter zurück. Die italienische Seite meldet an diesem Tage 39 Gefallene, 142 Verwundete und 11 Vermißte. Andere italienische Quellen geben den Gesamtverlust seit Beginn der Dezemberkämpfe, einschließlich der Erkankungen, mit 692 Offizieren und Männern an. Mit zwei Kompanien in vorderer Front und einer in der Reserve hat das II. Bataillon des Innichener Kaiserschützenregiments den Angriff von nicht ganz 16 italienischen Kompanien an diesem 16. Dezember abgewehrt. ›Ein Führer wäre notwendig gewesen‹, sagt der damalige Alpinileutnant Pieri, ›der sie (gemeint sind die italien. Soldaten. Der Verf.) aufzurütteln versucht hätte, statt des Enkels des Helden zweier Welten, den man im Oktober und November nie beim direkten Kommando des Bataillons gefunden hatte. Nicht, daß Garibaldi furchtsam gewesen wäre. Es wäre unrichtig, dies zu sagen. Aber er war kein Mensch von Temperament, er war ein Zauderer. Man hätte den Typ eines heldenmütigen General Cantore gebraucht. Peppino Garibaldi war das absolut nicht. Er war ein Mann von gesundem Hausverstand, aber von der Manie erfaßt, alles im garibaldinischen Sinne zu machen. Das führte dazu, daß die Arbeiten an den Gräben und Unterkünften vernachlässigt wurden. Das Vertrauen der Soldaten zu ihm war gering; die Alpini, die ihn am Gipfel des Montucolo nie gesehen hatten, hatten gegen ihn eine heimliche Antipathie.‹ Und in den darauffolgenden Sätzen urteilt Pieri weiter über Garibaldi im Zusammenhang mit einem Vorschlag des Alpiniobersten Tarditi, des Kommandeurs der Bataillone Val Chisone und Belluno, der die Ansicht verfolgte, man solle den Gipfel des Col di

---

12) vgl. V. Schemfil: Col di Lana. S. 180/81.

Lana durch eine Minensprengung zerstören. ›Garibaldi war auf ihn eifersüchtig und eifrig darauf bedacht, daß niemand ihm den Ruhm der Eroberung des Col di Lana wegnehme.‹[13])

Eifersucht und Ruhm! – Zwei gefährliche Triebkräfte in den Auffassungen eines verantwortlichen Truppenführers. Den noch dazu ein historischer Name belastet. Der nüchterne, auf die Erhaltung von Menschenleben gerichtete Gedankengang des bescheidenen Hochgebirgssoldaten Tarditi, wird die Absichten Garibaldis schon in kurzer Zeit durchkreuzen. Man wird nicht mehr schrittweise ›punta per punta‹ – Stützpunkt für Stützpunkt, mit schweren Blutopfern zu erobern suchen, um jedesmal die Tricolore dort aufzupflanzen. Tarditis Vorschläge werden auch durch einen neuen Divisionskommandeur ihre Förderung finden. Denn, nach den vorangegangenen Abgängen des Armeebefehlshabers und Kommandierenden Generals, ist jetzt auch der bisherige Divisionskommandeur ›fällig‹. General Carpi wird, ›wegen des schlechten Ausganges der Aktion vom 16. Dezember‹ in den Ruhestand versetzt.[14]) Sein Nachfolger wird der Tenente Generale Anichini.

Anrufsignal des Kaiserschützen-Regiments Nr. 1

[13]) vgl. Piero Pieri: La nostra guerra tra le Tofane. auch V. Schemfil: Col di Lana. S. 174, 177.
[14]) vgl. Piero Pieri: La nostra guerra tra le Tofane u.V. Schemfil:
Col di Lana. S. 174, 177.
u. Aldo Barbaro: Calvario del Cadore. S. 37

Und wieder die Kaiserjäger ...

Es ist Heiligabend des Jahres 1915, an dem bei leichtem Schneetreiben das IV. Bataillon des 2. Kaiserjägerregiments, von Corvara kommend, zu den Stellungen des Col di Lana aufsteigt. Ein kampferprobtes Bataillon, das seit Beginn der Mackensen-Offensive gegen die Russen, seit der Durchbruchsschlacht von Gorlice-Tarnow am 2. Mai, im Brennpunkt der Kämpfe gestanden hatte, dann an den Isonzo verlegt worden war und zuletzt das bayrische Inf.-Leibregiment am Kreuzberg in Sexten abgelöst hatte. Das 2. Regiment, von dessen ›Untergang‹ bei Huicze 1914 das Kaiserjägerdenkmal auf dem Bergisel bei Innsbruck berichtet, ist nunmehr mit seinen durch viele Marschbataillone wieder ergänzten 6 Feldbataillonen in den Raum zwischen dem Col di Lana und Arabba verlegt worden. Ein sehr großer Teil seiner Mannschaften besteht aus Südtirolern, seine Heimatgarnisonen waren Brixen und Bozen. Kommandiert wird es von dem Obersten ›Vater‹ Tschan, der ganz besonders unter der Mannschaft beliebt ist. Das IV. Bataillon führt Major von Cordier. Wie dieser in seinem Tagebuch notiert, gestaltet sich die Übergabe zwischen Kaiserschützen und Kaiserjägern sehr herzlich. Als erstes besichtigt Cordier die Stellungen und stellt dabei fest, ›sie wären besser, als er erwartet habe.‹[1] Trotzdem ordnet er sofort weitere Ausbauten an. Wie überhaupt ein neues Verteidigungssystem auf dem Col di Lana-Stock eingerichtet wird. Es gliedert sich von nun ab in die eigentliche Gipfelstellung und die ›Rothschanze‹. Der Name soll an den Kommandierenden des Edelweißkorps, General d. Inf. Roth, erinnern. Die Rothschanze umfaßt die Stellungsbauten längs des Col di Lana-Hanges in Richtung auf den Col di Rode. Ihr Grabensystem verläuft über einen ziemlich ebenen Geländeabsatz unterhalb des gegen Westen zu laufenden Bergkammes. Ihre Ausdehnung erstreckt sich wieder über rund 100 Meter (700 Schritte). Den Hauptstützpunkt der Rothschanze bildet eine etwa 80 Schritt breite, an ihrem rechten Flügel hackenartig abgebogene Anlage. Von der Rothschanze führt ein steiler, etwa 200 Meter als Höhenunterschied überwindender Laufgraben zum Gipfel des Col di Lana. Dieser erhält die neue taktische Bezeichnung ›Bergsappe.‹ Auch die Bergsappe wird neu armiert und ausgebaut. An ihrem linken Flügel wird eine Kaverne für die Besatzung ausgesprengt, der Laufgraben selbst wird ›eingedeckt‹, um ein schnee- und wasserfreies Durchkommen zu ermöglichen. Ein Jägerzug mit drei Maschinengewehren, einem Infanteriegeschütz und neun Minenwerfern übernehmen die Verteidigung der Rothschanze und der um sie gruppierten Feldwachen Eins, Zwei und Drei. Auch versehen die in die Rothschanze gelegten Mannschaften den Postendienst in den benachbarten Feldwachen Vier, Fünf und Sechs. Ein weiterer Verbindungssteig führt vom Gipfel des Col di Lana direkt hinüber zum Monte Sief. Dieser Steig ist in der Regel stark vereist, seine Begehung ist allein schon des Geländes wegen nur unter Lebensgefahr möglich. Am 11. Januar, nachts, ist auch die Errichtung einer Seilbahn zwischen

---

[1] Aufzeichnung aus dem persönl. Tagebuch Oberst T. von Cordier.

dem Monte Sief und der Gipfelstellung beendet. Auch die Gipfelstellung selbst erfährt wieder einmal eine Verbesserung. Jäger und Sappeure des Oberleutnants Retti heben einen ungefähr 200 Meter langen und 2 Meter tiefen Graben aus. Er verläuft in einem flachen Bogen unterhalb der beiden Kuppen. Ihm werden noch Wachstützpunkte vorgebaut, die mit 4-6 Mann besetzt werden können. Die Hauptstellung bildet eine mit 2 Maschinengewehren und einem Infanteriegeschütz bestückte Kanzel, auch als ›Koffer‹ bezeichnet. Hier werden auch sogenannte Schrapnelluntertritte nach und nach eingebaut. Gegen die Feindseite flacht das Gelände in einer Länge von ungefähr 100 Metern ab. Es geht dort in einen Steilhang über. An den Rändern dieser Platte erheben sich die mit vereisten Schneewürfeln überdeckten Brustwehren der Österreicher, und auch die der Italiener in einer Entfernung von rund 40 Metern.[2]) In den übrigen Anlagen der Gipfelstellung sind außerdem noch weitere Maschinengewehre, 1 Maximgeschütz, 1 Gebirgsgeschütz, 2 Infanteriegeschütze, Minenwerfer und Musketen eingebaut. Die infanteristische Besatzung besteht aus einer Kompanie, die alle drei Tage abgelöst wird, dem Artilleriebeobachter, mit seinen 3 Männern, einem ›Bohr‹-Zug, der Seilbahnmannschaft und Sappeuren.

Schon bei dem Eintreffen des IV. Bataillons Kaiserjäger erlebt dessen Mannschaft die Auswirkung jener unverändert weitergeltenden Weisung des italienischen Oberkommandos, ›die Eroberung des Col di Lana im Auge zu behalten‹. Es gibt tagtäglich Verluste. Setzt doch das Wirkungsschießen und Störfeuer der gegnerischen Batterien niemals aus. Als am Sylvesterabend die österreichischen Geschütze eine Art Neujahrsfeuerwerk gegen die feindlichen Batteriestellungen in Szene setzen, antwortet der Gegner mit nicht minder wuchtigen Schlägen. Dabei verschüttet ein Volltreffer einen Unterstand, tötet vier und verwundet fünf Jäger. Was den Major von Cordier veranlaßt, den eigenen Artilleriekommandanten um ›Verminderung des eigenen Feuers zu ersuchen‹, damit seine Mannschaften nicht ›so sehr unter dem Vergeltungsschießen zu leiden hätten.‹[3])

Trauer bei den unmittelbaren Kameraden, wie auch unter der Mannschaft, verursacht auch die tödliche Verwundung des Hauptmanns Freiherrn von Minutillo, eines beliebten Offiziers. ›Es mehren sich die Verluste‹, notiert der Bataillonskommandant besorgt, was ihn veranlaßt, immer wieder auf eine Verbesserung der Stellungen hinzuweisen, für die er unermüdlich Material und Baumannschaften anfordert. Es mangelt vor allem an Trägern, muß doch jedes Brett, jede Traverse und jeder Meter Draht stundenlang auf den vereisten Steigen unter feindlichem Störungsfeuer bergauf, bis zur neuen Seilbahnstation, geschleppt werden. Und die hat auch ›ihre Mucken‹, einmal funktioniert sie, dann streikt sie wieder oder das Drahtseil wird ›abgeschossen.‹ Worauf die Bautrupps viele Meter bergab, über eisverkrustete Abstürze und Hänge abklettern müssen, um die Seilenden wieder auf den gleichen

[2]) vgl. V. Schemfil: Col di Lana, S. 179-188
[3]) Aufzeichnungen aus dem persönl.Tagebuch des Oberst v. Cordier.

Wegen aufwärts zu ziehen. Nicht geringere Sorgen verursacht die Zustellung der täglichen Verpflegung. Abends, ehe die Mannschaften mit den Tragtieren und anschließend ohne diese, mit ihren Kochkisten bergwärts ziehen, gibt es Tee oder Kaffee. Die Verpflegung in den Stellungen wird oben, noch in der Nacht ausgegeben. Dabei erhalten die Gipfelbesatzung, wie die der Rothschanze verschiedene ›Sätze‹. Des Höhenunterschiedes wegen. Wichtig sind hier auch die ›Zubußen‹-, Wurst und Käse, Schokolade und Rum, die die warme ›Menasch‹ ergänzen sollen. ›Viel zu viel Marmelade‹, konstatiert Cordier. Er will dafür Sardinen und Fleischkonserven. Oben in der großen, neuen Kaverne unterhalb der Gipfelstellung wird ein Proviantlager für 15 Tage angelegt. Auch die Winterkleidung muß verbessert werden. Die Wachpelze für die Posten in den Stützpunkten werden durch Nässe und Kälte viel zu rasch steif, es fehlen Strohschuhe und gutes Isoliermaterial. Die Männer oben in den Stellungen wickeln die Füße in Zeitungsblätter, und vermummen sich oft im Dienst, daß es fraglich erscheint, ob sie noch Geräusche drüben beim Gegner zu unterscheiden vermögen. Der hat allerdings die gleichen Sorgen. Noch dazu, weil er über einen großen Teil von Mannschaften verfügt, die den Dolomitenwinter noch schlechter vertragen, als die Tiroler. Auf der Gegenseite hört trotzdem das Graben und Wühlen nicht auf. Was Cordier veranlaßt, für den 5. Januar eine ›Aktion‹ zu befehlen. Um die Arbeiten drüben zu stören. Selbst muß er allerdings auch etwas an zusätzlicher Energie aufbringen, um die Bereitschaft der Jäger für solche Aktionen zu heben. ›Es trifft daher am 4. abends die 14. Kompanie. In dieser ist keine Lust für derartige Unternehmungen, im Vergleich zu anderen, ganz auffallend.‹ Unter Führung des Fähnrichs Kaserer und des Reservekadetten Snizek gehen zwei Patrouillen zu je 17 und 9 Jägern links und rechts aus der Gipfelstellung gegen die italienische Sappenstellung vor. Kaserers Jägern gelingt es, in die gegnerische Stellung einzudringen, sie muß aber nach etlichen Handgranatenwürfen zurück, da die Italiener sofort mit Verstärkungen anrücken. Kadett Snizek war mit seinen 9 Jägern rascher als Kaserer am italienischen Sappenende, zögert aber, weil die mit Kaserer verabredete Verbindung aufnehmen will. Was dazu führt, daß er, nach dem Mißlingen von Kaserers Auftrag, selber zurück muß. Sein Bataillonskommandant zeigt sich über den mangelnden ›Elan‹ seines Kadetten nicht gerade erbaut. Während er die Schneid vor allem der Mannschaft Kaserers mit ihrem Unterjäger Vahrngruber, und den Jägern Asta und Almberger anerkennend notiert, sagt er über Snizek: ›er gelangt früher als Kaserer an die italienische Sappe, bleibt aber vor derselben, angeblich um auf Kaserer zu warten. Nach meiner Meinung ein laues, unsicheres Verhalten.‹ Anders hingegen ist das Ergebnis einer aus der Rothschanze vorgetragenen Aktion des Vorarlberger Kadetten Amann und des Leutnants Graf Wolkenstein. Mit 13 Mann dringen Amann und Wolkenstein letzterer mit dem Oberjäger Froidl und 5 Mann in die italienische Sappe am Montucolo italiano ein, kämpfen die Besatzung im Nahkampf nieder, und nehmen 22 Mann vom italienischen Infanterieregiment 60 gefangen. Während des Kampfes fällt der italienische Leutnant Crescenti durch die Hand Amanns nach tapferer Gegenwehr. ›Große Freude über Wolkenstein und

Amann‹, kommentiert Cordier das Ergebnis der Aktion. Nach Angaben der italienischen Seite verlieren die Verteidiger des Montucolo bei diesem Kampf 7 Mann an Toten und 16 Verwundete. Als Vergeltung setzt kurz darauf sehr heftiges italienisches Artilleriefeuer ein. Etwas davon bekommen jetzt auch die ›hohen Herren‹ der Stäbe zu spüren, die in den darauffolgenden Tagen die Jägerstellungen besichtigen. Oberst von Schleinitz, der zeitweise das Regimentskommando übernimmt, mit ihm ›Vater‹ Tschan, vor allem aber die ›Exzellenz‹, der Kommandant der Infanteriedivision Pustertal, Feldmarschalleutnant Goiginger, müssen unter Führung Cordiers den ›schlechtesten Aufstieg‹ mitmachen, den er selbst bisher erlebt hat. Sturm, Schnee und heftiges feindliches Störungsfeuer sorgen dafür, daß außer der Exzellenz auch die Herrn Adjutanten aus dem behaglichen Stabsquartier in Bruneck, zusammen mit einigen ›Goldkragen‹, des öfteren Bekanntschaft mit dem naßkalten Schnee machen, wenn sie sich vor den heranheulenden Granaten ›verbeugen.‹ Dann setzt ›oben‹ wieder verhältnismäßige Ruhe ein, besonders am Tage, an dem die Kaiserjäger den 100. Gedenktag ihrer Regimentsgründung ›feiern.‹ Wer dienstfrei ist, tritt zur obligaten Feldmesse an und hört vaterländisch formulierte Ansprachen. Anschließend wird ›dekoriert.‹ Die ›oben‹ in den Stellungen sind, werden an den 16. Januar 1816 durch ›Zubußen‹ bei der Menage erinnert. Wenigstens läßt der Wettergott mit sich reden, es ist sogar ›warm‹, was wiederum dem Bataillonskommandanten nicht zusagt, denn ausgerechnet bei schönem Wetter erscheint der Inspekteur der Sappeurtruppen, um die Arbeiten seiner Männer zu besichtigen. Bald erklärt er zum Ärger des Bataillonskommandanten, daß eine ›durchlaufende‹ Eindeckung der Bergsappe ›nicht erwünscht‹ wäre. Was die Italiener anscheinend dazu reizt, noch am 18. Januar abends eine 30 Mann starke Erkundungspatrouille gegen die Rothschanze vorzuschicken. Mit dem Ergebnis: ›15. Kompanie schoß sehr gut und tötete 8 Patrouilleurs, die anderen liefen davon!‹

Über das ›Verhältnis‹ der beiderseitigen Gegner oben in den vordersten Stellungen, wenn sie sich nicht mit Handgranaten und Sturmbajonetten in einer Sappe gegenüberstehen, erzählt Major von Cordier auch etwas: ›Auf der Gipfelstellung hat sich in den letzten Tagen ein zu gemütliches Verhältnis mit den gegenüber liegenden Italienern entwickelt. Die Italiener rufen herüber, Frieden zu schließen und nach Hause zu gehen. Sie werfen auch Zeitungen und Bajonette herüber. Fähnrich Kaserer bekam auch einen Sappeurhelm. Dieses Gebahren ging aber schon so weit, daß die Leute aus den Deckungen heraustraten. Es wurde energisch abgestellt.‹

Es sind auch weitaus ernstere Sorgen, die die österreichische Verteidigung auf dem Col di Lana beschäftigen. Seit Mitte Januar gibt es nämlich Anzeichen, daß Vorstellungen der neuen italienischen Korpsführung, den Col di Lana-Gipfel unter Verzicht auf ›lebende Kraft‹ zu erobern, Schule gemacht haben. Schon am 13. Januar hat der Stabschef der 18. Division in Begleitung des Genieleutnants Caetani eine Besichtigung der Col di Lanastellungen durchgeführt und den Gedanken geäußert, man müsse den Gipfel mit einen Stollen durchbohren, um an dessen gegenseitiger Ausmündung, ein Maschinengewehr in den Rücken der Besatzung in Stellung zu bringen. Worauf Caetani erwidert hatte: »Eher möchte ich einen Stollen unter die Stellungen der Österreicher graben und sie in die Luft sprengen.«

Colonello Perelli hatte daraufhin aufgehorcht, geschwiegen, aber nicht verabsäumt, die Meinung des Leutnants seinem General vorzutragen. Worauf Caetani bereits nach einigen Tagen den Befehl erhalten hatte, den Entwurf für den Bau eines Angriffsstollens auszuarbeiten.

Auf der italienischen Seite rechnet man durchaus nüchtern. 6902 Tote, Verwundete und Vermißte seit den Maitagen! – Diese Zahlen darf man nur dann der italienischen Öffentlichkeit eingestehen, wenn die Gloriole einer wenig verlustreichen schließlichen Eroberung des Col di Lana den Eindruck dieser schockierenden Ziffern verblassen läßt. Auf die Anregung des Genieleutnants und Fürsten von Sermoneta eingehend, erhält dieser die Weisung, den Bau eines Angriffsstollens in die Wege zu leiten. Der bis in die Mitte unter der österreichischen Gipfelstellung vorgetrieben werden soll. Eine aus mehreren Sprengkammern wirkende Mine soll diese dann in die Luft jagen. Ein Ast müsse außerdem ausgebohrt werden, dessen Ausmündung nach dem ursprünglichen Plan des Oberstleutnants Perelli, die Zugänge für die Gipfelreserven unter Feuer zu nehmen habe.[4]

Die Vorbereitungen für diese Arbeiten bleiben den Österreichern nicht verborgen. Meldungen der Artilleriebeobachter aus den Nachbarabschnitten berichten über Geröllausschüttungen, die schwarze Materialschichten unterhalb der italienischen Gipfelsappe erkennen lassen. ›Als sich Mitte Jänner die ersten Anzeichen von Minierarbeiten der Italiener bemerkbar machten, und man Verdacht schöpfte, daß sie mit einem Sprengstollen den Gipfel untergraben, ordnete Major von Cordier eine neue Unternehmung an.‹[5]

Diese Unternehmung erfolgt dann am 1. Februar 1916. Es geht um die Feststellung, ob der Gegner tatsächlich beabsichtigt, einen Offensivstollen unter die österreichische Stellung voranzutreiben. Außerdem sollen bei der Aktion Gefangene eingebracht und, falls das Unternehmen gelingt, die feindliche Stellung von den Kaiserjägern besetzt bleiben. Geführt von dem Reservefähnrich Lorber und dem Kadetten Maier, treten 50 Mann der 14. Kompanie und 30 Mann der 13. Kompanie, letztere unter dem Kommando des Reservefähnrichs Haidacher, ab Abend des 1. Februar, kurz vor 21 Uhr, zum Angriff an. Den Jägern ist eine Sappeurpatrouille unter dem Fähnrich Großmann beigegeben. Die Sappeure haben den Auftrag, die feindliche Stellung mit Ekrasitpatronen zu zerstören. Als erster erreichen Haidacher und seine Männer die feindlichen Verhaue. Vor diesen entspinnt sich ein Handgranatenkampf. Kurz darauf erreicht auch die Gruppe Maier den italienischen Graben. Die Kaiserjäger kämpfen die gegnerische Grabenbesatzung ebenfalls mit Handgranatensalven nieder und dringen in die Feindstellung ein. Zuletzt gelangt Fähnrich Lorber mit seinen Jägern vor die Mitte der italienischen Stellung. Er selbst, seine Jäger

---

[4] vgl. G. Caetani: Lettere di guerra di un ufficiale del Genio.
[5] vgl. V. Schemfil: Col di Lana, S. 191

wie jene des Kadetten Maier strafen dieses Mal die Auffassung ihres Bataillonskommandanten Lügen, der die ›Vierzehnte‹ vor einiger Zeit der Unlust an derarti-
gen Unternehmungen bezichtigt hatte. Stellt doch der Leiter des Gesamtunterneh-
mens, Hauptmann Sperling, anschließend fest, daß der Einsatz beider Kampfgruppen der Vierzehnten, wie jener der 13. Kompanie, mit außerordentlichem Elan
vorgetragen worden ist. Im italienischen Graben kommt es zwischen der Besatzung
vom 52. Regimento Fanteria und den Kaiserjägern zu einem erbitterten Ringen von
Mann gegen Mann. Sechzehn Italiener ergeben sich, ein Trupp, der sich um einen
Offizier gesammelt hat, leistet äußersten Widerstand. Bis zuletzt mehrere Italiener
fallen und der Rest verwundet wird. Auch Fähnrich Lorber fällt. Mit ihm der Patrouillenführer Mahlknecht und der Jäger Patscheider, beide Südtiroler. Noch während des Kampfes sprengen die Sappeure Teile der italienischen Stellung. Erst, als
Major Mezzetti mit einer, bereits in der Reservestellung versammelten Kompanie
zum Entsatz seiner Landsleute herbeistürmt, ziehen sich die Tiroler mit ihren Gefangenen wieder zurück. Den gefallenen Fähnrich, den sie mit sich nehmen wollen,
müssen sie liegen lassen. Er wird tagsdarauf von den Italienern mit militärischen Eh-
ren beerdigt. Selbst begraben sie noch vier Gefallene und bergen 15 Verwundete.
Wie der spätere General Mezzetti erwähnt, wäre die Stellung für die Italiener verloren gewesen, wenn nicht sofort vom Monte Porè her, Sperrfeuer zwischen die Aus-
gangsstellung der Österreicher und die italienische Sappe gelegt worden wäre und
die beiden Flügelbesatzungen mit ihren Maschinengewehren nicht eingegriffen hätten. Major von Cordier bemerkt darüber: ›Unternehmen gelang vorzüglich. Leider
fiel Fähnrich Lorber. Sehr tragischer Eindruck, bin sehr verstimmt!‹[6])
Gewiß, das Unternehmen war gelungen. Doch nur zum Teil. Einmal konnte die er-
oberte Stellung nicht gehalten werden und zum anderen hatte das rasche Eingreifen
Mezzettis die beabsichtigte Erkundung verhindert, die Aufschluß über die Miniar-
beiten des Gegners gebracht hätte. Die Gefangenen sagten darüber nichts aus.
Noch am 1. Februar hat das Wetter die Aktion der Kaiserjäger begünstigt. Es
herrschte leichtes Schneetreiben und Nebel. Am 2. Februar, dem Lichtmeßtag,
setzt erneut starker Schneefall ein. Es kommt Sturm auf und drüben, auf den Rinnen
und über den Schluchten des Padon und Mezdi grollt und donnert es und rauscht,
weiße Staubwolken aufwirbelnd, die zuletzt wie Sturzbäche niederstürzen. Lawinen! Wann werden die ersten auch über die Rinnen und Steilhänge zwischen Col di
Lana und Sief abbrechen! Schon peitscht der Sturm den Schnee meterhoch in die
Sappen und Laufgräben, die nicht eingedeckt sind. Und selbst dort, bläst er die
weiße Masse knietief in die Rahmengänge. Unaufhörlich muß geschaufelt und gegraben werden, um das Passieren zu ermöglichen. Die Brustwehren und Postenlöcher überspannt eine faustdicke, glitzernde Eisschicht. Auch die Alarmstiegen und
Leitern sind über und über vereist. Der Aufenthalt in den Postenständen wird zu einem wahren Martyrium. Oft genug trifft der Postenaufführer auf einen Jäger, der

---

[6]) Aus den Tagebuchaufzeichnungen Oberst v. Cordiers.

schweigt, wenn er nach den Beobachtungen während der Ablösung fragt. »Posten nicht gefallen, sondern erfroren«, lautet seine Meldung später im Unterstand. Wer auf der Bergsappe Wachdienst versieht, muß angeseilt werden, sobald er sich auf Posten begibt. Jede Nacht fast, stürzen Tragtiere und auch Träger beim Transport von Verpflegung und Munition in die Tiefe. Der Abtransport von Verwundeten bedeutet jedesmal für die Transportmannschaften eine nicht geringere Lebensgefahr wie die Wunden für die Getroffenen. Um beim Abgang von Lawinen sofort zum Einsatz zu kommen, werden eigene Bergungstrupps in Bereitschaft gehalten. Auch die Seilbahn wird immer wieder unterbrochen. Dafür sorgt nicht zuletzt die italienische Artillerie. Noch am 29. Januar hat ein Volltreffer den Offiziers- und Telefonistenunterstand auf der Rothschanze gänzlich zerstört. Nur der Kaltblütigkeit des Leutnants Graf Wolkenstein war es zu verdanken, daß kein Todesopfer zu beklagen war. ›Die Kompanien werden allmählich der Stellung müde, die konstanten Ablösungen ermüden sehr, besonders der Weg über die Sappe in der Hangstellung, der Mangel jeder guten Unterkunft‹, stellt Major von Cordier fest. Am 3. Februar schreibt er dann: ›Endlich kommt der Ablösungsbefehl. Unsere Kompanien sind sehr herabgekommen. Die Marodenzahl wächst ziemlich!‹[7])
Ablösung? – Noch entläßt sie der Col di Lana nicht! Denn am Tage dieser Ablösung, am 6. Februar um 12 Uhr mittags, schlägt eine 21 cm-Granate in den Mannschaftsunterstand der 16. Kompanie auf der Rothschanze ein. Der Volltreffer tötet vierzehn Kaiserjäger. Zwei weitere werden schwer, siebzehn Mann leicht verwundet. Die Bergungsarbeiten dauern bis 6 Uhr abends. Dann endlich kann die letzte Kompanie des IV. Bataillons aus der zerstörten Hangstellung abrücken. Sie übergeben sie den Jägern des II. Bataillons, das sie ablöst. Es ist die 5. und 6. Kompanie, die der Hauptmann Homa und der Oberleutnant Anton von Tschurtschenthaler führen. Die Ablösungsmannschaft beginnt sogleich mit den Aufräumungsarbeiten und der Wiederherstellung der Stellungen. Wer nicht auf Posten muß, ›müht‹ sich um die Gefallenen. ›Wie aufgerissene Kohlensäcke, sorgsam aufgeschichtet, lagen vor meinem Unterstand die Leichen der vierzehn Kaiserjäger, die ein Volltreffer noch in letzter Stunde aus der Gemeinschaft gerissen‹, schildert Tschurtschenthaler diesen Eindruck vom ersten Abend auf dem Col di Lana. Es ist, als erfülle den jungen Südtiroler Adeligen und seine Männer eine Vorahnung über die Ereignisse, die sie auf ›diesem schwarzen Flecken der Verdammnis‹[8]) erwarten. Ein bedrückendes Bild – diese vierzehn Toten, auf deren bleichen Antlitzen sich noch die Erwartung der bevorstehenden Ablösung zu spiegeln scheint. Oder ist es jener – ›Fingerzeig‹, von dem er selber spricht, daß der Col di Lana auch für sie zum Schicksalsberg werden wird!

---

[7]) Aus den Tagebuchaufzeichnungen des Oberst von Cordier.
[8]) Anton v. Tschurtschenthaler: Col di Lana 1916, S. 15

Die Knöchel des Todes...

Mit dem Abmarsch des IV. Bataillons erfolgt wieder einmal eine Neugliederung der Kampfverbände im Unterabschnitt Corvara. Das II. Kaiserjägerbataillon besetzt mit der 5. und 6. Kompanie die Rothschanze und Bergsappe, die 7. und 8. Kompanie die Gipfelstellungen am Col di Lana. Anstelle von Major von Cordier übernimmt Hauptmann von Gasteiger die Führung des Grenzunterabschnittes. Dieser Tiroler Offizier ist der Typ eines pflichtbewußten, nüchternen und für das Wohl seiner Untergebenen besorgten Bataillonskommandanten. Besonderer Beliebtheit erfreut sich überdies auch der Feldgeistliche des 2. Regiments, der Benediktinerpater Dr. Anselm Blumenschein des Stiftes Kremsmünster. Der Ernst und die beispielhafte Selbstverleugnung, mit denen dieser Priester seine Aufgaben als Soldatenseelsorger, wie als Betreuer und Helfer der Verwundeten wahrnimmt, zwingt selbst dem hartgesottensten Gegner der Kirche Achtung und Anerkennung ab. Nicht zuletzt auch deshalb, weil Dr. Blumenschein jedesmal, wenn sich die Anzeichen eines bevorstehenden Kampfes erkennen lassen, zu den Männern in die vorderen Stellungen aufsteigt. Die beiden Hauptleute, Homa und von Falkenhausen, zählen ebenfalls zu den während des Feldzuges gegen die Russen bewährten Einheitsführern. Auch Oberleutnant von Tschurtschenthaler, ein Aktiver, hat die schweren Kämpfe seines Regiments in fast allen Phasen des galizischen Feldzuges mitgemacht, nicht anders, der Kommandant der 8. Kompanie Oberleutnant Dr. Walther und der beliebte Hauptmann Gleisenberger von der Maschinengewehrkompanie. Das Standschützenbataillon Enneberg und die Passeirer Schützen sind zur Zeit auf ›Retablierung‹ in Pustertaler Dörfern. Auf dem Col di Rode liegt für die nächsten Wochen noch das VI. Kaiserjägerbataillon und das Landsturmbataillon 165 im Anschluß daran bei Arabba. Beide werden später durch andere Landsturmbataillone abgelöst werden. Die Ablösung der Kaiserjäger in den Gipfelstellungen erfolgt alle drei Tage, wie bisher. Die Kompanien in der Hangstellung werden hingegen alle 24 Stunden abgelöst. Die andauernden Schneefälle unterbinden für die nächste Zeit jede infanteristische Tätigkeit. Umso heftiger meldet sich wieder die feindliche Artillerie. Ihr vordringliches Ziel sind die Zugangswege am Nordhang und über den Gipfelsteig, besonderer ›Liebe‹ erfreut sich vor allem die Seilbahn. Ihr Zug- und Tragseil werden zwölfmal zerschossen. Was jedesmal einen ›heroischen Einsatz‹[1] der an Seilen hängenden Bergungsmannschaft des Bergführers Berger erfordert, wenn er und seine Männer den Schaden zu beheben versuchen. Auch kriegsgefangene Russen versehen im unmittelbaren Kampfbereich schweren Dienst. Die andauernden Ausfälle, vor allem bei der Bedienungsmannschaft der Maschinengewehre und technischen Dienste, zwingen dazu, die Munitionsträger in den Stellungen zu belassen. Für sie schaffen jetzt die Russen Munition und Versorgungsgerät bis zu den Stellungen. Auch als Hilfspersonal an den Seilbahnstationen stellen sie ihren Mann. Wobei auf-

---

[1] vgl. V. Schemfil: Col di Lana, S. 200

fällt, daß sie sich im Bereich der ›kämpfenden Front‹ durchaus als Verbündete der Österreicher bewähren. Überraschung ruft bei den Österreichern dann eines Tages die Feststellung hervor, daß der Gegner, trotz Schneeverwehungen und schneidender Kälte, im Schutz des Nebels eine neue Sappenstellung vorangetrieben hat. Unbemerkt ist zwischen dem Montucolo italiano und der Bergsappe eine neue ›Ausfall‹-Anlage entstanden. Zum offenkundigen Zweck, um beim nächsten Angriff die Bergsappe zu überrennen und den Gratweg zwischen Sief und Col di Lana-Gipfel zu besetzen. Hauptmann von Gasteiger läßt daraufhin sofort die eigene linke Flügelfeldwache an der Bergsappe verstärken. Die neue Anlage der Italiener erhält bei den Österreichern die Bezeichnung ›Grüne Stellung.‹ Die Italiener nennen sie ›Ridotta Calabria‹, nach der 18. Division. Das unerwartete Heranschieben der neuen Ausfallstellung gefährdet auch den Zugang zu einem rund 20 Meter langen Tunnel, den die Sappeure Oberleutnant Rettis in den Nordabhang unterhalb der Gipfelstellung vorgetrieben haben. Er mündet in drei Kavernen am Rückabfall der beiden Col di Lana-Gipfel. Um den Zugang zu dem Tunnel zu sichern, falls es den Italienern gelingt, bis über die Bergsappe vorzudringen, wird dieser jetzt mit einem eigenen Sicherungsposten besetzt. Nach wie vor fordert unterdessen der Dolomitenwinter seine Tribute. Mit den Monaten Februar und März steigert sich Tag um Tag die Lawinengefahr. Anfang März verschüttet eine Lawine am Campolungopaß dreiunddreißig Russen, die ersticken, während 13 verletzt werden. Und im Abschnitt Arabba schleudert eine andere Lawine ein ganzes Artilleriedepot in die Tiefe, tötet 21 Mann und reißt 40 Pferde mit. Auch auf der italienischen Seite wütet der weiße Tod nicht minder erbarmungslos. Nach einer Feststellung der 18. italienischen Division ersticken in deren Bereich während der Monate Februar und März 278 Soldaten. Siebenundneunzig werden verwundet und dreiundsechzig vermißt.[2]
Nur oben im eigentlichen Gipfelbereich bleiben die Besatzungen vorerst von den Lawinen verschont, Umso härter überfallen sie die Kälte und Stürme. Derer sie Herr werden würden, wenn nicht eine bisher nur gerüchtweise verbreitete Wahrnehmung die Stimmung der Männer einer neuen und weitaus aufreibenderen Belastung ausgesetzt hätte. Auf der italienischen Seite hat nämlich Tenente Caetani damit begonnen, den von ihm angeregten Bau eines Offensivstollens vorzubereiten und die Aussprengung eines Vorstoßstollens eingeleitet. Was zur Folge hat, daß die Kaiserjäger-Horchposten bestimmte Geräusche im Berginnern feststellen, die auf die Richtigkeit jener Gerüchte schließen lassen.
Natürlich hat man auf der österreichischen Seite die Meldung des Artilleriebeobachters auf dem Pordoijoch nicht vergessen! – In ihr war von einer erkannten Schuttablagerung unterhalb der vordersten italienischen Stellung die Rede gewesen. Man nahm aber den Bericht ›höheren Ortes‹ nicht allzu ernst. Als dann, am 19. Januar, der Befestigungsdirektor des Landesverteidigungskommandos, Feldmarschalleutnant von Friedl, persönlich erschien, um die Richtigkeit der Beobachtun-

---

[2]) vgl. V. Schemfil: Col di Lana: S. 200

gen festzustellen, glaubte er nur ›schwache Bohrgeräusche‹ wahrgenommen zu haben, Geräusche, die von einem Kavernenbau herrührten. Immerhin hatte er befohlen, einen besonderen Horchdienst einzurichten. Auch wurden für die Planung möglicher Gegenmaßnahmen zwei Bohrmaschinen ›zugeschoben.‹[3]) Mit einem Mal hofft man nämlich, mit Hilfe dieser Geräte den Absichten des Gegners zuvorzukommen. Ja, man will sogar darangehen, auch von österreichischer Seite einen Sprengstollen vorzutreiben. Bis direkt unter die Stellung des Gegners. Wie dann die Bohrmaschinen surren und brummen, versagt plötzlich der Strom im Zuleitungskabel. Die verdammte feindliche Batterie auf Ornella! Als wüßte man dort etwas über das Vorhaben der ›Kaiserlichen‹, ›zerschießt‹ sie systematisch das Zuleitungskabel. Aber auch Maschinendeffekte stellen sich ein. Also weiter! – Mit Handbetrieb! Es erweist sich, daß sich der Fels von außen her, leichter zertrümmern läßt, als im Innern. Dennoch ›hauen‹ sich die Sappeure in verhältnismäßig kurzer Zeit 25 Meter voran. Da schlägt wie eine Bombe die Nachricht unter den Kaiserjägern ein, daß die 10. Sappeurkompanie des Oberleutnants Retti und mit ihr auch der Bohrzug 5, ja sogar die andere Sappeurkompanie ³/5 abzurücken hätten! Angeblich würden sie während der in Vorbereitung befindlichen Offensive in den Sieben Gemeinden benötigt. Auf die Vorstellungen Hauptmann von Gasteigers hin, beläßt man wenigstens einen Teil der Sappeure im Abschnitt. ›Was denken sich die ›oben‹ eigentlich?‹, fragt Oberleutnant von Tschurtschenthaler‹, ›Durch Monate maß man von hoher und höchster Stelle gerade diesem Berg die größte Bedeutung bei, die er als Eckpfeiler der Front in dem gigantischen Ringen durch die beiderseitigen Verluste auch schon hinlänglich aufgezeigt hatte. Von heute auf morgen aber entzog man ihm nun den überwiegenden Teil seiner Artillerie; Sappeure und Mineure wurden abdisponiert und man beschied sich damit, das Schwergewicht aller Defensivleistung auf die Schultern zweier Kaiserjägerbataillone zu laden.‹[4]) Mit deren Loyalität und nie versagter Verläßlichkeit man rechnete, wie Tschurtschenthaler bitter hinzufügt. Für diesen jungen Offizier, wie für seine Kameraden und unmittelbaren Vorgesetzten erscheint es unfaßlich, wozu man für die Vorbereitung einer Offensive aus dem Raum Folgaria-Lavarone den Col di Lana seiner wertvollsten Verteidigungskräfte beraubt. Werden doch zur gleichen Zeit die vier anderen Bataillone des Regiments, zusammen mit den übrigen Kaiserjägerregimentern und den Kaiserschützen aus dem Bereich zwischen Marmolata und dem Kreuzberg abgezogen. Zurück bleiben das I. Bataillon des Regiments auf dem Col di Rode und dessen II. Bataillon auf dem Col di Lana. Auch das Standschützenbataillon Enneberg kehrt in den Abschnitt zurück. Zugleich mit den Schützen aus der Heimat des Sandwirts von Passeier. Neu hinzu kommen zwei Landsturmbataillone, das Hundertsechzigste und hundertneunundsechzigste, in den Nachbarabschnitten. Den Siefsattel besetzt das Tiroler Landsturmbataillon I. Bei aller Würdigung der bisherigen Leistungen ihrer

³) vgl. V. Schemfil: Col di Lana, S. 208, 209.
⁴) vgl. A. von Tschurtschenthaler: Col di Lana 1916, S. 26 im Schlernheft Nr. 179 (1957).

betagteren Mannschaften, bemängelt Tschurtschénthaler den Gesundheitszustand in ihren Reihen. Handelt es sich doch zum Teil um Angehörige der sogenannten ›Trachombataillone‹, also Männern, die an Bindehautentzündungen leiden.⁵) Wie mit der Infanterie, so verfährt man auch mit der Artillerie. Was für die bevorstehende Offensive aus dem Trentino abgezogen werden kann, wird einwaggoniert. Zurück bleiben 12 Kanonen, 7 Haubitzen und 2 Mörser. Denen die zusammengefaßten Batterien des Gegners vom Col di Ornella bis zum Falzarego-Paß gegenüberstehen. So erfährt die Col di Lana-Front eine Schwächung ihrer Verteidigungskraft zu einem Zeitpunkt, ›da der Gegner katzenhaft in Lauerstellung sitzt und nur auf die Gelegenheit wartet, um mit einem kühnen Sprung uns an der Kehle zu fassen und sich endlich das Ziel zu sichern, um dessen Erreichen er in den Vormonaten so blutige Opfer brachte.‹⁶)

Um den Abgang der Sappeure wettzumachen, setzt man jetzt fünfzig Kaiserjäger für den Stollenbau ein. Unterstützung erhalten sie von dem noch zurückgebliebenen Teil der Sappeure. Nachdem sich das Vorwärtstreiben des Stollens ohne Zuhilfenahme der Bohrmaschinen als aussichtslos erweist, erweitert man den angefangenen Schacht zu einer geräumigen Unterkunftskaverne. Auch die Rothschanze und Bergsappe erhalten kleinere Kavernen. Unterhalb der Gipfelstellung sprengt man sogar einen Küchenraum aus, auch wird dort eine Munitionskaverne angelegt. Weitere Verbesserungen erfahren natürlich auch jetzt wieder die Hauptstellung durch mit Sandsäcken und Wellblech geschützte Postenstände und Fuchslöcher. Längs des besonders gefährlichen Gratsteiges zum Col di Lana-Gipfel werden Sicherungen eingebaut. Obwohl Arbeiten wie Transporte dem fast ununterbrochenen, gegnerischen Artilleriefeuer ausgesetzt sind, schaffen die Ablösungsmannschaften und Landsturmträger annähernd 600 Sandsäcke in kürzester Zeit in die Stellungen.

Was vorerst nur als Gerücht unter den Mannschaften weiterverbreitet wurde, verdichtet sich allmählich zur angenommenen Tatsache. Immer weniger Männer glauben noch an eine angebliche ›Schallvertragung aus Arbeiten bei einem Kavernenbau‹. Vor allem die Offiziere geben sich keiner Täuschung hin. Für sie treibt der Gegner einen Sprengstollen vor, über dessen Zweck kein Zweifel besteht. Um die Richtung der Bohrarbeiten feststellen zu können, geht man endlich an das Ausgraben von Horchschächten. Man wühlt sich unter den Stellungen abwärts, stößt aber fast überall nur auf verweste Leichname. Trotz des Chlorkalks, den man anwendet, ist der Geruch nicht zu ertragen, sodaß die Arbeiten zuletzt eingestellt werden.

Dann kommt der Tag, an welchem der Postenkommandant der Fünfer-Wache sich bei Hauptmann Homa meldet. Seit dem 15. März hat die Besatzung gewechselt, jetzt sind es die 5. und 6. Kompanie, die in den Gipfelstellungen liegen, während die Siebente und Achte die Hangstellungen besetzt halten.

»Herr Hauptmann, jetzt hört man's ganz deutlich. Der bohrt unter uns!«

---

⁵), ⁶) vgl. A. von Tschurtschenthaler: Col di Lana 1916. S. 26 im Schlernheft Nr. 179 (1957).

»Bohrt er wirklich?« Homa tut, als wäre er skeptisch. Er erhebt sich und steigt selber über die Alarmstiege auf. Oben kriecht er dann in den Hörschacht. Bevor er das tut, befiehlt er noch: »Alle Arbeiten einstellen. Absolute Ruhe befehlen!«
Was er dann selbst vernimmt, sagt ihm genug. Doch er verrät nichts. Voller Ruhe begegnet er den Blicken der Männer, die ihn erwarten. In ihren Blicken spiegelt sich deutlicher Argwohn. Wird er uns etwas vormachen, scheinen sie zu fragen.
Doch ihr Hauptmann läßt sich noch immer nichts anmerken. Endlich sagt er bedächtig: »Die bohren im Fels, das hört man. Ich kann aber nicht behaupten, daß es – keine Kavernenarbeiten sind. Holt's mir den – Retti!«
Retti, – er ist erst seit einigen Tagen Hauptmann – hat es bisher verstanden, nicht mit der Masse seiner Sappeure ins Welschtirolische abzurücken. Irgendwie fühlt er sich mit dem Col di Lana verwurzelt. Er kommt also, und bringt einen Korporal mit. Der ist vom Beruf Bergmann. Sobald die beiden wieder aus dem Hörschacht aussteigen, erklärt der Korporal ungeschminkt: »Da arbeiten gleich ein paar Bohrer . . . aber solang die knattern, brauch'n wir nix zu befürcht'n. Aufpass'n muß man erscht, bald es still wird und sie zu schaufeln anheb'n.«
Später nimmt Homa dann Retti beiseite. »Dein ehrliches Urteil, Ingenieur?«
»Sprengstollen, ohne Zweifel!«
»Auch meine und Tschurtschenthalers Meinung. Wie sollen wir uns verhalten?«
»Erst einmal abwarten. Wir werden versuchen, die Entfernung zu orten. Danach können wir uns dann einrichten.«
Auch der Bergmann-Korporal versteht seinen Beruf. Schon nach vierundzwanzig Stunden meldet er: »Es sind genau zwei von einander getrennte Bohrstellen. Die eine muß zirka anderthalb Meter unterhalb und westlich der eigenen Spitzenkaverne liegen, die andere ist ungefähr acht bis zehn Meter davon entfernt.«
An dem Tag, an welchem er das meldet, liegt nicht Hauptmann Homa mit der Fünften, sondern Oberleutnant Toni von Tschurtschenthaler mit seiner 6. Kompanie in der Gipfelstellung. Die Meldung des Korporals überrascht ihn nicht. Es ist nur eine Bestätigung, mit diesen Stollen wollen die Italiener die Kaiserjägerbesatzung in die Luft jagen. Was zu erwägen bleibt, hat dieser Bergmann bereits angedeutet. Der ungefähre Zeitpunkt, wann die da drunten ›fertig‹ sind, muß genau abgehört werden. ›Der Beobachtung des Gegners galt ein wachsames Auge, die kleinste Entdeckung zwecks Schlüssen und Folgerungen schien von einschneidender Bedeutung‹, sagt er. Und an einer anderen Stelle: ›Wie stetig fallende Tropfen sickerten immer wieder Gedanken ins Bewußtsein, die an die unterirdische Wühlarbeit erinnerten. Die kaum trügerischen Wahrnehmungen verschafften sich steigernde Beachtung, so sehr sich auch Herz und Verstand dagegen sträubten.‹[7]
Und die Reaktion der von rückwärts kommandierenden ›Stäbler‹? – Man will dort noch immer nicht den Meldungen der Fronttruppe unbedingt Glauben schenken.

---

[7]) vgl. A. von Tschurtschenthaler: Col di Lana 1916: S. 38, im Schlernheft Nr. 179 (1957)

Man ›jongliert‹ dort noch immer mit ›problematischen Urteilssprüchen‹ und versucht, wenn man es schon zugeben muß, das Ausmaß der Sprengung zu mindern. ›Eine Mine könne sich höchstens an einer Wache vergreifen, oder ein Grabenstück einreißen.‹ Was zur Folge hat, daß anstelle des früheren Vertrauens der Jäger zu ihrer Führung, ›ein Zerrbild entsteht.‹[8])

»Die wöll'n ins lei eppes einred'n«, sinnieren die Männer, während sie in ihren abgetragenen Mänteln in der Kaverne kauern und mit müden Augen in das spärliche ›Hindenburg‹-Licht starren. »Braucht's lei horch'n, wia er wieder brummen tut!« Und sie horchen, schweigend, mit leicht zugekniffenen Augen, wobei der eine oder andere nach einem Holzspan langt und sich an der Kerze die Pfeife anzündet. In der dumpfen, stickigen Atmosphäre der Kaverne arbeitet jetzt nur das Gehör. ›Srrrr . . .‹, tut es und wieder ›srrrrr, . . .‹, noch ziemlich weit weg und dumpf und fast friedlich. Bis es dann auf einmal heftiger aufsurrt und knirscht und rattert, daß sogar der Fels unter den Füßen leise zu beben anhebt.

»Lost amoll! Hiatzt setzt es aus!« Nach einer Weile, während welcher tatsächlich Stille eingetreten ist, beginnt es drunten plötzlich zu klopfen. Schlag um Schlag hämmert jemand gegen einen festen Gegenstand. Setzen sie Brecheisen an? Es klingt beinahe wie ein Pochen, ein Anklopfen, als wollten die unter ihnen sich erkundigen: ›Hört ihr uns auch?‹

›Pochen des Knöchels des Todes!‹ – hat viele Jahre später der Wiener Professor Dr. Hausner, ein Mitkämpfer der Col di Lana-Besatzung, es in den ›Deutschen Leseheften‹ genannt.[9]) Jeder, oben in der Kaverne vernimmt es. Der Feldwebel Schmelzer, der Zugsführer Weber und sein Chargenkamerad Plattner selbst auch alter Bergmann. Mit ihnen hören es die Jäger und Sappeure, die Kadetten und Fähnriche, der Feldkurat Dr. Blumenschein und die beiden Kompaniekommandanten. Da ist der junge Oberleutnant Tschurtschenthaler von Helmheim. Das Adelsprädikat erinnert an die alte Heimat der Tschurtschenthaler, an den Bauernhof hoch oben am Helm, den breitausladenden Bergstock oberhalb von Sexten. Selbst aus einem alten Bauerngeschlecht stammend, fühlt er sich mit den ›Mandern‹ seiner Kompanie eng verbunden. Aus dem ›Bürschel‹ des Bozner Patergymnasiums und dem Kadetten der Infanteriekadettenschule in Innsbruck, hat ihn der Dienst bei den Kaiserjägern längst zu einem erfahrenen Einheitsführer erzogen. Vor allem aber verpflichtet ihn die Bindung an die eigene, engere Heimat. Die Boznerstadt, wo sein Elternhaus steht und wo er auch einen Teil seiner Leutnantszeit verbracht hat. »Himmelblaues Jesulein« hatten ihn die braungelockten und blonden Bürgerstöchter der Talferstadt genannt, wenn er in seiner lichtblauen Uniform der Kaiserjägeroffiziere über den Waltherplatz dahergekommen war. Wobei sie ihm verstohlen nachgeblickt und einander kichernd angestoßen hatten. Offen blieb, ob sich das »Himmelblau« auf die Farbe des Waffenrockes bezog, oder dem Glanz seiner strahlend blauen Augen abgeschaut war. Das »Jesulein« jedenfalls hatte dem noch immer etwas Knabenhaf-

---

[8]), [9]) vgl. A. von Tschurtschenthaler: Col di Lana. S. 33, 39, 41, im Schlernheft Nr. 179 (1957).

ten, Offenen, aber stetes Heiteren seines Gesichtsausdruckes gegolten. Liebe zur Heimat und Liebe zum Soldatenberuf, beide waren es gewesen, die ihn in den Aufgaben eines Berufsoffiziers einer Tiroler Elitetruppe hatten aufgehen lassen. Gerade die Landschaft ringsum, Marmolata, Settsaß, Pordoijoch und Sella, Sief und Col di Lana, sie alle waren bereits öfters die Bereiche von Hochgebirgsübungen für die Kaiserjäger gewesen. Darum ist er auch, Toni Tschurtschenthaler, im Gader- und Cordevoletal längst heimisch geworden. Ihr gepeinigtes Antlitz bereitet ihm geradezu einen persönlichen Schmerz, es quält ihn, ›wirkt es doch kalt und befremdend auf alle ihre Kenner und Freunde, die ein so ganz anderes Bild von ihr im Herzen tragen.‹[10])

Endlich, nachdem es sich jetzt auch aus den Beobachtungen der verschiedenen ›Experten‹ einwandfrei feststellen läßt, daß es nur ein Sprengstollen sein kann, der unter die eigene Hauptstellung vorgetrieben wird, entschließt man sich ›höheren Ortes‹ endgültig zu Gegenmaßnahmen. So greift man die fallengelassene Absicht wieder auf und beschließt, eine Gegenmine legen zu lassen. Ihr Zweck ist, die gegnerischen Bohrarbeiten zu stören und den bereits vorgetriebenen Stollen zu verschütten. Mit der Durchführung der Arbeiten werden Hauptmann Retti und die noch mit ihm zurückgebliebenen Sappeure beauftragt. Doch kaum, daß die Arbeiten eingesetzt haben, hat es den Anschein, als hätte man auf der Feindseite die Absicht der Österreicher erkannt. Das Feuer der italienischen Batterien konzentriert sich auf den Bereich des neuen Stollenzuganges und erschwert die Arbeiten außerordentlich. ›Die Mineure‹, sagt das italienische Geschichtswerk ›La conquista del Col di Lana‹, ›hätten schon in den Märztagen, während der Arbeit an den letzten Verzweigungen des Stollens, das dumpfe Aufschlagen von Steinschlögeln der Österreicher gehört. Man unterbrach die Arbeiten, um die Geräusche festzustellen und kam zur Erkenntnis, daß sie wahrscheinlich uns mit kleineren Schächten entgegenminierten.[11]) Auch berichtet der Oberleutnant Barbaro des 59. Infanterieregiments von einer Offizierszusammenkunft in der Kaverne seines Kompaniechefs. Dieser hätte alle Anwesenden aufgefordert, ›mit angespanntem Gehör und angehaltenem Atem‹ zu horchen. ›Wir vernahmen aus dem Felsen unter uns in der nächtlichen Grabesstille ein dumpfes, durch das Gestein abgedämpftes Hämmern, das von unten heraufhallte, wie der Anschlag einer Totenglocke.‹[12]) Man rechnet also auch auf italienischer Seite damit, daß die Österreicher sich beeilen, ›den Anschlag, den unsere Genietruppe gegen sie vorbereitet, durch eine Gegenmine zu unterbinden und die italienische Stellung früher zu sprengen.‹[13])

Doch die Männer der 8. Sappeurkompanie unter der Leitung ihres fürstlichen Leutnants sind erfahrene Mineure. Caetani hat nicht umsonst mehrere Jahre in den Bergwerken der Vereinigten Staaten zugebracht. Nach zwei Stunden Arbeit legen sie immer eine Ruhepause ein. Dann herrscht vollkommene Stille. Auch sorgt ein

---

[10]) vgl. A. von Tschurtschenthaler: Col di Lana, S. 916, S. 11, Schlernheft Nr. 179 (1957).
[11]), [12]), [13]) Aus: Aldo Barbaro: Col di Lana, Calvario del Cadore: s. 45, 66 ff.

96

Links: Soldatengräber auf der Lagazuoialpe im Frühwinter.

Rechts: Arbeit im Schneetunnel.

Unten: Der Thronfolger Erzherzog Karl Franz Josef bei den Kaiserjägern der Col di Lana-Front.

Oben: Col di Lana von Norden, aufgenommen am 11.4.1916, eine Woche vor der Sprengung. (17.4.1916).

Rechte Seite, rechts: Hauptmann Anton v. Tschurtschenthaler, ausgezeichnet mit dem Orden der Eisernen Krone. – Aufnahme von 1919.

Rechte Seite, unten: Zugführer J. Plattner, Tschurtschenthalers bester Unteroffizier, von der Col di Lana-Besatzung. – Nach einem Gemälde von R. Parsch. (Kaiserjägermuseum Bergisel).

Rechte Seite, links: Kgl. italien. Leutnant Don Gelasio Gaetani, Fürst von Sermoneta, der Leiter der Sprengung des Col di Lana am 17. April 1916. Er starb 1934.

Links: Soldatenfriedhof hinter der Col di Lana – Infanteriestellung, auf dem bayerische und preußische Jäger, Standschützen und Mannschaften der Gendarmerieassistenz beerdigt sind.

Unten, links: Was blieb, war das Grauen . . .

Unten, rechts: Feldkurat Dr. Blumenschein vom 2. Rgt. der Tiroler Kaiserjäger bei einer Feldmesse auf Alpenrose. Er fiel am Col di Lana, 17.4.1916.

eigens aufgestellter Posten dafür, daß sich niemand in der Nähe des Stollenzugangs zu schaffen macht. ›Sobald jedes Geräusch unterbunden ist, kauern sich die Männer auf den Boden, richten die Blicke aufwärts gegen das Felsgewölbe und lauschen. Als einzige Beleuchtung dienen zwei armselige Kerzen. Die Stille wirkt so vollkommen, daß man nicht nur den eigenen Herzschlag vernimmt, sondern jedes leise und dumpfe Poltern. Auch das Aufschlagen einer Haue kann man vernehmen. Sogar Schritte lassen sich zweitweise unterscheiden . . .‹[14])

Barbaro schildert weiter anschaulich die Eindrücke einer Besichtigung des Stollens, zu der ihn Caetani aufgefordert hat. Mit jedem Schritt habe man das Gefühl, daß der Fels über einem niederbrechen könnte. Obwohl der Gang durch dicht aneinander gefügte Bretter und starke Stützen verkleidet sei, die wie eine lange Holzschachtel wirkten. Nach ungefähr 50 Schritten ›im Herzen des Berges‹ habe man die Stelle erreicht, die sich bereits weit vor den eigenen Sappen und beinahe unmittelbar unter der österreichischen Stellung befinde. Ein Bewußtsein, das einem mit Beklemmung erfülle. Hier zweigt auch ein zweiter Stollen, nach der Stadt Triest benannt, ab, der bereits fertig ausgeschachtet ist. Dieser ›Triest‹-Stollen endet knapp unter der Erdoberfläche. Urspünglich wäre beabsichtigt gewesen, an seinem Ende ein Maschinengewehr zu postieren, das die Zugänge der Österreicher zwischen Sief und Col di Lana zu bestreichen gehabt hätte. Auch als Beobachtungs-Ausblick war das Ende des Stollens gedacht. Nunmehr würde er als Ausstiegsstollen dienen, aus dem, nach erfolgter Sprengung, die Angreifer hervorzustürmen hätten. Dem gleichen Zweck dienten zwei andere Stollenäste, die gegen Westen vorgetrieben würden. Barbaro läßt sich auch das Zusammenwirken zwischen der Feuerleitung der Artillerie und dem Sprengkommando erklären. Jedesmal, wenn eine unerläßliche Sprengung stattfinde, eröffneten die eigenen Batterien das Feuer. Das kann die Detonation im Stollen übertönen. Besonderen Eindruck mache aber die Begegnung mit den an der Arbeit befindlichen Mineuren. Sie arbeiteten in vier Schichten zu 8 Stunden. Zwei Mann mit den ›pistoletti‹, den Schraubbohrern, und zwei mit schweren Steinschlögeln. Die Arbeit in der vorgetriebenen Felsgrube stelle an die Männer unvorstellbare Anforderungen. Schweißgebadet arbeiteten sie mit entblößtem Oberkörper, kniend und kauernd, die Rücken gebeugt oder nach rückwärts gedrückt, die Gesichter mit Staub überkrustet, so daß nur das Weiße der Augäpfel zwischen den verklebten Lidern hervorquelle, wobei sie von Zeit zu Zeit das Gerät wieder absetzen, um Luft zu holen. Denn die Abgase der Explosionen und die viel zu geringe Luftzufuhr aus dem Stollen behindere das Atmen, so sehr, daß ständig Atemnot auftrete. Diese ganze Szene spiele sich im trüben Licht zweier kleiner Laternen ab, ein beklemmender Anblick, den derjenige, der ihn erlebt habe, niemals aus dem Gedächtnis verlieren würde.[15])

---

[14]) Aus: Aldo Barbaro: Col di Lana, Calvario del Cadore: S. 45, 66 ff.
[15]) Aus Aldo Barbaro: Col di Lana, Calvario del Cadore, S. 70 ff.

Die Spannung über den Ausgang des gegenseitigen, unterirdischen Wettlaufs währt bis zum 5. April. Am Spätnachmittag dieses Tages zünden Hauptmann Retti, die Fähnriche Nitsche und Pfanner mit ihren Linzer Sappeuren 80 kg Dynamit und 30 kg Ekrasit. Um den Druck zu erhöhen werden 1100 Sandsäcke vorher verdämmt. Fels, Eis und Schnee platzen auseinander, die Detonation wirft ein vielfaches, donnerndes Echo von den Wänden der umliegenden Felsarena zurück, sie trifft auch ›wie ein Hammerschlag auf das Haupt des italienischen Sprengstollennetzes‹, aber sie zerstört es nicht. Nur ein kleines Stück Wölbung im vordersten Stollengang bricht ein. Ein Leutnant und vier Minatori werden verschüttet, können aber, nur leicht verwundet, aus dem Schutt geborgen werden. Auf österreichischer Seite kann man den Erfolg der Sprengung nicht feststellen. Nachdem sich aber kein Rauch entwickelt, glaubt man, die Explosionsgase hätten sich in den Minengängen des Gegners verflüchtigt. Wie dieser feststellt, hat die Sprengung die ›Richtung verfehlt, und ist zu hoch gegangen.‹ Was sogar den stellenweisen Einsturz des österreichischen Grabens zur Folge hat.[16])

›Vier Tage später‹, erzählt Tschurtschenthaler, ›pochte der Knöchel des Todes von unter her wieder an den Fels.‹[17])

Die Reaktion der italienischen Artillerie erfolgt wie erwartet. Ohne Unterbrechung gurgeln die schweren Geschosse gegen die Gipfelstellung, Bergsappe und Rothschanze. Der Feind hat neue Batterien in Stellung gebracht. Es ist die Divisions- und Korpsartillerie, die feuern. Von Livine, Padon, der Alpe Laste, von Ciampovedil, Moè, Casere del Lago, Toront und der Fontana Negra, dem Falzaregopaß, ja den Cinque Torri, bis zum Averau und Pocol flammen die Abschüsse aus den Mäulern großer und kleiner Geschütze. Eine Munitionsverschwendung setzt ein, die die Artilleristen der Gegenseite vor Neid erblassen lassen. Wenn die Wirkung nicht eine so grauenvolle wäre. Immer dann wenn in den österreichischen Gräben Überlebende den Kameraden in den verschütteten Unterständen zu Hilfe eilen, spielen sich erschütternde Szenen ab. Völlig verstört, von einem Nervenschock geschüttelt, um den Verstand gebracht, der Sprache nicht mehr mächtig, werden die Verletzen aus den Trümmern gezerrt. Zwischen den Toten eingepfercht, dem Ersticken nahe, brüllen Verwundete, starren mit herausquellenden Augen, blutbeschmiert auf ihre Retter. Es sind Eindrücke, die statt zu beeindrucken, versteinern lassen, weil die Aufnahmefähigkeit des Schrecklichen längst einer stumpfen Apathie gewichen ist. So ergeht es auch dem Oberleutnant von Tschurtschenthaler und dem Hauptmann Homa, während beide, ungeachtet der ringsum heranjaulenden Granaten, die Posten inspizieren. Da trifft der Oberleutnant auf einen Unterjäger, der weiter ausharrt, obwohl sein Fuchsloch verschüttet ist und sein Körper bis zu den Schultern vom Geröllschutt zugedeckt ist. Auf den Anruf des Offiziers antwortet er nicht.

---

[16]) vgl. V. Schemfil: Col di Lana, S. 214.
[17]) vgl. A. von Tschurtschenthaler: Col di Lana 1916, Schlernheft Nr. 179 (1957) S. 45

Noch im Tode sind seine Augen starr auf die gegenüberliegende Sappe der Italiener gerichtet. Der nächste, auf den Tschurtschenthaler trifft, steht mit einem völlig zerrissenen Mantel auf Posten. Zwischen dessen Stoffetzen Leber und Niere herausquellen. Dabei halten die ›fahlen Spinnenhände‹ noch ›fest und gläubig‹ einen Rosenkranz umklammert.[18])

Der ›vorbereitende Zweck‹ dieser zusammengefaßten Feuerüberfälle wird von den Einheitsführern der Kaiserjäger, Landstürmer und Standschützen unschwer richtig erkannt. Einmal soll es von den Minierarbeiten unter ihren Stellungen ablenken, vor allem aber ›schießt sich die gegnerische Artillerie ein.‹ Die Absichten des Feindes waren anschaulich vermittelt, sie waren zugleich der letzte Mahnruf zu sofortigem, durchgreifenden Handeln, soweit überhaupt noch etwas zu retten war.

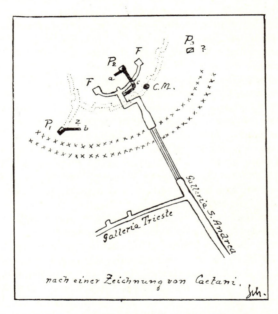

Verlauf des italienischen Sprengstollens und Lage der Minenkammern.

Punktiert: Gräben der österreichischen Stellung; CM = Contromina am 5. April = österreich. Gegenmine; $P_{1,2,3}$ Pazzo d'ascolto = Horchschächte; a, b, c = Cunicoli d'esplorazione = Erkundungsschächte; F = Fornelli di mina italiana = italienische Sprengkammern; Galleria = Stollen. – Zeichnung des italien. Leutnants Don Gaetani, Fürst von Sermoneta.

---

[18]) vgl. A. von Tschurtschenthaler: Col di Lana 1916. Schlernheft 179, (1957) S. 74

5200 Kilogramm Sprengmunition ...

Ist überhaupt noch etwas zu retten? – Die Männer oben in der Stellung waren schweigsam geworden. Der Eindruck, daß man sie bereits abgeschrieben habe, beginnt langsam in den Gedanken zu bohren, er tastet sich in der Frage des einen und in der Antwort des anderen weiter, um zuletzt doch wieder unterzutauchen, weil das Pflichtgefühl ihre Haltung bestimmt. Zu tief, zu überzeugend wurzelt in ihnen das Bewußtsein, daß sie Kaiserjäger sind, weniger im Sinne ihres Soldatenkleides, als im Glauben, daß sie hier heroben die eigene Heimat verteidigen. Und das bedeutet ausharren. Dieses Ausharren beeinflußt auch die Gedankengänge eines Teiles ihrer höheren Vorgesetzten. Jetzt, nachdem sich herausgestellt hat, zu welchen Folgen die anfängliche Verharmlosung der Vorgänge durch gewisse ›Stäbler‹ geführt hat, bietet sich für sie dieses Ausharren als einzige Alternative gegenüber der Zeit. Die Gipfelstellung des Col di Lana müßte, so sagen sie, solange gehalten werden, bis die Erfolge der bevorstehenden Offensive aus den Sieben Gemeinden den Gegner zur Aufgabe seines Vorhabens zwängen. Andere wieder, und hier sind es der Kaiserjägeroberst-Brigadier Vonbank und der Unterabschnittskommandant Freiherr von Schleinitz, verlangen einen Angriff, der ein für alle Male die Situation im Col di Lanabereich bereinigt. Diese Auffassung setzt sich auch zunächst durch. Die Division und Brigade bereiten ein Unternehmen vor, das aus dem Raum um Arabba vorgetragen werden soll und über die Linie Padonfluß, Crep de Pestort-Rücken, die Höhen 1776 bis 1464, Valazza erreicht. Man hofft damit, eine Verkürzung der Front um 3 Kilometer zu erreichen. Auch würden bei einem Erfolg die italienischen Col di Lanastellungen an der linken Flanke bedroht. Da sind es die Truppenoffiziere, die diesen entlastenden Offensivstoß für undurchführbar halten. Zu ihrem Wortführer macht sich der angesehene Major Graf Walterskirchen. Seine Argumente wirken einleuchtend. Auch wenn der Angriff durchdränge, so fehlten für ein Festsetzen in den genommenen Stellungen einfach die nötigen Kräfte. Vor allem mangele es an genügender Artillerie. Von deren Munitionierung gar nicht zu sprechen. Dann müsse man die Schneeverhältnisse berücksichtigen. Entscheidend sei schließlich bei einem Mißlingen des Unternehmens die Schwächung der ohnehin zu geringen Reserven. Und gerade mit diesen müsse man rechnen, wenn man nach der erfolgten Sprengung die Infanterieangriffe des Gegners noch abwehren wolle.[1] Das letzte Argument gibt den Ausschlag. Das ›Unternehmen über der Erde‹ wird abgesagt. So bleibt nur der Versuch, die Wirkung der erwarteten Sprengung herabzumindern. Auch soll der darauffolgende Sturm der Italiener mit ausreichenden Kräften abgewehrt werden. ›Soweit dies in den Wirkungsbereich der Kampfabschnittskommandanten fiel, wurde alles getan.‹[2] Jetzt rächt sich auch der Abzug des Großteils der Sappeure und des Bohrzuges. Um wenigstens das Fortschreiten der

[1] vgl. V. Schemfil: Col di Lana: S. 221, 222
[2] vgl. V. Schemfil: Col di Lana. S. 221

Arbeiten des Gegners beobachten zu können, beginnt man mit dem Aushub von zwei Brunnenschächten. Sie werden an den zwei Seiten eines Fuchsloches vorgetrieben und dienen als Horchstollen. Nachdem es jedoch an ausreichendem Gerät fehlt, gehen die Arbeiten nur langsam voran. Vor allem stören sie den Gegner in der Fortsetzung seines Vorhabens nicht.

»Hasch 'eppes g'hört?« - Diese Frage wiederholt sich von nun ab jedesmal, wenn die Ablösung vorne beim Postenstand eintrifft. Dem in der Regel ein resigniertes: »Sie kemmen schon naher . . .« antwortet. Wobei der Abgelöste eilig den Schnee von der ›Lattn‹[3] fortwischt und möglichst rasch im Laufgraben verschwindet. Hinten in der Kaverne liegen sie dann ausgestreckt auf den Holzpritschen, regungslos, mit wachen Augen und ›losen‹, manchmal auch die Lippen in lautlosen Gesprächen bewegend. Nur die Gedanken kreisen, die Angst kriecht hoch, und auch wieder die Erbitterung über die, die, nach ihrer Meinung, die Aussichtslosigkeit ihrer Lage verschuldet haben. Aber nicht alle denken so. Das sind die, denen die Todesbereitschaft beinahe schon zum eigenen Schatten geworden ist, keineswegs Männer, die sich als besonders gute Soldaten hervortun. Es sind die Stillen, die Schweigsamen, die aber oftmals die ersten sind, wenn es gilt, sich ›auszusetzen‹, um Verschüttete im Granatfeuer auszugraben oder die wortlos gehorchen, wenn sie die ›Auswahl‹ zu gefahrvollen Aufgaben trifft.

Schwer drückt auch die Verantwortung die beiden Kompanieführer Homa und Tschurtschenthaler, gemeinsam mit ihrem Bataillonskommandanten Gasteiger. Wird es möglich sein, die Masse der Besatzung im Augenblick der Sprengung in der großen Kaverne vor dem Verschüttetwerden zu sichern? Denn daß die Posten oben verloren sind, ist sicher. Noch im Niederprasseln der Sprengwirkung müssen die Bereitschaftstrupps zwischen den Trümmern nach aufwärts eilen, um den Gegner im Nahkampf abzuwehren. Ob so etwas überhaupt möglich sein wird? Und, wenn nicht, was dann? Was geschieht, wenn es den Italienern gelingt, nach einer geglückten Sprengung, sich im ersten Ansturm des Gipfels, des Gratweges und zuletzt noch der Sattelstellung zum Sief zu bemächtigen! Wenn die eingesetzten Reserven sich verbluten und die Tricolore bis hinüber zum Saß Songher und Piz Boè sichtbar wird. Weitere einsatzfähige Formationen sind im Gadertal nicht vorhanden. Auf dem Grödnerjoch steht kein einziger Soldat. Und die zweite, als Auffang- und Reservestellung gedachte Linie um Pralongià liegt unter meterhohem Schnee. Es bleibt nur eine Alternative. Die es in Wirklichkeit gar nicht gibt. Sie ist die Unbekannte in dieser makabren Rechnung: Ausharren in der Hoffnung, daß man die Sprengung überlebt. Um Widerstand zu leisten!

Unterdessen werfen die kommenden Ereignisse ihre Schatten voraus.[4] Einmal ist es der verstärkte Beschuß durch die gegnerischen Batterien, dann katapultieren die Italiener seit einiger Zeit auch Lufttorpedos, die schlimme Verletzungen unter der

---

³) ›Latte‹ – bei den Tiroler Soldaten gebräuchlicher Ausdruck für das Gewehr.
⁴) vgl. V. Schemfil: Col di Lana. S. 224

Haut anrichten. Gefangene sagen aus, daß Truppenverschiebungen stattfinden. Nur über die Vorbereitung einer Sprengung wissen sie nichts. Dies ist ein Erfolg der Abschirmung der Stollenarbeiten auf der italienischen Seite. So hat man den Soldaten vorne erklärt, die Materialauswürfe und Stollenarbeiten dienten dem Ausbau neuer Kavernen und gedeckter Sappenzugänge für künftige Angriffe. Den Mineuren und ›Zappatori‹ hat man außerdem unter Hinweis auf ihren Eid absolute Schweigepflicht auferlegt. Wenigstens geben die Gefangenen Positionen neu herangeführter Batterien bekannt, Auskünfte, die auf das baldige Anlaufen eines neuen Angriffes schließen lassen.

Oben in der Gipfelstellung vollzieht sich der bisher angelaufene Turnus der Ablösungen in seiner schon eingelaufenen Reihenfolge. Drei Tage die Fünfte, drei Tage die Sechste! In der Nacht vom 12. auf den 13. April ist gerade die Kompanie Hauptmann Homas an der Reihe. Es ist eine Nacht, während der das feindliche Artilleriefeuer mit ungewöhnlicher Heftigkeit fortgesetzt wird. Um dann am 14. April auffallend nachzulassen. Kaum, daß eine Granate gegen den Gipfel heranfaucht, und auch die Schüsse gegen die Bergsappe und die Rothschanzenstellung erinnern an ein Probeschießen auf einem Artillerieschießplatz.

Gegen abend, als leichte Dunstschleier über den Graten und Kämmen allmählich das Heraufkommen der Dunkelheit ankündigen, wird Hauptmann Homa zu den Horchposten gerufen. Es besteht nämlich seit kurzem der Befehl, bei jeder neuen Wahrnehmung den Kompaniekommandanten nach vorne zu rufen.

»Die Bohrg'räusch hab'n aufg'hört ... mit oanem Mal isch' es ganz still!«, meldet der Horchposten, zu dem sich Homa in den Schacht legt. Die Feststellung des Postens bewahrheitet sich. So sehr der Hauptmann auch horcht, es ist nichts zu vernehmen. Ergänzend meldet der Posten dann noch, noch während des Tages hätte die Batterie ›drüben‹ einige Schüsse herübergefeuert, während deren Einschläge er noch deutlich die Erschütterungen einiger Sprengungen festgestellt habe.

Homa kriecht wieder in das Fuchsloch zurück. Ihm sagt die eigene Beobachtung alles. »Vergatterung in der großen Kaverne«, befiehlt er kurz danach, als er wieder vor der Offiziersbaracke angelangt ist. Jetzt kommt es darauf an, daß ihm die Männer vertrauen. Sie wissen, daß er ihnen stets reinen Wein eingeschenkt hat, wenn sie wieder einmal ›herhalten‹ müssen. Wie er dann in der Kaverne vor die Mannschaft tritt, sucht er erst gar nicht nach Worten. Daß es in der Nacht vom 14. auf den 15. April, vielleicht aber auch in den darauffolgenden Nächten, ›so weit‹ sein werde, eröffnet er ihnen ganz ungeschminkt. Wenn sie ›Glück hätten‹, würde es die von der Sechsten ›erwischen‹, denn die müsse sie in der Nacht zum Sechzehnten ablösen. Allerdings, und da legt er eine kurze Pause dazwischen, während er den Blick langsam und forschend auf jedes einzelne der ihm zugewandten Gesichter richtet, er, ihr Hauptmann, wäre dafür, sich nicht mehr von der Sechsten ablösen zu lassen. Denn, wenn die Sprengung in den Stunden der Ablösung erfolge, wobei auch der einzige Zugangsweg unter schwerstem Sperrfeuer liegen werde, würde das doppelt so viele Verluste bedeuten, weil beide Kompanien sich aneinander vorbeidrängen müßten.

Die Jäger hören zu, ohne daß sich Reaktionen auf ihren Antlitzen zeigen. Nicht einmal stummer Widerstand macht sich bemerkbar. Auch die, die sonst immer den Vorgesetzten etwas anhängen, halten den Mund. So ganz unrecht hat er nämlich nicht, der Homa. Sind sie während der Sprengung heroben, trifft's den, den es eben trifft und wer davonkommt, kommt davon. Sind sie nicht heroben, holt man sie ohnehin sofort wieder zurück, um den Gegenangriff durchzuführen. Wobei sie durch das Sperrfeuer auf dem Gipfelweg müssen. Da ist es schon gescheiter, wir bleiben gleich ganz hier. So greifen sie nach der Vergatterung zu ihren Löffeln und Kochgeschirren und treten zum Menageempfang an. Viel zu sagen ist ja nicht und wenn, dann werden sie mit ihrer Meinung schon nicht zurückhalten.

Wieder in den Offiziersunterstand zurückgekehrt, fertigt Homa einen Melder ab. Er gibt ihm eine genaue Darstellung seiner Beobachtungen mit und fügt die Bitte an Major von Gasteiger hinzu, die Sechste mit Oberleutnant Tschurtschenthaler zunächst zurückzuhalten. Außerdem sollen auch keine Trägerkolonnen in Marsch gesetzt werden. Ihrer Gefährdung wegen. Proviant wie Munition für die kommenden Tage wäre in hinreichendem Ausmaß vorhanden.

Dieses Mal ist es wirkliches Soldatenschicksal, daß der Melder niemals sein Ziel erreicht. Ein Granatsplitter verwundet den Mann auf dem Gratweg. Er verliert das Gleichgewicht und stürzt ab. Eine telefonische Durchgabe ist unmöglich, weil das Kabel wieder einmal zerschossen ist. Auch besteht Abhörgefahr durch den Gegner. Über die Haltung seiner Kaiserjäger nach Bekanntgabe der bevorstehenden Sprengung, sowie seines Entschlusses, die 6. Kompanie im Lager Alpenrose anzuhalten, schreibt Homa später, es sei diese bewunderungswürdig gewesen. Offiziere wie Männer hätten weiterhin in Ruhe und Selbstbeherrschung ihren Dienst geleistet und sich sogar bemüht, möglichst rasch zerstörte Stellungen wieder in Ordnung zu bringen. Natürlich hätte er in jedem Gesicht die mühsam unterdrückte Spannung beobachtet, doch es sei nirgends ein Ausbruch nervöser Unruhe oder gar ein Nachlassen der Disziplin zu erkennen gewesen. Im Gegenteil, die Männer wären mit einer geradezu verbissenen Entschlossenheit an die Ausführung der Wiederherstellungsarbeiten gegangen. Die Wachen hätten mit erhöhter Aufmerksamkeit jede Bewegung beim Gegner beobachtet. Dies, obwohl gerade die Grabenposten die gefährdetsten waren. Bedeutete doch ein Ausharren auf ihren Posten bis zum Augenblick der Sprengung den sicheren Tod.

In den Nächten vom 14. auf den 15. April und jener auf den 16. April verstärkt sich das Sperrfeuer der italienischen Batterien auffallend in Richtung der Unterkünfte und Zugangssteige am Rückhang des Col di Lanagipfels. Auch der Gratweg wird beinahe zur Gänze weggerissen. Weil kein Nachschub zu erwarten ist, verfeuert die Besatzung die Pfosten und Bretter der zusammengeschossenen Seilbahnstation. Auch das Trinkwasser filtert man aus dem Schnee. Die Verpflegung wird dem Proviantlager der großen Kaverne entnommen. Wie dann die 15ener und 21iger Granaten noch die restlichen Unterkünfte zerstrümmern, läßt Hauptmann Homa Offiziere und Mannschaften in die große Kaverne verlegen. Auch die Küchen- und Munitionskavernen werden belegt und selbst in den Abhörschächten werden Jäger untergebracht.

Dann senkt sich die Nacht vom 16. auf den 17. April über das Trümmerfeld auf dem Gebiet. Aus dem da und dort rasch wieder aufgerichtete Schottersäcke zwischen dem von schwarzen Granatlöchern zersiebten Schneemassen in die Mondnacht hinausragen. Die Leuchtziffern der Armbanduhren zeigen 21 Uhr dreißig. Genau auf die Minute setzt ein neuer Feuerorkan ein. Ist es der Auftakt zum Finale des Dramas? Dessen Szenerie seit elf Monaten nichts als Bilder der Vernichtung und des Mordens gekannt hat! Das Feuer steigert sich, im Aufblitzen der Abschüsse rötet sich sogar das fahle Licht der Scheinwerferarme. So, daß die Felswände stellenweise dem glühenden Kessel eines Vulkankraters gleichen. Dann, Punkt 22 Uhr, setzt das Höllenkonzert ganz plötzlich aus. Eine totenähnliche Stille tritt ein. Mit pochenden Pulsen und angehaltenem Atem warten Hauptmann Homa, warten seine Offiziere und Jäger, die Posten in den Fuchslöchern und Sappen, die Mannschaft der Seilbahnstation und horchen! Nichts rührt sich. Hätte das Trommelfeuer das Laden der Sprengkammern übertönen sollen? Hauptmann Homa klettert über die zerstörte Alarmstiege zu den Postenständen hinauf. Nichts! Keine Bewegung ist beim Feind zu beobachten. Es vergeht eine Stunde, eine zweite läuft an. Die Posten werden abgelöst. Um den Nervenspannungen seiner Männer Ablenkung zu verschaffen, läßt Homa alle verfügbaren Jäger und die Sappeure an der Wiederinstandsetzung der Stellungen arbeiten. Unterdessen verstreicht eine weitere Stunde. Ohne, daß sich etwas ereignet! Erst gegen Mitternacht meldet der in Richtung des Gratsteiges beobachtende Posten, er glaube eine oder mehrere Gestalten zu erkennen, die gegen den Gipfel herankröchen. Ob Freund oder Feind, das wäre nicht zu erkennen. Es vergehen lange Minuten, . . . dann hebt sich ganz plötzlich die Silhouette eines Mannes dicht vor dem Postenstand aus dem Schnee. Auf den Anruf des Postens hin ertönt eine Antwort, die Homa der Sprache beraubt.

»Nicht schießen! Kommandant der sechsten Kompanie, Oberleutnant von Tschurtschenthaler!«

In den Stunden, während derer die österreichische Besatzung auf den Augenblick wartet, in dem, nach ihren Wahrnehmungen, das Laden der Sprengkammern begonnen haben muß, trifft man auf der italienischen Seite tatsächlich die letzten Maßnahmen für den entscheidenden Schlag. Die Vorbereitungen, wie auch der eigentliche Angriffsplan, sind bis in jede Einzelheit ausgearbeitet. Hauptziel ist und bleibt der Gipfel des Col die Lana. Im Zuge seiner Eroberung soll aber auch der Gratsteig zum Sief besetzt werden. Die Rothschanze, von den Italienern ›Montucolo austriaco‹ genannt, will man aussparen. Die italienische Führung rechnet damit, daß die Hangstellung vom Feind ohnehin aufgegeben werden muß, sobald der italienische Angriff bis an den Sief herangetragen werden kann. Auch auf das Vorbereitungsfeuer wird verzichtet. Die Genieleitung rechnet nämlich mit einer durchschlagenden Wirkung der Minensprengung. Dafür soll ein verstärktes Sperrfeuer die rückwärtigen Unterkünfte und Zugänge zerstören und die Telefonleitungen, wie auch die Seilbahn ausschalten.

Als Zeitpunkt für die Beendigung sämtlicher Vorbereitungen wird der 10. April festgelegt. Mit diesem Tage läuft dann die eigentliche Bereitstellung an. Als Angriffstruppe bestimmt man wiederum die Brigade Calabria. Ihr Führer ist der Generalmajor Mullanzani. Ihm unterstehen das kampferfahrene 59. Regiment unter dem Colonello Petracchi, der seinerseits das I. Bataillon ›Mezzetti‹ als Voraustruppe bestimmt. Den Einsatz der Genieeinheiten, der 8. Compagnia Zappatori unter dem Capitano Sebastiani und die 12. Compagnia Minatori des Tenente Maggio, leitet der Maggior Generale des Genio, D'Ippoliti. Dieser läßt die technischen Kompanien noch durch zwei Züge der 65. Sappeurkompanie verstärken. Im einzelnen hat Major Mezzetti vorne drei Kompanien der Neunundfünfziger und eine Maschinengewehrsektion zum Angriff vorzuführen. Ihr Vorgehen wird genau vorgeschrieben. Um es reibungslos durchzuführen, werden die einzelnen Einheiten ›nach Plan‹ eingewiesen. Man hat auch den alten österreichischen Laufgraben über der linken Flanke des Sprengstollens wieder instand gesetzt und an seinem oberen Ende links und rechts Gänge im Schnee ausgehöhlt. In diesen Gängen haben sich die Sturmtruppen zu versammeln und beim Angriffsignal die Schneedecke zu durchstoßen. Durch das Freimachen dieser Schneegänge verkürzt sich der Zwischenraum zwischen der vordersten italienischen und österreichischen Stellung auf rund 30 Meter.

Mezzettis Angriffskolonnen versammeln sich in den beiden Stollen San Andrea und Trieste. Über den letzteren hat bereits Oberleutnant Barbaro berichtet. Der Stollen San Andrea verläuft als Hauptstollen auf den vordersten Minengang zu und endet vor dem Minenstollen auf der Höhe der österreichischen Verhaue. Sämtliche Eindeckungen der Stollen müssen nach der erfolgten Sprengung sofort durchstoßen werden, um den Ausstieg für die Angreifer freizumachen. Bis zur Zündung der Sprengladung werden diese in den gedeckten Gängen versammelt. Die in den vordersten Gräben eingeteilten Posten und Mannschaften werden kurz vor der Zündung der Ladung ungefähr 300 Meter zurückgenommen, um sie vor der unmittelbaren Wirkung der Sprengung zu sichern. Sofort nach der Sprengung haben Mezzettis Kompanien vorzubrechen. Die 1. Kompanie des Capitano Marinoni wird gegen die Ostkuppe des Col di Lanagipfels angesetzt. Zu ihrer Unterstützung dringt ein Zug Sappeure mit Drahtscheren mit vor. Auch wird ihr ein leichtes Geschütz beigegeben. Die 4. Kompanie, geführt von Hauptmann Fiorina, wird zum Angriff gegen den Westgipfel bestimmt und hat, nach durchgeführter Besetzung desselben, den Gratweg zum Sief zu erreichen. Die 2. Kompanie unter Hauptmann Munzo erhält Auftrag, die unterhalb der Stellung befindlichen Unterkünfte zu säubern, jeden Widerstand zu brechen und die Kavernen mit Handgranaten ›auszuräuchern‹. Beigestellte Trupps des Genio sind mit der Zerstörung aller technischer Anlagen des Gegners beauftragt. Um den Angriff vor der eigenen rechten Flanke aus auszudehnen, wird die Stellung vorerst noch über die Hindernisse hinaus verlängert.[5])

Ein weiterer Befehl ordnet an, daß keine Gefangenen gemacht werden dürfen. Ausgenommen einige wenige, deren Aussagen man auswerten kann. Einer von ihnen soll veranlaßt werden, noch intakt gebliebene Telefonleitungen der Österreicher zu zerstören. Zuletzt wird noch die 9. Kompanie des 59. Regiments zum Angriff aus der ›Ridotta Calabria‹,der ›Grünen Stellung‹, gegen die Bergsapppe bestimmt. Hat sie ihr Ziel erreicht, soll sie sich mit den auf den Gipfel gelangten Kompanien Mezzettis vereinigen und unter seinem Befehl gegen den Sief vorstoßen.[6]

Neu für die Truppe ist der Befehl, nach der erwarteten Eroberung des Gipfels dort eine Abteilung mit – österreichischen Maschinengewehren, Modell›Schwarzlose‹, in Stellung zu bringen. Wie auch die Weisung, es habe die gegen den Gratweg eingesetzte Kompanie einige Trupps mit österreichischen ›Mannlicher‹-Gewehren zum Einsatz zu bringen, um den Eindruck bei diesen zu erwecken, als hielten die Kaiserjäger noch immer den Gipfel besetzt.[7]

Das Ausmaß der geplanten Operation weist bereits strategische Zielsetzungen auf. Darüber geben die Anweisungen für parallel anzusetzende Aktionen gegen die österreichischen Stellungen längs des Westhanges Aufschluß. Mit dem Zweck, österreichische Angriffe aus dem Bereich des Sief-Stockes zu verhindern. ›Hammerschlägen‹ gleich, sollen Angriffe gegen die Stellungen den dort, nach dem im März erfolgten Abzug des VI. Kaiserjägerbataillons, eingesetzten Landsturmbataillone geführt werden. Für diese Aufgabe werden die übrigen Bataillone des 59. Infanterieregiments und das 60. Regiment bestimmt. Ihr Angriffstreifen ist die Linie Col di Lana-Livinè, neben ihnen werden die Einundfünfziger gegen den Abschnitt Ciampovedil, Cordevole und das 52. Regiment gegen Cherz eingesetzt. Das 3. Bersaglieriregiment soll gegen Valazza-Livinè vorgehen.

Auch werden Truppen der 17. Division dem Befehl General Anichinis von der Achtzehnten unterstellt. Sturmtrupps der Brigade Torino haben vom Castellorükken aus gegen den Siefsattel vorzugehen und dort zu verhindern, daß die dort postierten Enneberger Standschützen der Col di Lanabesatzung zur Hilfe kommen. Beim Gelingen des Vormarsches der 18. Division werden 4 Kompanien des Regiments 82 bereitgestellt, um den Nordhang des Sief anzugreifen. Für die Unterstützung des allgemeinen Angriffs sind 90 Geschütze kleineren und 30 mittleren und größeren Kalibers feuerbereit.

Nach dieser Planung sind die Truppen der beiden, für den Angriff bestimmten Divisionen, im Raum zwischen Valparola und Livinè seit dem 10. April versammelt, um in die anbefohlenen Bereitstellungsräume einzurücken. War es bisher gelungen, durch strenge Geheimhaltungsmaßnahmen der Truppe die bevorstehende Sprengung zu verschleiern, so sickert bei den Einheiten jetzt allmählich Näheres durch. Zumal 300 Mann des 59. Regiments seit den Abendstunden des 15. April die Säcke mit Sprenggelatine, annähernd 5 Tonnen, zum Col di Lana hinaufschleppen müssen. Seit dem 9. April nähert sich nämlich die Arbeit in den Minenstollen dem Ende.

---

[5], [6], [7] vgl. V. Schemfil: Col di Lana, S. 215 – 17, ff. u. Aldo Barbaro: Col di Lana. Calvario del Cadore. S. 86

Leutnant Caetani hat während der letzten Tage auf deren Abschluß gedrängt. Die Mineure haben sogar jenach ihrer Arbeitsleistung Prämien zwischen 50 und 100 Lire erhalten. Caetani, aber auch seine Offizierskameraden, fallen nämlich einer Täuschung zum Opfer. Sooft sie über sich Geräusche vernehmen, glauben sie, die Österreicher würden erneut einen Sprengstollen vortreiben. In Wirklichkeit handelt es sich dabei um das Vortreiben ihrer Horchschächte. Infolge dieses Irrtums, glaubt Caetani, ›er dürfe keine Minute verlieren‹. Nach seiner Meinung ›dringt der Feind mit einem tiefen Loch von oben nach unten vor‹. Um ein plötzliches Auftauchen österreichischer Sappeure vor seinen Mineuren zu verhindern, läßt er vorsorglich schon jetzt die Stollen blockieren und mit Minen versehen. Er stellt auch zwei Horchposten in die Nähe der elektrischen Zündungsvorrichtung auf, um im Alarmfall alle im Stollen untergebrachten Minen zünden zu können.

›Ich stütze die Hand gegen die Felswand‹, berichtet er über jene, mit südländischer Impulsivität geschwängerten Stunden, ›und fühle bei jedem Pickelschlag des Feindes den Felsen unter meinen Fingern zittern.‹ Diese, in ihrer Kapazität gegenüber dem italienischen Bohrgerät eher schwindsüchtig anmutenden Pickelschläge sind es dann, die Caetani zuletzt ans Telefon treiben. Er läßt Garibaldi heranrufen und eröffnet ihm seine Sorgen. Worauf Garibaldi sich sofort an den Divisionsgeneral Anichini wendet und ihn zu überzeugen sucht, daß ›angesichts der bestehenden Gefahr der früheren Zündung einer österreichischen Mine, die Aktion nicht mehr aufgeschoben werden dürfe. Anichins Antwort lautet recht kurz:
»D'accordo! . . . Facciamola scoppiare, . . . senz'altro!«
Nein, er hat nichts einzuwenden, es kann ohne weiteres der Befehl zur Zündung erteilt werden. Denn Anichini ist mit seinen Vorbereitungen fertig. Es ist an jenem Abend des 14. April, an welchem der Horchposten in der Gipfelstellung seinem Hauptmann Homa meldet, daß es unter ihm – seltsam still geworden sei. Keine vierundzwanzig Stunden später schleppen die besagten 300 Fanti Sack um Sack mit Sprenggelatine zum Stollenzugang hinauf. Kein Sack geht verloren. Im Stollen läßt Caetani dann eine Kette bilden. Um jedes Geräusch zu vermeiden, müssen sich die Männer ihres Schuhwerks entledigen, Caetani hat nämlich vorsorglich 40 Paar Wollpatschen auf den Berg schaffen lassen. Die Kette selbst besteht aus 31 Mann. Sie legen sich zu Boden und befördern die Säcke in der Armbeuge weiter. Über zweiundfünfzig Meter wird die Gelatine auf diese Weise befördert. Der San Andreastollen hat nämlich diese Länge. Die Steigung beträgt hier 13 Grad. Im anschließenden Minenstollen geht es dann viel steiler, um 32 Grad aufwärts, bis der Minenstollen nur mehr 4 Meter unter der Erdoberfläche endet. Dicht darüber befinden sich die österreichischen Stellungen. Am Ende des Stollens geht dieser in Verästelungen über, die zu den ›Fornelli‹, den Sprengkammern, führen. In diesen Fornelli erwarten der Fürst und Leutnant Maggio die Ladung. Die beide Offiziere eigenhändig einlegen. Die Sprengkammern befinden sich am Ende eines Stollenkreuzes, das nach der Form eines Bajonettgriffes angelegt ist. Der Aufenthalt in den niedrigen, nur 1–4 Meter umfassenden Höhlen stellt an die physischen Kräfte der zwei Offi-

ziere kaum erträgliche Anforderungen. Nach drei Stunden bricht dann Maggio auch tatsächlich zusammen. Die Luft ist zu dünn, das Gas der Gelatine legt sich auf die Lungen, daß Maggio beinahe erstickt. Sobald man ihn hinausschafft, lösen ihn seine Kameraden Grimaldi und Boisi ab. So vergeht Stunde um Stunde. Seit den Nachtstunden des 15. August wird ohne Unterbrechung gearbeitet. Insgesamt gelangen 5200 kg Sprengmasse, von Arm zu Arm weitergehoben, bis zu den Kammern. Zweitausend Kilo werden in der linken, 3000 Kilogramm in der rechten Sprengkammer ›eingelagert.‹ Um ein gleichzeitiges Hochgehen der Ladungen zu verhindern, werden von den Sappeuren zwei getrennte Zuleitungen gelegt. An jeder von ihnen bringt man 20 Sprengkapseln an. Die Kapseln werden in Schießbaumwolle gewickelt und einzeln an einen 2 m langen Leitungsdraht aufgehängt. Ganz zuletzt läßt Caetani noch 1000 Flammenzündkapseln und 50 Zündungen für die Schießbaumwolle anbringen, um die Zündung in jedem Falle zu sichern. Caetani bemerkt dazu, wie sehr ihn diese Arbeit angestrengt habe, weil er jede Handhabung nur mit der Rechten durchführen konnte, während die Linke, das einzige Licht – eine Kerze hochhielt!

Endlich kann der Leutnant den Befehl zum Verdämmen des Stollens geben. Es läßt dies Grimaldi und Boisi durchführen. Für die Verdämmung werden Sandsäcke, die man mit Gesteinschotter und Materialschutt füllt, verwendet. An der Gabelung der zwei Stollenzweige schichten die Sappeure Balken auf, und füllen die dahinter verlaufenden Gänge ebenfalls mit Schutt. Erst vier Meter vor dem Ausgang des Hauptstollens wird die letzte Verdämmung aufgerichtet. Wie das »Finito!-Fertig!« ertönt, sind genau fünfzig Stunden seit Beginn der Arbeit vergangen. Es sind dieselben Stunden, während derer die Kaiserjäger Hauptmann Homas auf der Gipfelstellung erkannt haben, was sie erwartet. Stunden, in deren Ablauf der Major von Gasteiger vom Unterabschnitt auf Meldungen des Kommandanten der 5. Kompanie wartet und während dieser Zeit nichts von den Ereignissen auf der Gipfelstellung erfährt, weil der Mann mit den Meldungen abgestürzt ist. Zu einem Zeitpunkt, an dessen Ende der Tenente del Genio Caetani seinem Divisionskommandeur melden kann: »Siamo pronti! Alles zur Sprengung bereit!«

Der 17. April 1916 …

Wenige Minuten nach dem Anruf durch den Posten stehen Tschurtschenthaler und sein ›getreuer Kampfgefährte‹ aus Galizien und Rußland, der Zugsführer Plattner, vor Homa. Auch Plattner ist alter Bergknappe. Beide waren der Kompanie vorausgestiegen. Ein Aufstieg, dessen Spuren sich in ihren Gesichtern noch deutlich abzeichnen. Die in kürzesten Abständen heranfauchenden Granaten, die Lichtarme der unentwegt die Zugangsstege abtastenden Scheinwerfer hatten sie gezwungen, stellenweise ›platt an den Fels gedrückt und aufgestützt auf den Händen liegend, benommenen Sinnes‹ den günstigsten Augenblick abzuwarten, der sich anbot, um wieder einen Sprung nach vorwärts zu wagen. ›Wobei zehn Meter ein jedes Mal einen beachtlichen Gewinn bedeutet hatten.[1] Als sie die Kompanie hinter sich gelassen hatten, war es zehn Uhr gewesen. Jetzt stehen die Zeiger auf Zwei.

»Hat Gasteiger dich nicht verständigt? Ich habe doch am frühen Nachmittag eine Ordonnanz nach Alpenrose abgefertigt, mit der Bitte an Gasteiger, von einer Ablösung durch Deine Kompanie abzusehen. Die Sprengung kann nämlich jede Stunde erfolgen.«

»In Alpenrose ist niemand angekommen. Das Telefon war unterbrochen. Wir haben sogar mit dem Abmarsch länger gewartet, als sonst. Ein weiteres Zuwarten wollte ich nicht verantworten. Statt wie sonst um Sieben, ist die Kompanie erst um Zehn abmarschiert.«

»Dann ist der Melder gefallen. Oder es ist ihm sonst etwas passiert. Stell dir vor, ›er‹ sprengt, und wir haben beide Kompanien heroben. Was uns das kostet. Du weißt selbst, wie lange die Übergabe dauert.«

»Machen wir es eben so, daß jeder Posten, der abgelöst wird, sofort einzeln über den Gratweg absteigt. Der Rest folgt dann zugsweise.«

»Bist Du Dir im klaren darüber, was unser Abgang für Dich und Deine Leute bedeutet?«

»Soldatenlos, alter Freund. Wozu lange darüber nachdenken. Komm, wir gehen jetzt gleich die Posten ab. Bis die Kompanie heroben ist, bin ich wenigstens über alles orientiert.«

Beide Offiziere verlieren über das, was den Kameraden, der in die Stunden mit seinen Männern in Stellung geht, beinahe mit Sicherheit erwartet, kein weiteres Wort. Homa unterrichtet Tschurtschenthaler über alle gemachten Beobachtungen und machte ihn mit den bisher getroffenen Maßnahmen vertraut. Wie dann die 6. Kompanie unter Führung des dienstältesten Fähnrichs eintrifft, wird ›zügig‹ abgelöst. ›Der Feind war einstweilen ruhiger geworden. Die Abgelösten suchten mit gewaltigen Sätzen in die Tiefe ihre Rettung – es war ihnen nicht zu verdenken!‹[2] Trotz der

---

[1] vgl. A. von Tschurtschenthaler: Col di Lana 1916, S. 49, Schlernheft Nr. 179, (1957).
[2] vgl. A. von Tschurtschenthaler: Col di Lana 1916, S. 49, 50, Schlernheft Nr. 179, (1957).

›Eile‹ wird es 5 Uhr, bis der letzte Mann sich in Richtung des Gratweges in Marsch setzt. Dann steht Homa vor Tschurtschenthaler:

»Also, Servus Toni!« Die Rechte des Älteren umklammert mit ungewohntem Druck die Hand des Oberleutnants, »... Auf Wiedersehen!« ... Es ist, als ersticke das letzte Wort in einem undeutlichen Laut.

»Wenn schon sonst nicht, ... dann eben im Jenseits!« Auch Tschurtschenthalers Stimme verrät die eigene Gemütsbewegung. Doch ihr nachzugehen, dazu finden weder er, noch der Kamerad aus den vielen Monaten der Kämpfe gegen die Russen Zeit, Homa wendet sich dem Gratweg zu und Tschurtschenthaler steigt zu der Telefonbaracke hinauf. Die Leitung muß bis zum Hellwerden unbedingt wieder geflickt worden sein. ›Kaum, schimmerte dann das erste Gold der Sonne in den umliegenden Dolomitenkronen, als es auf den Höhen von Falzarego weg über Nuvolau, Porè, Col Toront, Alle Laste bis nach Ornella hinüber wieder lebendig wurde. Unter die längst bekannten, mischten sich zahlreiche neue, erst jüngst herangebrachte Batterien, die insgesamt in 14stündigem Rasen ihr Feuer auf die ›Cima Lana‹ lenkten.[3])

Wider ihre Gepflogenheit beginnen die italienischen Kanoniere mit dem Laden, Zielen und Abfeuern an diesem 17. April bereits vor der Ausgabe des Morgenkaffees. Dieser 14-stündige Artilleriebeschuß setzt heute ab 5 Uhr morgens ein. Anfänglich bleibt die Wirkung dieser stählernen Morgengrüße sogar ziemlich beschränkt. Tschurtschenthaler vermerkt hierüber, man habe ›mangelnde Treffsicherheit und viele Blindgänger‹ feststellen können. Doch das ändert sich rasch. Bereits gegen 8 Uhr explodiert eine 21 cm Granate im Zentrum der Stellung. Kurz danach folgen weitere Treffer. Was den Oberleutnant veranlaßt, die gefährdeten kleineren Unterstände im unmittelbaren Stellungsbereich räumen zu lassen. Auf seinen Befehl hin versammeln sich alle nicht im Dienst befindlichen Mannschaften in der sicheren Großen Kaverne unter dem Bergriß des Gipfels.[4]) Nachdem sich das Trommelfeuer weiter verdichtet, zieht er auch nach Möglichkeit mehrere Posten ab, hält aber die Wachmannschaften mit entsicherten Stutzen und Handgranaten in Bereitschaft. Noch während er diese Maßnahmen trifft, schlägt zum ersten Mal eine schwere Mörsergranate knapp vor der Offiziersunterkunft ein. Was darauf hindeutet, daß die feindlichen Geschützführer jetzt auch den genauen Winkel am Steilhang des Col di Lanarückens ausgemacht haben. Um 10 Uhr vormittags zertrümmert ein anderer Volltreffer auch die Alarmstiege. Dadurch wird der wichtigste Zugang zur Stellung zerstört. Eine Stunde später setzen die Kanoniere von drüben eine weitere schwere Granate direkt über den Zugang zur Großen Kaverne. Das Geschoß zerschellt auf einer Felskante und schleudert Felstrümmer und Geröllmassen vor den Eingang. Durch den Luftdruck und den Eintritt der Explosionsgase wird der Aufenthalt in der Kaverne für die Masse der Mannschaft unmöglich. Es treten Ohnmachtsanfälle auf, Tschurtschenthaler läßt zunächst den Eingang freischaufeln und

---

[3]) vgl. A. von Tschurtschenthaler: Col di Lana 1916, S. 49, 50, Schlernheft Nr. 179, (1957).
[4]) vgl. V. Schemfil: Col di Lana, S. 231 ff.

durch das Hin- und Herschwenken von Decken für Luftzug sorgen, dann schickt er einen Teil der Männer zu den kleinen Kavernen im Stellungsbereich hinauf. Wenn diese auch weniger Sicherheit bieten, so verringert sich die Anzahl der in der großen Kaverne Verbliebenen wenigstens und vermindert dort die Erstickungsgefahr. Kurz danach erweist sich diese Maßnahme als richtig, denn schon setzt der Gegner wieder eine schwere Granate vor den Kaverneneingang. Was dieses Mal nicht ohne Opfer abgeht. Ein Mann wird tödlich getroffen und mehrere Jäger und Sappeure verwundet. Wie dann, um 14 Uhr ein neuer Volltreffer die Unterkunftsbaracke für Offiziere und Mannschaft zertrümmert, gibt es neue Tote und viele Verwundete. So weit sich die Möglichkeit anbietet, fertigt Tschurtschenthaler während dieser Stunden Leichtverwundete mit Meldungen an seinen Kampfabschnittskommandanten in Alpenrose-Lager ab. Denn die Telefonleitung wird wieder und wieder unterbrochen. Die zunehmende Heftigkeit des Trommelfeuers überzeugt den Oberleutnant von der Vorbereitung einer größeren Aktion des Feindes, die im Zusammenhang mit der bevorstehenden Gipfelsprengung stehen wird. So meldet er am Spätnachmittag des 17. April auf einem Dienstzettel, den er einem Leichtverwundeten mitgibt:

›An das k.u.k. Bataillonskommando!
Von 5 Uhr früh bis 9 Uhr vormittags leichte Beschießung aus mittleren Kalibern, ab 9 Uhr Einundzwanziger auf Einundzwanziger.
Die Stellung ist total zerschossen. Die Sappe, die Alarmstiege, der Weg zum Tunnel ein Trümmerhaufen. Offiziers- und Mannschaftsbaracke durch einen Volltreffer vollkommen zerstört, unbrauchbar.
Aufenthalt in der Kaverne (wegen schlechter Luft) wird langsam unmöglich.
1 Toter, 2 Schwerverletzte
Telefon seit morgens unterbrochen
Die Lage ist furchtbar.
Im Falle eines feindlichen Angriffes werden wir Möglichstes leisten, aber – wie gesagt – alle Zugänge nahezu unpassierbar.
Ich bitte sogleich, soviel als möglich, Arbeitskräfte heraufzuschicken.
Bitte Sanität wegen Abtransport Sief und Köhle.
Die Meldung ist nicht im Zustande großer Aufregung verfaßt, alles entspricht traurigst den Tatsachen. Im Falle Unterstände nicht sogleich hergerichtet werden, wird morgen Ablösung dringend notwendig.
Bitte sofort Hilfe!
Tschurtschenthaler, Obltn.‹[5])
Daß diese Meldung nicht im Zustande ›großer Aufregung‹ verfaßt worden ist, wie überhaupt die Haltung von Offizier wie Mann den Beweis unbedingter Pflichterfüllung erkennen läßt, wird durch eine andere von Tschurtschenthaler niedergeschriebene Aufzeichnung erhärtet. ›Immerfort‹, heißt es darin, ›hieß es wieder nach den

---

5) vgl. V. Schemfil: Col di Lana. S. 247, 248

Posten sehen. War einer erlegen, mußte Ersatz hinaus. Allein schon die Kontrolle war eine heroische Leistung: aufrecht und nimmermüd erklommen sie schon zum zehnten und zwanzigsten Male die Höhe, um sich der Wachsamkeit der einzelnen Späher zu vergewissern, die Fähnriche Nitsche und Danzer, die Kadetten von Mersi und Stadler. Wackere Männer, wahrhafte Kaiserjäger. Den Posten war härtestes Los beschieden. Verlassen standen sie draußen auf dem Platz, auf den sie das Schicksal in schwerster Stunde gestellt. Ungeschützt, preisgegeben, und bei jeder kommenden Granate in Erwartung des Todesstoßes, aber unweigerlich und felsenfest, so lange der Lebensnerv nicht gebrochen war. Nur das Pflichtgefühl, der immerwährende Gedanke an die Heimat und die Kraft des Geistes wahrster Kameradschaft ließ sie Solches vollbringen, in dem Höchstmaß von Selbstaufopferung und Treue erwuchs jene Klangfülle, die uns im Wort Heldentum zusammenschwingt.[6]) Endlich, um 21 Uhr, schaffen es die braven Telefonisten dann doch, die Telefonkabel wieder für kurze Zeit zusammenzuflicken. Erst eine Viertelstunde später erreicht der Leichtverwundete mit der oben wiedergegebenen Meldung Hauptmann von Gasteiger. Dieser war in den Morgenstunden vom Kommandanten der 5. Kompanie, Hauptmann Homa, über die Lage auf dem Gipfel bereits unterrichtet worden. Hauptmann Homa hatte dabei seine Verstimmung darüber deutlich zum Ausdruck gebracht, daß man sozusagen die Kameraden wissentlich in den sicheren Tod hinaufgeschickt habe. Gasteiger antwortet, er hätte Homas Vorschlag gewiß stattgegeben, wenn die Meldung rechtzeitig an ihn gelangt wäre. Jedenfalls wurde das vorgesetzte Abschnitts- wie Divisionskommando sofort von ihm über die Gefahr der unmittelbar bevorstehenden Sprengung unterrichtet. Worauf es lakonisch verlautete:
Der Col di Lana ist bis auf den letzten Mann zu halten!
Wozu die Dokumentation des aus den Kaiserjägern hervorgegangenen, späteren Generals Viktor Schemfil sarkastisch feststellte: ›Dieser Aufforderung hätte es nach den bisherigen Geschehnissen nicht bedurft! Die Kaiserjäger, wie die übrigen Truppenteile der Besatzung hatten bisher durchgehalten und hielten bis zur Katastrophe durch![7])
Noch während Gasteiger, Homa und die anderen Offiziere des Kampfabschnittskomandos die Situation der Gipfelbesatzung besprechen, betritt der Feldkurat Dr. Blumenschein die Kommandobaracke. Er habe von den Vorgängen auf dem Gipfel erfahren, sagt er, und beabsichtige deshalb, unverzüglich zu den Kameraden auf den Berg aufzusteigen. Er bäte daher Hauptmann von Gasteiger um die erforderliche Erlaubnis. Der Bataillonskommandant, wie alle übrigen Anwesenden, raten dem Benediktiner dringend von seinem Vorhaben ab. Ja, Hauptmann von Gasteiger, verweigert sogar ausdrücklich die Einwilligung. Er weist dabei Dr. Blumenschein auf die Unmöglichkeit eines Durchkommens hin, nachdem die Zugangssteige unter

---

[6]) vgl. A. von Tschurtschenthaler: Col di Lana 1916. S. 50, Schlernheft Nr. 179, (1957)
[7]) vgl. V. Schemfil: Col di Lana, S. 227

schwerstem Sperrfeuer lägen. Doch der Mathematikprofessor aus Kremsmünster bleibt hartnäckig. Zuletzt verlegt er sich auf's Bitten. Und überzeugt zuletzt den Bataillonskommandanten. Ein geistlicher Trost dürfe der dem Tod geweihten Besatzung auf keinen Fall verwehrt werden, erklärt er, solches widerspräche seiner Priesterpflicht! Ungern, aber von den Argumenten des Priesters beeindruckt, erteilt Gasteiger zuletzt doch seine Einwilligung. Dr. Blumenschein verabschiedet sich und tritt in Begleitung der Bataillonsordonnanz, dem Patrouillenführer Krebs, den Weg auf den Col di Lana an. Er wird die Stellung im entscheidenden, verhängnisvollen Augenblick erreichen.

Dort, auf dem Gipfel, herrscht seit 21 Uhr Ruhe. Alle italienischen Batterien haben das Feuer schlagartig eingestellt. Tschurtschenthaler, der in Begleitung eines Kadetten unverzüglich zu den Postenständen hinaufklettert, muß sich auf dem Wege zu diesen Schritt für Schritt durch Schutt, Trümmer und zwischen Leichen durchzwängen. In der Stellung finden die Beiden alle Wachen auf ihren Posten. Die Männer sind schweigsam, man kann bei jedem zwar die innere Spannung beobachten, doch ist bei keinem ein Nachlassen der Entschlossenheit, auszuharren, erkennbar. Diese Entschlossenheit macht sich auch beim – Zupacken der abgelösten Mannschaft bemerkbar. Unter Führung des bewährten Feldwebels Schmelzer von den Linzer Sappeuren gehen diese, wie Pioniere und Kaiserjäger, daran, die entstandenen Schäden zu beseitigen. Alle arbeiten fieberhaft, so, als erwarte keiner die Sprengung, sondern als gelte es, hinter neu errichteten Schutzwehren wieder einmal einen Angriff der Infanterie abzuwehren. Bis dann, um 22 Uhr ein Unteroffizier dem Stellungskommandanten aufgeregt meldet:

»Italiener kriechen vor! . . .Alarm!«

Schaufeln, Pickel, alles übrige Handwerkszeug fliegt in die Ecken. Den Stutzen in der Faust klettern und kriechen, sich gegenseitig stützend, die Jäger zu ihren Gefechtsständen hinauf. Die Alarmstiege kann nicht benützt werden, so daß es etwas länger als sonst dauert, bis alle Positionen besetzt sind. Auch die Sappeure greifen zu ihren Gewehren, jeder Trümmerrest wird als Deckung benützt, Fähnrich Danzer läßt die Maschinengewehre auf flankierende Wirkung einrichten, mit angehaltenem Atem horchen die Männer in die Mondnacht hinaus. Wenn die ›Pölz‹ vorkriechen, ist mit keiner Sprengung zu rechnen, denken sie, denn das würde die eigenen Leute gefährden. Oder stimmt es vielleicht doch, daß ihre Mine nur ein Stück Graben in die Luft jagen soll? Welches freilich? – So angestrengt sie auch in die Nacht hineinhorchen und spähen, – nichts regt sich! Nur die Wolken, die unter dem Mond vorbeiziehen, lassen große, dunkle Flecken über die Schneehänge tanzen. In die die Lichtkegel der Scheinwerfer grell und störend hineinblitzen. Hat sich der Posten vorher getäuscht? Hat er irgendwelche vom Licht erfaßte Felsstöcke, vielleicht auch Leichen verzerrt gesehen und für in Bewegung befindliche Gestalten gehalten? Auch deutet das Abtasten der Scheinwerfer eigentlich auf keinen unmittelbar bevorstehenden Angriff hin. Auch Tschurtschenthaler beginnt zu überlegen. Wenn jetzt ein plötzlicher Feurüberfall der italienischen Artillerie einsetzt, kann das in den

dicht besetzten Stellungen verheerende Folgen haben. Nach kurzem Überlegen schickt er die Masse der Mannschaft wieder in die Unterstände zurück. Gleichzeitig ordnet er an, daß Schmelzer und seine Sappeure ihre Arbeit wieder aufnehmen sollen. Es sind die gleichen Männer, von denen der italienische Oberleutnant Aldo Barbaro später berichten wird, die italienischen Voraustrupps hätten noch kurz vor Beginn des Auslösens der Sprengladung die Silhouetten zwischen den Verhauen arbeitender Österreicher erkannt. Unten, in der Telefonbaracke kann Tschurtschenthaler jetzt sogar wieder mit seinem Bataillonskommandanten telefonieren. Vierzehn Mal war das Panzerkabel unterbrochen gewesen, vierzehnmal hatten es die Männer des Telegrafenzuges wieder geflickt. Soviel er angesichts der Abhörgefahr durchgeben kann, gibt er einen mündlichen Lagebericht. Er ergänzt damit eine weitere schriftliche Meldung, die beinahe zu gleicher Zeit von einem anderen Leichtverwundeten dem Hauptmann von Gasteiger überbracht wird. Darin heißt es:
›Col di Lana-Spitze, 8,30 h, nachm. 6. Komp.
Ich bitte dringend, mir noch im Laufe der heutigen Nacht fünfzehn Mann als Ersatz, ebenso zwei Bedienungsleute der M.G.A. heraufzuschicken. Mit den bereits hier befindlichen Sappeuren, Pionieren und Leuten der Kompanie wird an der Wiederherstellung der Gräben fieberhaft gearbeitet. Es wird immer noch geschossen (alle halbe Stunden eine Schwere). Tschurtschenthaler, Obltn.'[8])
Diese Meldung ist 35 Minuten vor dem Zeitpunkt abgegeben, an welchem das zusammengefaßte italienische Artilleriefeuer schlagartig ausgesetzt hat. Auch dort wächst die Spannung bei den Führungsstäben, den Regiments- und Bataillonskommandos und in den Kompanien und Batterien von Stunde zu Stunde. Es ist genau 10 Uhr abends. Leutnant Caetani weiß, daß er noch vor Mitternacht den Befehl zur Zündung erhalten wird. Er hat alles soweit vorbereitet. Im großen Stollen ›Giulia‹, 105 Meter Luftlinie von der Mitte der Sprengkammern entfernt, stehen jetzt zwei Cantoni-Zündapparate. Beide können zu gleicher Zeit in Funktion gesetzt werden. Um den ersten zu zünden, sind er und sein Waffenkamerad Grimaldi in Bereitschaft. Den zweiten werden die Leutnante Boisio und Maggio in Betrieb setzen, während zwei Sergeanten, Pietrasanti und Fiori, am Schaltknopf einer Nebenzündung zu drücken haben.[9]) Nun, da ihn in den kommenden Viertelstunden der entscheidende Befehl erreichen kann, betritt er allein den Stollen. Eigenhändig will er jede einzelne Leitung anschließen, um zu verhindern, daß ein Irrtum einen Fehlschlag verursachen könnte. Langsam, nur eine Kerze in der Hand haltend, steigt er Schritt für Schritt, zwischen der Bretterverschalung aufwärts. Wie er dann an der Verdämmung anlangt, leuchtet er alle Balken und Steine ein letztes Mal aufmerksam an. Nein, alles ist so fachgerecht und vollkommen undurchlässig geschichtet und verrammelt, daß hier auch dem stärksten Druck widerstanden werden wird. ›Ich setzte mich auf einen Wald von Stützen und begann die Leitungen der Zündschnüre

[8]) vgl. V. Schemfil: Col di Lana. S. 249
[9]) vgl. G. Caetani: Lettere di guerra di un ufficiale del Genio (auch V. Schemfil: Col di Lana. S. 241)

mit jenen der Zündkapseln zu verbinden. Die Arbeit führte ich allein, bei Grabesstille, unter dem Scheine einer Kerze, die ich an der Mauer aufgehängt hatte,
durch.‹[10])

Während er, völlig allein, in diesem, einer Grabkammer gleichenden Stollen im Innern des Riesen, dessen Nacken und Schultern er auseinanderzusprengen sich an-
schickt, noch einmal dessen Atemzügen zu lauschen scheint, vernimmt er ein leises
Geräusch. Es ist der Pickel eines Österreichers, der wohl nur wenige Meter über
ihm, gegen den Fels hackt. Caetani glaubt, den Mann wie in einer Vision vor sich zu
erblicken, eine gebückte Gestalt, die im Gefels arbeitet, während er nicht ahnt, daß
›der schweigende Tod hinter ihm steht und mit seiner erhobenen Hand bereits seine
Schultern berührt.‹

Endlich ist die letzte Leitung verbunden und isoliert. Caetani blickt noch einmal um
sich. Dann erhebt er sich und steigt wiederum Schritt um Schritt durch den Stollen
zurück. ›L'opera era finita!‹ – erinnert er sich später, ›das Werk war beendet!‹
Sobald er wieder im Hauptstollen auftaucht, stößt er auf die übrigen Kameraden.
Die Uhrzeiger zeigen elf Uhr fünfzehn Minuten. Um Caetani versammeln sich jetzt
Grimaldi, Boisio und Maggio. Dicht aneinandergedrängt, wartet im Hintergrunde
des Stollens die Mannschaft. Ein stummes Zeichen des ›Duca‹, dann lassen sich alle
Offiziere auf dem Boden nieder. Die beiden Sergeanten tun ein gleiches. Die Beine
gegen die Zündleitungen gespreizt, warten sie. Die Hände umklammern die Ab-
reißschnüre.

Plötzlich kommt Bewegung unter die im Hintergrund stehenden Minatori und Zappatori. Eine Ordonnanz drängt sich vor. Er hält ein Blatt in der Hand. Schweigend
überreicht er es Caetani. Dieser entfaltet es, während Grimaldi ihm mit der Kerze
leuchtet. Sekundenlang herrscht eine Spannung geladene Stille. Bis der Fürst Wort
für Wort betonend vorliest:

»Comando di Col di Lana.   giorno 14 aprile 1916
Al Sottotenente del Genio Signor Caetani.
La Signoria Vostra fará saltare la mina alle ore 23,35'
                                        Il Comandante di Cima Lana.
                                                     Mezzetti.«

In der deutschen Übersetzung lautet dieser Befehl:
Kommando des Col di Lana   17.4.1916
Dem Genieleutnant Herrn Caetani.
Euer Wohlgeboren haben die Mine um 23.35 zu zünden.

                                        Der Kommandant des Col di Lana

                                                     Mezzetti.[14])

---

[10]) vgl. G. Caetani: Lettere di guerra di un ufficiale del Geniels auch: V. Schemfil: Col di Lana. S. 241,
243 ff.
[11]) vgl. Aus: G. Caetani: Lettere di guerra die un ufficiale del Genio.

115

Caetani blickt auf die Uhr. Dreiundzwanzig Uhr dreißig! Noch fünf Minuten.
»Pronti tutti? Alles bereit?«
»Pronti!« Es hört sich an, als erwiderten fünf Stimmen in einem gemeinsamen Tonfall.
Lautlos gleiten die Zeiger weiter!
In der gleichen Minute hat der Oberleutnant Toni von Tschurtschenthaler noch ein Telefongespräch mit seinem Abschnittskommandanten. Oberstleutnant von Schleinitz versichert ihm, die gesamte Artilleriegruppe ›Corvara‹ sei auf den Gipfel eingestellt, um im Falle eines italienischen Angriffes den Gegner dort einzudecken. Tschurtschenthaler vernimmt es, legt auf und befiehlt den Telefonisten:
»Legt's mir die Leitung in die Große Kaverne. Dort sind die Anschlüsse besser gesichert als hier. Ich überzeug' mich nachher gleich, ob ich mit Sief und Alpenrose Verbindung kriege.«
»Jawohl, Herr Oberleutnant.«
Tschurtschenthaler hört noch, wie sich die Männer in seinem Rücken sogleich an das Gerät machen, dann steigt er eilig vom Telefonunterstand zur Großen Kaverne hinunter. Er weiß, oben in der Stellung ist soweit alles in Ordnung. Zwei Offiziere überwachen den Grabendienst.
Gerade, während der Oberleutnant vor der Großen Kaverne anlangt, vernimmt er Stimmen. Vom Gratsteig her nähern sich Schatten. Es ist die Vorhut der Trägerkolonne, die Hauptmann von Gasteiger mit Ersatzmaterial für die Wiederherstellung der Stellung in Marsch gesetzt hat. Polen und Ruthenen, die aus der Dunkelheit heraustreten und ihre Lasten abzulegen beginnen. Tschurtschenthaler ruft ihnen einige Sätze zu und weist ihren Führer an, für sich und seine Männer in der Küchenkaverne Kaffee ausschenken zu lassen. Er selbst betritt jetzt die Große Kaverne. Noch während er die Decke hinter sich zuzieht, die im Eingang als Vorhang dient, wirft er einen raschen Blick auf die Leuchtziffern seiner Armbanduhr. Elf Uhr dreiunddreißig! Sobald die Telefonisten den Anschluß in der Kaverne installiert haben, wird er mit seinem Bataillonskommandanten telefonieren und die Ankunft der Träger bestätigen. Er geht nach rückwärts, drängt sich an einigen, auf dem Boden kauernden Männern vorbei und bedeutet zwei Jägern, die sich auf dem einzigen Tisch ausgestreckt hatten, liegen zu bleiben, weil er bemerkt, daß sie ihm Platz machen wollten. Einige Männer liegen auf den Holzpritschen und schlafen. Aber er sieht auch Gesichter, die sich ihm zuwenden und die zu fragen scheinen: Was denkst du, was weißt du? . . . Bei anderen wieder gewinnt er im matten Schein der Talglichter den Eindruck, als suchten sie in seinen Mienen eine Bestätigung, als präge sich in den Antlitzen eine verborgene Hoffnung aus, als würden sie sagen: Es passiert heut nacht vielleicht doch nichts! Sonst hieltest du dich jetzt nicht in der Großen Kaverne auf, . . .vielleicht bleibt's in den nächsten Stunden doch ruhig . . .!
Da! – Wie aus der Tiefe eines Vulkankolosses kommend, beginnt es im Innern des Berges plötzlich zu rauschen und zu rollen. Dann hört es sich an, als erhielte das Gefels unter, neben und über ihnen mehrere furchtbare Stöße. Ein Druck löst sich, der

sich wie Blei gegen die Lungen preßt und den Herzschlag zu hemmen droht. Eine unsichtbare Faust erfaßt einen Teil der Männer, schüttelt und rüttelt sie, daß sie den Halt verlieren und gegeneinander, aber auch gegen die Pritschen und Wände geschleudert werden. Andere werden buchstäblich aus den Bettgerüsten geworfen und wie von unsichtbaren Händen vom Boden gehoben. Jetzt ist auch eine dumpfe, wuchtige Detonation zu vernehmen. Der Berg schwankt und zittert, es knarrt und knirscht im Gestein, als bräche es in den nächsten Sekunden entzwei, ganz plötzlich klaffen Risse darin, und schon bröselt und rutscht es von der Decke und den Wänden, den Schutt ankündigend, der in den nächsten Augenblicken niederprasseln wird. Gleich beim ersten Getöse sind alle Lichter erloschen.

»Alles zum Ausgang! Sofort ins Freie!«

Die Rufe ersticken in einem wilden Lärm. Irgendeiner brüllt: »Der Ausgang ist verschüttet!« Dem ein Tumult folgt. Erst jetzt erkennen die ersten vorne am Ausgang, daß sich dort Felstrümmer und Schuttmassen meterhoch stauen. Nur ein einziges Loch, in der Größe einer Stallucke gewährt die Möglichkeit eines Ausblickes. Draußen poltern unterdessen fortwährend noch Steine und Geröllschutt in die Tiefe. Man kann jetzt auch einen neuen Höllenlärm unterscheiden. Die italienischen Batterien haben schlagartig wieder eingesetzt.

»Zurück! Laßt mich nach vorn! Alle Chargen zu mir. Wenn's nicht anders geht, graben wir uns mit bloßen Händen heraus!«

Tschurtschenthaler schlägt brutal zu. Er muß das. Rücksichtslos trifft seine Faust Arme und Schultern, die ihm den Zugang nach vorne verbauen. Es herrscht ringsum eine allgemeine Panik. Schreie, Verwünschungen, lautes Beten, aber auch Jammern und verzweifelte Hilferufe übertönen einige Ruhe fordernde Stimmen. Droht die plötzliche Verwirrung in einem Chaos zu enden?

»Seid ihr Kaiserjäger, oder wollt ihr elend verrecken?«

Der Ruf kommt von rückwärts. Nicht aus dem Munde eines Offiziers oder eines der Dienstgrade. Ein tiefer, bäuerlicher Baß war es, der die Frage ausgestoßen hat. Sie genügt, um auch Tschurtschenthaler Gehör zu verschaffen. »Wir ersticken, wenn ihr nicht Disziplin haltet und meinen Anordnungen folgt! Vier Mann nehmen die Decken und schwenken sie hin und her. Auch in der Dunkelheit! Das gibt Luftzug. Und die anderen, ...Plattner, Mersi...her zu mir! Ein paar handfeste Jäger sollen uns helfen.« Er hat es noch nicht ausgerufen, da knirscht plötzlich eine Brechstange im niedergebrochenen Geschiebe. Auch eine Schaufel wird von Hand zu Hand in der Dunkelheit nach vorne gereicht. Ob es das Geräusch der Geräte ist, die den Schutt ausheben, oder der Instinkt, der zuletzt doch ein Einsehen herbeiführt, daß nur Gehorsam und Ruhe Rettung bedeuten, trotz des Hin- und Herwogens der zusammengedrängten Masse wird es still. Bis es tatsächlich nach einer Weile gelingt, eine größere Öffnung zu schaffen. Doch erst jetzt können die Eingeschlossenen vernehmen, wie von draußen zwischen dem Zischen und Krachen der Geschosse, das Wehklagen und die Schreie Verwundeter und Verstümmelter bis zu ihnen heraufdringen. Ganz gräßlich hören sich vor allem die Schreie der in die Tiefe des Bergrießes Geschleuderten an. Mit dämonischer Prägnanz prasseln dazwischen die Streukugeln der Schrappnells zwischen den Felsen, Sprengstücke der Granaten prallen mit singendem Ton von den Steinen und vom Bereich der alten Stellung knattert Gewehrfeuer und das Krachen der Explosionen der Handgranaten herunter. Es herrscht ein Höllenkonzert, das jedes Denken betäubt.

»Vorwärts, vorwärts! Nur heraus aus der Todesfalle!«

»Kein Mann tritt ohne meine Erlaubnis heraus!« Tschurtschenthaler stemmt sich vor den wiedergeöffneten Ausgang. Jeder Schritt, den einer in diesen Augenblicken auf den Steig vor der Kaverne hinaus tut, führt ihn in den sicheren Tod. Steigert sich doch von Minute zu Minute das Heranpfeifen der Sprengstücke innerhalb des Felskessels zum satanischen Furioso der Apokalypse.

»Weiter mit den Decken Luft zu machen versuchen! Schafft die Verwundeten alle an einen Platz.« Plattner und andere Chargen sorgen dafür, daß den Anordnungen des Oberleutnants Folge geleistet wird. Statt der Unruhe macht sich jetzt eine beklemmende Stille breit. In die nur der Gefechtslärm und das Toben der Einschläge hereindringt. Immer deutlicher lassen sich einzelne Schüsse, ja Maschinengewehrsalven eines ›Sachwarzlose‹ und das Aufplatzen von Salvenwürfen mit Handgranaten unterscheiden. Kein Zweifel. Die in der Stellung oben, wehren sich, trotz der Sprengung noch weiter!

Ja, sie wehren sich weiter!

»Ventitré e trentasette, trentotto, trentanove . . .Via!«

Während der Sottotenente Caetani, den Blick auf die Uhrzeiger gerichtet, die letzten Sekunden zählt, verrät seine Stimme kaum die innere Spannung. Selbst das »Via, das los!« ertönt in einer fast sachlichen Selbstverständlichkeit.

Drei Zünder knirschen, einen Atemzug lang ist nichts zu vernehmen, dann erfolgt in der Ferne eine wuchtige Detonation. Auch auf dieser Seite erzittert der Berg. Wie bei einem Hochgewitter, das Steine und Muren losbricht, prasselt es draußen vor dem Stollenzugang herunter. ›Einen Augenblick‹, gibt Caetani dann doch zu, ›hatte ich Herzklopfen und glaubte, wir würden alle begraben. Jedoch, nur ein Drittel des Einganges wurde verschüttet. Das Getöse war unglaublich!‹

Es ist nicht nur das Getöse der durch die Explosion von 2050 Kilogramm Sprengstoff 10 000 Tonnen hochgejagten Felsmassen und das Rauschen des in sich zusammensackenden Gipfelrandes, dessen Geschiebe abbricht, es ist das Aufbrüllen von 139 Geschützmäulern, die den Lärm der letzten Schlacht um die Col di Lana-Gipfel einleiten. Caetani eilt durch den San Andrea-Stollen nach vorne, erreicht den Stollen ›Trieste‹ und ordnet die Öffnung der Eindeckung an. Es ist der Augenblick, in welchem die Infanterie aus den Stollen zu steigen und gegen die Überreste der österreichischen Stellung vorzustürmen hat. Caetani muß hier die ersten Verluste unter den eigenen Reihen feststellen. Die Explosion hat ein Felsstück gelöst und den Stollen mit einem Teil der Besatzung der Kompanie Marinoni verschüttet. Leutnant

Santangelo und zehn Mann finden dabei den Tod.[12]) Auch von den Soldaten, die als Beobachter ganz vorne in der Sappe zurückgeblieben waren und die sich zu diesem Todeskommando freiwillig gemeldet hatten, fallen vier Fanti. Noch während das italienische Geschützfeuer auf dem Gipfel liegt, gibt Major Mezzetti den Befehl zum Sturm. Mit Absicht hat er den Kommandanten der Angriffskompanien befohlen, bereits nach der dritten, und nicht erst nach fünf Minuten seit dem Beginn des Vorbereitungsfeuers vorzubrechen. Er will damit den Österreichern die Möglichkeit unterbinden, sich kurz nach der Sprengung doch noch für eine Verteidigung einzurichten. Aber er irrt sich! Denn, wie jetzt die Kompanie Fiorina gegen den Westgipfel vorgeht, stößt sie trotz der zerborstenen Felsen und des vom Rauch der Explosion geschwärzten Schuttes noch auf Kaiserjäger, die schießen. Die Sprengung hat vor allem am rechten österreichischen Flügel einen Krater aufgerissen. Dort ist das Gefels bis oberhalb der Stellung der Feldwache Sieben zerplatzt und in die Tiefe gekracht. Alle hier postiert gewesenen Wachen und die an der Arbeit befindlichen Sappeure hat es erst in die Luft geschleudert und dann in den Krater gerissen. Durch die Anlage der beiden Minenkammern unterhalb des Zentrums der Gipfelstellung hat die Sprengwirkung den Felsboden in einer Länge von 25 Metern nach beiden Seiten hin aufgebrochen und einen Krater von rund 12 Meter Tiefe geöffnet. Unterhalb des Westgipfels verläuft jetzt der nördliche Kraterrand, der ein riesiges Loch von rund 35 Meter Breite umschließt. Wer sich noch hier verteidigt, liegt halbverschüttet und in der Mehrzahl verwundet zwischen den auseinandergeborstenen Felsen. Es sind die wenigen Überlebenden, Jäger der Grabenwachen und vom Tunnelposten ganz draußen vor dem rechten österreichischen Flügel. Erst nach einem kurzen, und immer noch erbitterten Nahkampf gelingt es den Fanti der 4. Kompanie, sich des Westgipfels zu bemächtigen. Auch die 1. Kompanie der Neunundfünfziger kann nicht ohne harten Nahkampf den Ostgipfel stürmen. Hier wehren sich die vor der Sprengung dort verbliebenen Grabenwachen und die von Tschurtschenthaler in die kleinen Kavernen zuletzt eingewiesenen Kaiserjäger und Sappeure in einigen, noch zum Teil erhalten gebliebenen Grabenresten. Dadurch, daß die Sprengung vor allem den Steilhang am Westgipfel aufgerissen hat, war die Besatzung des Ostgipfels zwar dem ungeheuren Luftdruck und den niederprasselnden Gesteinstrümmern ausgesetzt gewesen, aber nicht in die Tiefe geschleudert worden. Hier wehrt sich buchstäblich noch Mann für Mann, ehe sie von der Übermacht umzingelt und überwältigt werden.

Sofort nach der Besetzung des Ostgipfels bringen die Eroberer dort eine Abteilung ihrer Gebirgsartillerie in Feuerstellung. Die Mannschaften der, der 4. auf dem Fuße folgenden 2. Kompanie klettern unterdessen über die Kraterwände zu den zerstörten Unterständen und Baracken am rückwärtigen Hang der Gipfelstellung hinab. Hier stoßen sie unweit der zertrümmerten Mannschaftsbaracke auf mehrere Gefallene. Unter diesen fällt ihnen ein Offizier auf, an dessen Uniformärmel drei Goldbor-

---

12) vgl. Lettere di guerra di un ufficiale del Genio u. V. Schemfil: Col di Lana, S. 258

ten aufgenäht sind. Es ist die Leiche des Feldkuraten Dr. Blumenschein. Er war gerade während der Auslösung der Sprengung, zusammen mit seinem Begleiter und dem Gros der Trägerkolonne vor der Baracke eingetroffen, als der Berg auseinanderbrach. Wenige Schritte vor der Großen Kaverne hatte ihn und seine Kameraden der Tod ereilt. Wie nun die Fanti der 4ᵃ Compagnia sich weiter vortasten, bemerken sie am Eingang der Großen Kaverne Bewegung. Sie bringen sofort eine ›mitraglia‹ in Stellung und jagen zwei, drei Garben gegn den Schutt am Zugang. Jetzt erweist es sich, wie richtig es war, daß Tschurtschenthaler jedes Hinaustreten aus dem Eingang verboten hatte. Denn, schon krachen Handgranaten gegen die Felskante. Auch schwirren Geller abgeglittener Infanteriegeschosse in den Zugang. Die Italiener haben demnach auch den Zugang zum Tunnel nach der Bergsappe bereits besetzt. An einen Ausfall kann die in der Kaverne zusammengedrängte Mannschaft nicht denken. Wieder werden einzelne Verwünschungen unter der Masse der Eingeschlossenen laut. Der Raum ist angefüllt vom ätzenden Ausstoß der Geschoßgase und auch das Hin- und Herschwenken der Decken verschafft kaum Erleichterung. Tschurtschenthaler steht unmittelbar hinter dem Eingang und versucht aus dem Lärm der Abschüsse den genauen Standort der Gegner zu orten. Er steht vor der schwersten Entscheidung seiner Offizierslaufbahn!‹[13])

»Offiziere und Chargen zu mir!«

Aus der dunklen Masse, in deren Hintergrund jetzt wieder ein mattes Kerzenlicht aufleuchtet, schälen sich einige Gestalten.

»Hier, Herr Oberleutnant!«

»Es bleibt nur ein Ausweg. Ihr wißt, welcher!«

Schweigen, nur das schwere Atmen der Männer ist hörbar. Und das Ächzen einiger Schwerverwundeter.

»Wir müssen uns entschließen!«

Von draußen hallen Rufe herüber:»Austriaci . . .arrendetevi . . . ergebt Euch, Österreicher!«

Ergeben? – Wie eine Vision zieht es vor dem Antlitz einiger Alter vorüber . . . Wasylow, Nowosielki, Zaborze, der San, Bugay-Höhe, Krasne und Lubomierz, Dunajez, Höhe 419, Zuckerhut, Gorski, Borowina, Krasnik und Debczyzna, zuletzt noch Gojace und Mtzli Vrh . . .lange nicht alle Gefechte und Schlachten, die das 2. Regiment mitgemacht hat, aber – ergeben! Bei Huicze ist das Regiment bis auf 1 Bataillon untergegangen, ehe es sich ergeben wollte und nun – hier auf dem Col di Lana! Selbst die, die noch vor Minuten laut aufgemurrt und den Krieg verwünscht haben, zucken unwillkürlich zusammen. Oder doch? In wenigen Minuten kann für sie der Krieg aus sein, für immer? Trotzdem, Kaiserjäger, die sich kampflos ergeben, ohne daß sie sich gewehrt, daß sie die letzte Patrone verschossen haben!

»Also, eure Antwort?«

---

[13]) vgl. V. Schemfil: Col di Lana: S. 235, 236

Auch die Stimme des Oberleutnants hat plötzlich einen Tonfall, als zerbräche in ihm etwas. Nicht eine Welt, – es hört sich eher an, wie das Aufgeben persönlicher Selbstachtung. »Ersticken oder Übergabe?«

»Übergabe!« Es sind zwei, drei, die das Wort gleichzeitig aussprechen. Und dann sagt der alte Weggefährte des Kompaniekommandanten, der bärtige Zugsführer Plattner: »Ist's denn a Schand, wenn wir das Leben von bald achzig Mann retten? I glab', daß halt a jed's hier obn sei Plicht getan hat.«

Das ist es, was entscheidet. Die Stimme aus den Reihen der Alten.

»Galvanini!«

»Herr Oberleutnant?« Der Unteroffizier aus einem Trientiner Dorf tritt einen Schritt vor.

»Galvanini, Sie sprechen italienisch! Geben Sie das Zeichen!« Mehr bringt Tschurtschenthaler nicht mehr heraus. Er wendet sich ab. Niemand soll bemerken, daß in seinen Augen Tränen stehen. Doch dann kehrt er sich doch noch einmal mit einer jähen Bewegung der Mannschaft zu.

»Wenn wir abrücken, wirft jeder seine Waffen in die Lana-Schlucht!«

Eine Minute später hallt es zwischen den Felswänden zu den Fant hinüber, die vor dem Tunneleingang ihr Maschinengewehr aufgebaut haben:

»Italiani, ascoltate!...Ci arrendiamo...wir ergeben uns!«

Geschrei, aber auch laute Drohrufe sind die Antwort. Mit dem Gewehr im Anschlag, die Handgranaten wurfbereit in den Fäusten, nähert sich ein Trupp vorsichtig dem Ausgang. In einiger Entfernung bleiben sie wieder stehen, nehmen Deckung und halten die Waffen weiter im Anschlag. Nur zwei Couragierte lösen sich aus der Gruppe, sie kommen mit vorgehaltenen Gewehren auf die Kavernenöffung zu. Dann bleiben sie wieder stehen. Mißtrauisch mustern sie den Oberjäger, der sie auf italienisch angerufen hat.

»Eh te, che sei Trentino, fai uscire gli altri, uno per uno ... allora, fuori ragazzi! He du, der du Trientiner bist, laß die anderen heraustreten, Mann hinter Mann, also heraus mit euch, Burschen!«

Drinnen im Kavernenausgang steht Oberleutnant von Tschurtschenthaler neben seinen Offizieren und Chargen. Er wartet.

»Einzeln abgefallen heraustreten! Jeder gibt mir noch einmal die Hand.«

›Nach einem stummen Händedruck verließen wir, einer nach dem anderen, zuletzt die Mannschaft, dann die Offiziere, den letzten Flecken österreichischen Bodens am Col di Lana. Den wir, überwältigt durch eine gewaltige Sprengung, dem Feinde überlassen mußten.‹[14])

Keiner unter den Kaiserjägern, der nicht die Hand seines Kompaniekomandanten gedrückt hätte. Ist es nur ein stummes Treuebekenntnis?

Viel mehr noch wirkt diese Geste als Zustimmung zu der Bindung an den Mann, der für jeden von ihnen in all den furchtbaren Stunden der vergangenen Tage die Ver-

---

[14]) vgl. V. Schemfil: Col di Lana. S. 236

antwortung für sie alle getragen hat. Und der nun den schwersten Gang eines Soldaten geht, für den er eines Tages Rechenschaft ablegen muß, vor denen, die – rückwärts und oben gesessen haben und den Befehl gegeben hatten: Der Col di Lana ist bis auf den letzten Mann zu halten!

Der Col di Lana! – Gibt es den noch? Während sie nun, im Gänsemarsch, umgeben von schreienden und gestikulierenden Männern flankiert, langsam zwischen Trümmern, niedergebrochenem Geschiebe, Waffen, Brettern und verstümmelten Leichenteilen aufwärtssteigen, umgeben sie Bilder einer grauenvollen Verwüstung. Über einem Gewirr von zertrümmerten Steinen gähnt eine dunkle Kraterwand, der Fels ist geschwärzt, sein Anblick erinnert an eine riesige Kohlenhalde, der Telefonunterstand, die Telefonkaverne, die Baracken, die Seilbahnstation, alle sind sie spurlos verschwunden. Da und dort sind unter den Steintrümmern und im Schutt das Gejammer und die erstickten Hilfeschreie Verschütteter zu vernehmen. Nicht allein Tschurtschenthaler, auch viele unter den Männern werden diese Schreie und dieses Wimmern noch jahrelang nicht aus ihrer Erinnerung zu löschen vermögen. Wie sie dann zuletzt den Kamm am Westgipfel und damit auch den Kraterrand betreten, sieht sich der Oberleutnant plötzlich einer Gestalt gegenüber, die mit einem Brustpanzer behängt, den Kopf durch ein eisernes Stirnband geschützt, mit über Arme und Beine geschnallten Schienen auf ihn zutritt. Wobei der so mittelalterlich Gewappnete ihm die gezückte Pistole vorhält und abwartet, bis die ihn umgebenden Soldaten, den Österreicher abgetastet und keine Waffe bei ihm festgestellt haben. Minutenlang stehen sich der Verteidiger des Col di Lana und der Eroberer desselben, der Capitano Fiorina gegenüber. Er, sein Comandante, Mezzetti, wie alle übrigen Offiziere des 59. Infanterieregiments, werden zusammen mit dem Duca Caetani und seinen Kameraden von der 12. Mineur- und 8. Sappeurkompanie in den Geschichtsbüchern Italiens ihren Platz finden, als Vorbild für die Angehörigen ihrer Armee und als Symbole eines Soldatentums, das in Verfolgung einer zähen, den Feind beharrlich bedrängenden Taktik, den Sieg an die Tricolore zu heften vermochten.

Oberleutnant Tschurtschenthaler hingegen hat in diesen Minuten nur wenige Sätze der Entgegnung für den Sieger. ›Ich empfahl dem italienischen Kommandanten die in der Kaverne zurückgebliebenen Schwerverwundeten seiner besonderen Obhut. Dann wurden wir vom Kampfplatz geführt. Die Mannschaft hatte schon am Wege von der Kaverne zur Spitze ihre Waffen über die steilen Wände in die Siefschlucht geschleudert.‹[15]

Es sind 9 Offiziere, etwa 46 Männer der 6. Kompanie, einige der Maschinengewehrabteilung, ein Teil der Sappeure, die Artilleristen und ihre Beobachter, Mineure und mehrere Träger, insgesamt 146 Mann, die in die Gefangenschaft weggeführt werden. Bei den Offizieren handelt es sich neben Tschurtschenthaler und dem Leutnant Kaposi, um die Fähnriche Nitsche und Danzer und die Kadetten von Mersi

---

[15] vgl. A. von Tschurtschenthaler: Col di Lana 1916. S. 57 u. V. Schemfil: Col di Lana. S. 237

und Stadler. Tschurtschenthaler wird noch einmal im späteren Leben, als Oberst der DeutschenWehrmacht, auf den Sieben Gemeinden, auch wiederum in den Apriltagen des Jahres 1945, in italienische Gefangenschaft geraten. Nur seinem Ruf als ehemaligen österreichischen Kommandanten der Col di Lana-Besatzung wird er es verdanken, daß er der Füsilierung nach dem Urteilsspruch eines Partisanengerichtes entgeht. Zurückbleiben auf dem Col di Lana – die Toten! Unter dem Schutt der Felstrümmer und der Kraterwände, im Gefels der Abstürze des Bergrisses verschüttet und zerschmettert, liegen an die hundert gefallene österreichische Soldaten, darunter auch einer der jüngsten Mitkämpfer Tschurtschenthalers, der Kadett Hille. Die genaue Anzahl der Verschütteten wird sich niemals feststellen lassen. Denn, in der Nacht des 17. April waren als Ersatz für die durch den Artilleriebeschuß verursachten Abgänge eine Anzahl Kaiserjäger, dann auch Männer der Militärarbeiterabteilung 201 zum Col di Lana aufgestiegen. Die Sieger verloren nach der Sprengung verhältnismäßig wenig Männer aus den Reihen ihrer Sturmkolonnen. Die italienischen Stellen geben 4 Offiziere und 19 Mann an Gefallenen und weitere 4 Offiziere und 82 Mann als verwundet an. Dieses Mal überschatten nicht mehr die Verlustziffern die Gloriole des Siegers. Den letzten Endes nur einer errungen hat, – der bescheidene Fürst und Leutnant Don Gelasio Caetani.

Und die Kaiserjäger! – Noch ist der Gefechtslärm um die Gipfelwegnahme nicht verstummt, da muß die aus der Ridotta Calabria gegen die Bergsappe angesetzte 9. Kompanie von Mezzettis Regiment bereits unter Verlust ihres Führers und eines Viertels ihres Bestandes zurück. Die Absicht, sich mit der Eroberung der Bergsappe den Weg zum Gratsteig und den Sief zu öffnen, mißlingt im Feuer der, dem rechten Flügel der Col di Lanabesatzung benachbarten Kaiserjäger. Besonders die Feldwache 8 sperrt den Angreifern jeglichen Zugang. Obwohl die Italiener jetzt den Verbindungstunnel nach der Bergsappe besetzt halten, verwehrt ihnen die Feldwach-Besatzung ein weiteres Vordringen. Mit dem Versagen der 9. Kompanie unterbleibt das geplante Zusammenwirken derselben mit den Männern des Capitano Fiorina. So wird die Sprengung und Eroberung des Col di Lana-Gipfels zwar zum Symbol des Sieges der italienischen Waffen, der operative Erfolg, nämlich die Wegnahme des gesamten Blocks, der das Tor zum Gadertal öffnen sollte, unterbleibt. Deshalb konnten die Österreicher, nach einer anfänglichen Unkenntnis der Vorgänge auf den beiden Gipfeln, schon bald nach der Sprengung Gegenmaßnahmen in die Wege leiten. In der Annahme, daß die noch immer fortdauernde Beschießung des Ostgipfels durch die feindlichen Batterien den noch dort verbliebenen Österreichern gelte, war man im Kampfabschnitt der Bergsappe und der Rothschanze bis nach Mitternacht der Meinung, es würde auch noch auf dem Westgipfel vereinzelt gekämpft. Die Sprengung selbst, ein Anblick ›als würde sich der Berg spalten, während drei riesige Stichflammen aufflammten, denen eine Rauchwolke, höher als der Berg, folgte‹, war von allen Nachbarbesatzungen beobachtet worden. Erst als der Oberjäger Oppacher versuchte, gemeinsam mit den Kameraden einer MG-Bedienung, den Zugang zum Tunnel oberhalb der Bergsappe zu erreichen, schlug ihm bereits wütendes Abwehrfeuer entgegen. Sein noch zweimal wiederholter Versuch scheiterte jedesmal. Nachdem sie dadurch Gewißheit über den Verlust des Westgipfels erhalten hatten, trafen die Kaiserjäger unverzüglich Gegenmaßnahmen. Hauptmann von Gasteiger ließ sofort den Monte Sief durch die aus Incisa hereingeholte 4. Kompanie besetzten, zu ihrer Unterstützung gab er ihr zwei Kompanien der Enneberger Standschützen mit. Nur vier Stunden nach der Sprengung erfolgte der erste österreichische Gegenstoß. Zwei Angriffsgruppen gingen vor, die eine über den Siefgrat herankommend, die zweite unmittelbar aus der Bergsappe antretend. Allein die Unzugänglichkeit des Steilgeländes, – die über den Gratsteig vorgehende Gruppe mußte sich ›einzeln abgefallen‹, auf dem überaus schmalen, an beiden Seiten durch Felsabstürze flankierten, vereisten und mit Schneewächten überdeckten Pfad vorarbeiten – machte im eigentlichen Angriffsraum jede gefechtsmäßige Entwicklung auch nur eines Zuges unmöglich. Auch die aus der Bergsappe vordringende Abteilung blieb buchstäblich am abfallenden Gelände ›hängen‹. Trotzdem wurde der Gegenstoß zunächst noch im Morgengrauen, dann am frühen Vormittag wiederholt. Wieder waren es der Oberjäger Oppacher und die Kadetten Pitra und der Einjährige Nußbaumer, die unter Führung ihres Leutnant Podgorski verbissen versuchten, sich den Zugang zum Tunnel zu erkämpfen. Bis dann das Kampfabschnittskommando die Einstellung weiterer Wiedergewinnungsversuche befahl. Inzwischen war der Befehl über die Siefbesatzung dem Kommandanten der MG-Kompanie, Hauptmann Gleichenberger, übergeben worden. Zunächst raffte er alle verfügbaren Einheiten, Kaiserjäger der 5. Kompanie Homa, der 7. Graf Thun, Standschützen und die rasch herangeholte magyarisch-kroatische Mannschaft des 37. Infanterieregiments zusammen. Abends, dann, um ein Viertel nach elf, wurde der Angriff noch einmal wiederholt. Auch er mißlang, nicht zuletzt deshalb, weil die österreichische Artillerie aus Munitionsmangel nur ein viertelstündiges Vorbereitungsfeuer durchzuführen vermochte. Mit vorbildlicher Schneid glückte es dem Fähnrich Schäfer und seinen Männern sogar, sich bis unmittelbar an den Tunnelzugang heranzuarbeiten und trotz erbitterter Gegenwehr in denselben weiter vorzudringen. Erst, als er selbst schwer verwundet wurde und der zu seiner Unterstützung folgende Kadett Pitra zuletzt nur mehr drei Jäger einsetzen konnte, arbeitete sich der Rest der kleinen Kampfgruppe bis zur Bergsappe zurück. Auf dem Gratsteig wurde unterdessen fieberhaft an der Aufrichtung eines Widerstandsnestes gearbeitet. Daß dieser, am tiefsten Punkt des Grates gelegene Posten, dem Gegner von allem Anfang den Weg versperrt hatte, war der Geistesgegenwart des Oberjägers Gufler und seines Zugsführers Kofler zu danken gewesen. Sie hatten mit einem Maschinengewehr sofort nach der Sprengung hier eine Sperre errichtet. Aus Eisklötzen, Felsstücken und mit Geröll gefüllten Sandsäcken verstärkten dann später die Landstürmer des Bataillons 165 die erste Schutzwehr. Sie sollte als ›Gratstützpunkt als – appoggio della cresta‹, wie die Italiener ihn nannten, während der kommenden Wochen beinahe zur gleichen blutigen Berühmtheit gelangen, wie es bisher der Col di Sangue gewesen war. Für die Verteidiger bot sie jedenfalls nur Platz für einen Trupp von 10

124

bis 12 Mann. Die Führung des Divisions- wie auch des Kommandos des XX. Korps in Bruneck befahl dann für den 20. April einen neuerlichen Angriff gegen den Col di Lana. Dieser sollte aus dem Bereich der Rothschanze längs des gesamten Siefhanges des Col di Lanablocks gegen die italienischen Stellungen der Ridotta Calabria und der ihr benachbarten Anlagen vorgetragen werden. Gedacht war damit eine vom Südhang vorgreifende Umfassung der von den Italienern besetzten Gipfelstellungen. Die Italiener hatten jedoch unterdessen genügend Zeit gefunden, ihre neue Stellung auf beiden Gipfeln auszubauen. Sogar Gebirgsgeschütze hatten sie auf den Höhen postiert. Sie bereiteten nämlich auch ihrerseits einen entscheidenden Angriff gegen die Siefstellungen vor. Auf österreichischer Seite fand dann, noch vor Beginn der geplanten Aktion, eine Besichtigung des Frontbereiches durch die Generale Goiginger und Roth statt. Mit dem Ergebnis, daß sowohl der Divisionskommandant, wie der ›Kommandierende‹ den Entschluß faßten, vorerst alle weiteren Aktionen einzustellen. Man sah ein, daß die Unwegsamkeit der jetzt auch gegen die österreichische Seite hin abfallenden Steilhänge jedes erfolgversprechende Vordringen ausschloß. Der Korpskommandant, Exzellenz Roth, befahl sogar darüber hinaus, die Feldwache 8, wie selbst die Bergsappe, nach Gegenwehr während des nächsten italienischen Angriffes aufzugeben. Als endgültige neue Hauptkampflinie wurde die weiter rückwärts gelegene Stellung auf dem Monte Sief bestimmt. Dieser Entschluß fiel dann mit dem für den gleichen Zeitpunkt vorbereiteten italienischen Angriff zusammen. Ziele desselben waren, wie bereits angedeutet, der Gratstützpunkt und der Sief. Noch einmal standen sich die alten Gegner, Kaiserjäger der 4, 5. und 7. Kompanie des 2. Regiments, Landstürmer von Hundertfünfundsechzig, sowie die kurz vorher herangeholten Männer des Tiroler Landsturminfanterieregiments 2, Enneberger Standschützen und die aus Südungarn und Kroatien rekrutierten älteren Jahrgänge der Siebenunddreißiger gegenüber. Die Italiener setzten ihr 60. Regiment der Brigade Calabria in vorderster Linie, sowie Einheiten des 59. Regiments als Reserve ein. Nach der üblichen überlegenen Artillerievorbereitung glückte es dem Bataillon Marras vom Sessantesimo Fanteria, sich mit Teilen in der Rothschanze festzusetzen. Während die Besatzung des Gratstützpunktes alle Angriffe der Gruppe Major Alcioni zurückwies. Einigen seiner Fanti war es trotzdem gelungen, sich bis unterhalb des sogenannten ›Knotz‹ vorzuarbeiten. Dieser ›Knotz‹, von den Italienern später ›Dente del Sief‹ genannt, trug seinen Namen nach einem gefallenen österreichischen Offizier. Ein sogleich vorgetragener Gegenstoß warf die vorgepreschte Gruppe kurz danach wieder über den Gratstützpunkt zurück. Dennoch waren die zwei gelichteten Kaiserjägerkompanien am Ende den acht gegen sie anstürmenden italienischen Kompanien nicht mehr gewachsen. Befehlsgemäß, nach erfolgter Gegenwehr, wurden die Feldwache 8 und die Stellungen der Rothschanze aufgegeben. Dabei gerieten 21 Kaiserjäger in Gefangenschaft. Mit der Aufgabe der Feldwache und der Bergsappe, wie der Rothschanze fanden die Einsätze der Kaiserjäger im Col di Lana-Abschnitt ihren Abschluß. Zu den letzten Opfern, die der Blutberg von ihnen forderte, zählten der beliebte und äußerst fähige Major Graf

Walterskirchen, sein Adjutant Oberleutnant Fischl und der Kommandant der Maschinengewehrkompanie Hauptmann Gleichenberger und zwei Telefonisten. Sie alle fielen durch einen Granatvolltreffer. Noch mußten die Kaiserjäger einen letzten überfallartigen Angriff auf die neue Siefstellung abwehren, dann erreichte sie am 25. April 1916 der Befehl zur Ablösung. Das II. Bataillon des 2. Regiments war am 4. Februar mit rund 1000 Mann im Col di Lana-Abschnitt in Stellung gegangen. Dazu kamen noch je 120 Mann aus zwei unterdessen eingetroffenen Marschkompanien. Als das Bataillon abgelöst wurde, betrug sein Gefechtsstand noch – 300 Mann. Die 6. Kompanie existierte nicht mehr. Nach der Schlacht bei Huicze am 6. und 7. September 1914 im Lemberger Raum, hatte der Col di Lana von diesem Regiment die größten Opfer gefordert!

Der schriftliche Befehl zur Zündung der Mine.

Übersetzung: Kommando des Col di Lana.   17. 4. 1916.
        Dem Genieleutnant Herrn Caetani.
     Euer Wohlgeboren haben die Mine um 23,35 zu zünden.
            Der Kommandant des Col di Lana:
             Mezzetti.

Nachtrag

Um die Siefstellungen entbrannten in der Folge noch lange andauernde, erbitterte Kämpfe. Sie verlief nun im Anschluß an die Col di Rode-Stellung über dessen Rückenlinie bis herauf auf den Gipfel des Sief. Von dort mündete sie gegen die Sattelstellung ein und stieg dann zum Settsaß auf. Schauplatz, vor allem erbitterter Nahkämpfe, blieb der Gratstützpunkt an der niedrigsten Stelle zwischen Col di Lana und Sief. Der Tapferkeit eines Kadetten Peceliceck, seines Kameraden Schmidbauer und ihrer Männer vom Landsturmbataillon 165 war es jedesmal zu danken, daß der Stützpunkt noch während der folgenden Wochen in den Händen der Österreicher verblieb. ›Eine kleine Heldenschar, 250 Meter von der Hauptkampfstellung entfernt, vollkommen abgeschlossen und auf sich selbst angewiesen, verteidigte ihn. Eine Übermacht stürmte stets tapfer und entschlossen gegen ihn an. Nachdem er seinen Zweck erfüllt hatte, solange gehalten zu werden, bis die in seinem Rücken befindlichen neuen Stellungen auf dem Monte Sief ausgebaut waren, teilte er das Schicksal aller vorgeschobenen Posten in diesem Kampfraum. Er fiel erst am 21. Mai 1916, nach verheerendem Artilleriefeuer und nachdem er – sechzehn Mal angegriffen worden war.‹[16])

Sein Fall hatte mehr örtliche, eine kaum taktisch zu bezeichnende Bedeutung. Als nächster Brennpunkt der Kämpfe vor der Siefhauptstellung entwickelte sich das Ringen um den ›Knotz‹. An diesem ›Dente‹, diesem ›Zahn‹ des Sief, der sich steil und spitz vor der österreichischen Linie erhob, versuchten sich die Sarden der Brigade Reggio, Bersaglieri und wieder die Fanti des 59. und 60. Regiments festzubeißen. Ihre Gegner waren die Männer des Landsturmregiments 2 und Bosniaken des 2. bosnisch-herzegowinischen Infanterieregiments. Besonders zwischen diesen und den Sarden kam es immer wieder zu erbitterten Nahkämpfen. Bis schließlich auch hier wieder die Mineure in Tätigkeit traten. Nachdem es den Italienern gelungen war, sich auf dem Knotz einzunisten, entschlossen sich die Österreicher, sich die Gegner durch eine Sprengung vom Leibe zu halten. Auch die Italiener setzten wiederum Bohrzüge an. Am 6. März 1917 entlud sich die italienische Mine. Mit geringem Erfolg, denn sie riß einen Großteil der eigenen, italienischen Stellung ein. Um den Mißerfolg wettzumachen, setzte die Brigade Reggio zu einem großangelegten Angriff an. Ihre Sturmzüge erreichten sogar die Spitze des Sief, mußten aber dann vor den dort neu eingesetzten Egerländern des 73. österreichischen Infanterieregiments weichen. Am 21. Oktober zündeten dann die Österreicher ihre vorbereitete Mine. Die Ladung, 45 000 kg Ekrasit, riß einen Krater von 80 Meter Länge und 35 Meter Tiefe auf. Was den Gegner zum Rückzug auf die äußerste Kante des ›Dente‹ zwang. Wenige Tage später mußten die Bataillone der 17. und 18. italienischen Division alle, unter so ungeheuren Blutopfern zäh eroberten Stellungen längs des Cordevoletales, wie überhaupt an der gesamten Dolomitenfront räumen. An der Ison-

---

[16]) vgl. V. Schemfil: Col di Lana. S. 296

zofront war die Durchbruchsschlacht von Karfreit-Tolmein geschlagen worden. Um nicht abgeschnitten zu werden, trat das I. und IX. italienische Korps den Rückzug bis zum Grappamassiv und den Piave an. Zu Füßen des Col di Lana, gegen den die Italiener allein seit dem Juli 1915 bis zum Mai 1916 – fünfundsiebzig Angriffe vorgetragen hatten, blieben nur Gräber zurück. Die Gräber dreier Heere! – Unter ihren Kreuzen ruhen die Gefallenen der Österreicher, des Deutschen Alpenkorps und all die vielen, vielen aus den Landschaften Nord- und Mittelitaliens. Als Wahrzeichen unzähliger, sich zuletzt als sinnlos erwiesener Blutopfer mahnt der Col di Sangua, der Blutberg, noch heute zur Völkerversöhnung!

Ende

128

Rechts: Der Col di Lana (mit Sprengtrichter am Westgipfel). – Aufnahme wurde nach Kriegsende gemacht.

Unten: Gebirgsgeschütz in Feuerstellung beim Abschuß.

Rechts: Der Verfasser Anton Graf Bossi Fedrigotti vor dem Ehrenmal seiner Heimatgemeinde Toblach.

Links: Oberst d. R. Anton v. Tschurtschenthaler, 1944/45 Stadtkommandant von Bologna.

Links: Nach der Sprengung des Col di Lana werden die Überlebenden in die Gefangenschaft geführt, unter ihnen (zweiter von links) Oblt. v. Tschurtschenthaler.

Rechts: Das Kreuz auf dem Col di Lana-Gipfel.

Unten: Südtiroler Jugend erweist dem Verteidiger des Col di Lana die letzte Ehre.

Oben: Der Landeshauptmann von Südtirol, Dr. Silvio Magnago, bei der Beisetzung von Anton v. Tschurtschenthaler am 3.1.1967 auf dem Friedhof von Lengmoos am Ritten bei Bozen.

Unten: Die Fahne der Rittener Schützen senkt sich über dem Sarg des ehem. Kommandanten des Col di Lana.

Verzeichnis der zum Kampfeinsatz gelangten Truppen

Österreichische Truppen:
Die Standschützenbataillone (-Abteilungen) Enneberg, Silz, Passeier, Auer.
Die Landsturmmänner der Gendarmerie- u. Zollassistenz Buchenstein (Andraz, Pieve, Arabba).
Die Kaiserjäger der Regimenter 1., 2., 3. und 4.
Die Kaiserschützen vom II. und V. Bataillon des III. Regiments (Innichen).
Die Landsturmbataillone 160, 162, 165, 169. Tirol. Ldst, Batl. I, und IV./2. (Tiroler, Vorarlberger, Salzburger, Oberösterreicher).
Die 10./14. Sappeurkompanie (Linz), die Sappeurkomp. 5/3. der Elektro-Zug 12, Bohrzug 5, die Batl. d. Inf. Rgtr. 37 u. 73.
Das III. Batl. (ung.) Res. Inf. Rgt. 29; das V. Batl. bosn.-herzegow. Inf. Rgt. 2
Die Batterien d. Fest. Art. Batl. 1, die Kan. Batt. 4, Kan. Batt.
Corte, Panz. Kup. Batt. Landro, Plätzwiese, Corte, Ruaz, Tre Sassi
Die Art. Gruppen Cherz, Arabba, Sief.
Die 30,5 cm-Mörserbatt. 15 (Max u. Moritz)
Die Landsturm-Träger-Abt. 201 (Polen, Ruthenen), die Zivilarbeiter Abtg. IX.

Deutsches Alpenkorps:
1. Jäg. Brigade, 2. Jäg. Brigade: II. Batl. bayr. Jäg. Rgts. 1 (Aschaffenburg-Eichstätt), Radfahr. Komp. 7
10. Preuß. Jäg. Batl. u. 10. Preuß. Res. Jäg. Batl. des Jäg. Rgts. 2, (Goslar, Hannover usw.)
MG-Komp. 5, GMG-Abt. 201-209.
Haub. Batt. 102, Feldhaub. Batt. 3/187, Feldkanon. Batt. 2/203, Feldhaub. Batt. 1/204, Geb. Kan. Batt. 6/40
Feldflieger Abt. 9 (Schleißheim)

Italiener:
Brigade ›Calabria‹ (Romagna, Lazio, Ciociara) Inf. Rgtr. 59, 60. Brigade ›Alpi‹ (Abbruzzen, Perugia) Inf. Rgtr. 51, 52, Brigade ›Reggio‹ (Sardinien) Inf. Rgtr. 45, 46.
Bersaglieri-Rgt. 3
Alpinikompanien 77., 78., 79. des Batl. Belluno,
Alpinikomp. 266 des Batl. Cordevole
Alpini Batl. Val Chison
8. Sappeur- u. 12. Mineurkompanie des Genio
Schwere (21 cm,-), mittlere und leichte, sowie Geb. Batterien verschiedener ›Gruppi‹.

Zeit-Tafel.

I. Die **Kriegserklärung** Italiens an Österreich-Ungarn (23. Mai 1915) und die **ersten Kämpfe** im Col di Lana-Bereich (1. italienische Offensive) Verteidiger: Gendarmerie, Zollwache, Standschützen u. Tiroler Landsturm. Eintreffen d. Deutschen Alpenkorps

Ende Mai – Juni 1915

II. Die **zweite italienische Offensive.** Verteidiger des Col di Lana: bayr. und preuss. Jäger, Standschützen u. Tir. Landsturm. ›Col di Sangua‹, ›Blutberg‹.

Juli – August 1915

III. **Ablösung des Deutschen Alpenkorps** durch das 3. u. 4. Regiment der Tiroler Kaiserjäger im Col di Lana-Bereich. Einsatz d. Tir. Landsturmbatl.

Mitte Oktober 1915

IV. **Dritte italienische Offensive.** Fall d. Stützpunktes 2250, Fall d. Felsenwache, Fall d. Infanteriestellung

Ende Oktober 1915

V. **Die Kaiserschützen** auf dem Col di Lana. Italiener für Stunden auf d. Gipfel, seine Wiedereroberung durch d. Österreicher.

November 1915

VI. **Winterkämpfe** der Kaiserjäger am Col di Lana. Das 2. Rgt. d. Tir. Kaiserjäger geht in Stellung.

Dezember – Jänner 1915/16

VII. Das **II. Bataillon** des 2. Rgts. d. Tiroler Kaiserjäger auf d. Col di Lana und d. Rothschanze.

ab 6. Februar 1916

VIII. **Vorbereitung** für. Sprengung d. Col di Lana-Gipfels durch die Italiener

März – April 1916

IX. **Sprengung d. Col di Lana-**Gipfels u. dessen Eroberung durch d. Italiener

17. u. 18. April 1916

X. **Österreichische Gegenangriffe** nach d. Gipfel-Sprengung (1., 2., 3. Gegenstoß)

18. Aplil 1916

XI. **Fortsetzung der ital. Angriffe** Besetzung der Bergsappe und Aufgabe der Rothschanze. Angriffsversuche gegen den Gratstützpunkt zum Sief.

ab 20. u. 21. April 1916

XII. Kämpfe um den **Gratstützpunkt**

Mai – Juni 1916

XIII. Abflauen d. ital. Einbruchsversuchs in das Gadertal

ab Sommer 1916

Quellen-Nachweis.

Barbaro Aldo
Oberleutnant im 59. italien. Inf. Rgt. ›Col di Lana, Guerra sul Calvario del Cadore‹.
Edizioni Ardita, Roma, Anno XII.
Caetani, Don Gelasio, Fürst von Sermoneta
zuletzt Hauptmann der ital. Genietruppe.
›Lettere di guerra di un Ufficiale del Genio‹. Perugia, 1919.
Cordier von Löwenhaupt, Tassilo
Oberst im 1. Rgt. d. Tir. Kaiserjäger.
Persönliche Tagebuchaufzeichnungen, 1915/16.
Kostner Franz
Hotelbesitzer aus Corvara, S. Tir., Major d. Standschützenbatl. Enneberg
1915-1918.
›Franz Kostners Leben für seine ladinische Heimat‹ Eigenverlag, 1965.
Mezzetti Ottorino
Gen. Leutnant d. kgl. ital. Heeres,
›Dal Piede alla Cima del Col di Lana‹. Kriegsministerium, Rom, 1934.
Ministero della Guerra
Stato Maggiore del R. Esercito, Ufficio storico: Bearbeiter. Hauptm. d. Art. Badini
Daminiano, Roma, 1925
Mörl, Dr. Anton, von
Bezirkshauptmann a.D., ehem. Adjutant d. Standschützen Batl. Innsbruck I.
›Die Standschützen im Weltkrieg‹, Innsbruck, Verlag Tyrolia, 1934.
Österreichisches Bundesministerium f. Heerwesen
›Österreich – Ungarns letzter Krieg‹, herausgegeben vom Öst. B. Min. f. Heerwesen, Wien 1933, Band III, IV.
Pieri Piero
Professor in Neapel. Hauptmann der 77. Alpini Kompanie. Persönlicher Beitrag an
Gen. V. Schemfil.
Schemfil Viktor
Generalmajor d. R.
›Col di Lana‹, Verlag Teusch, Bregenz, 1935.
Tanner H.A.
Major in d. Eidgenöss. Armee.
›Bergfahrten in Ladinien‹.
Bern-München, 1921
Thaler Josef
Pfarrer in Kuens b. Meran.
Geschichte Tirols von der Urzeit bis auf unsere Tage, Teil I. Innsbruck, Wagn'er-sche Buchhandl. 1854.

Tschurtschenthaler-Helmheim, Anton von
Oberst d. R. der Deutschen Wehrmacht, Kommandant d. 6. Kompanie des 2. Rgts.
der Tir. Kaiserjäger auf d. Col di Lana während d. Sprengung.
›Col di Lana 1916‹, Schlern-Heft Nr. 179 (1957) und persönl. Mitteilungen a.d.
Verf.
Wißhaupt Ernst
Major a.d., Archivsekretär.
›Die Tiroler Kaiserjäger im Weltkriege 1914 – 1918. ›Wien, Verlag Amon Franz
Göth, 1936.

K. k. Landesschützen-Ersatzbaon Trient Nr. I.

Nr.   Adjt.

Urlaubsschein

giltig bis einschließlich   1916.

Dem   des o>igen Baons, der ____ Ers.-Komp. wird zur Versehung land(forst)wirtschaftlicher Arbeiten ein zeitlicher Urlaub nach ____

Bezirk ____ Land ____ für die Zeit von ____ Tagen bewilligt.

Der Urlaub wird am ____ 1916 angetreten und geht am ____ 1916
zu Ende.

Wels, am ____ 1916.

Personsbeschreibung:

Alter   Jahre   Haare ____   Nase ____

Statur ____   Augen ____   Sprache ____

Gesicht ____   Mund ____   Bes. Kennzeichen ____

Inhaber trägt einfache ärarische Leibesmontur ohne mit ärarischen Schuhen.

———

Der Urlaub erfolgt zur Versehung land(forst)wirtschaftl. Arbeiten. Die Eisenbahn-(Dampfschiff)-
Fahrtauslagen III. Kl. (Personenzug, bezw. niedrigste Schiffsklasse) **werden kreditiert** für die
einmalige Reise von ____ Wels ____ über ____ nach ____
und auf demselben Wege zurück. Der Urlaubsschein ist auf der Hin- und Rückfahrt bei der Fahr-
kartenausgabestelle abstempeln zu lassen. Die Nichteinrückung nach Beendigung des Urlaubes wird
strafgerichtlich strengstens verfolgt.

———

Il permesso viene concesso per la provvigione dei lavori agricoli. **Le spese di viaggio** ferro-
viarie (navali) in III. Cl. (treno personale, rispettivamente l'ultima classe in una nave) **vengono
accreditate** per il viaggio di una sol volta da ____ per ____
a ____ e per il ritorno per la medesima via. Il certificato di permesso quando
si va e quando si ritorna é da farsi timbrare presso il posto, dove si distribuiscono i biglietti. Se
non si ritorna dopo il compimento del permesso si viene puniti molto severamente.

———

Urlopu udziela się celem wykonania robot rolnych wydatki jazdy koleją lub okretem III. Kl.
(pociąg osobowy wzgl. najniższe klasy okretu) będą przez państwo kredytowane dla jednorazowej
podróży z ____ przez ____ do ____ i napowrót. Poz-
wiadcreme urlopu przy podróży na miejsce przyznanevu jakoten z powrotem ma się dać ostemplować
przy kasach kolejowych.
Kto po ukończeniwu urlopu w odpowiedni czaso nie stawi się, będzie jak najsurowiej ukarany.

———

Dovolená se dává pro obstarání polních a lesních prací. Výlohy dopravní jsou hraženy
z ____ přes ____ do ____ a zpět.
Listem tímto se musí při odjezdu jakož i při zpáteční cestě u staniční pokladny vykázati a
razítkem si nechat stvrditi. Včasné nenarukování po uplynutí dovolené se bude přísně trestati.

Die eigenhändige Unterschrift   wird amtlich bestätigt.
des Inhabers: **WELS,** am ____ 1916.

Aerztlich untersucht und
infektions- und ungezieferfrei befunden: